中国特色现代化会计人才培养系列教材

总主编 姚凤民

U0674430

财智睿读

基础会计

主 编◎朱小云

副主编◎李爱民

中国财经出版传媒集团

经济科学出版社
Economic Science Press

·北京·

图书在版编目（CIP）数据

基础会计 / 朱小云主编；李爱民副主编. -- 北京 ：
经济科学出版社，2025. 1. -- （中国特色现代化会计人
才培养系列教材）. -- ISBN 978 - 7 - 5218 - 6662 - 9

Ⅰ. F230

中国国家版本馆 CIP 数据核字第 2025EX7653 号

责任编辑：李一心
责任校对：靳玉环
责任印制：范　艳

基 础 会 计

JI CHU KUAI JI

主　编　朱小云
副主编　李爱民
经济科学出版社出版、发行　新华书店经销
社址：北京市海淀区阜成路甲 28 号　邮编：100142
总编部电话：010 - 88191217　发行部电话：010 - 88191522
网址：www. esp. com. cn
电子邮箱：esp@ esp. com. cn
天猫网店：经济科学出版社旗舰店
网址：http：//jjkxcbs. tmall. com
北京季蜂印刷有限公司印装
787 × 1092　16 开　15 印张　275000 字
2025 年 1 月第 1 版　2025 年 1 月第 1 次印刷
ISBN 978 - 7 - 5218 - 6662 - 9　定价：38.00 元
（图书出现印装问题，本社负责调换。电话：010 - 88191545）
（版权所有　侵权必究　打击盗版　举报热线：010 - 88191661
QQ：2242791300　营销中心电话：010 - 88191537
电子邮箱：dbts@ esp. com. cn）

总　序

中国史前人类创造计量记录符号的现实目标，是中国会计产生的历史起点①。可见，会计与人类社会的发展共生共存共进，会计学是人类历史上较为古老的知识体系，其知识谱系与方法的演进体现了人类生产的进阶与文明的进步。因此，会计人才的培养在任何时期都承载着其特有的历史使命。当今随着 AI、大数据、云计算、区块链的赋能，会计逐步转向共享会计、智慧会计、数字会计，社会需要越来越多适应新时代要求的会计人才，这对会计人才培养提出了新要求、新挑战、新使命。如何提高会计人才培养质量，满足社会需求，已成为新时代我国会计教育所面临的重要任务。

会计教育的本质并非是单一的知识点传授，更是一种思维能力、跨学科能力、综合应用能力的培养；会计不仅仅是专业培养，更是一种职业教育，是技术含量非常高的、专业化的职业。面对当下复杂市场交易的世界以及数智技术的发展，会计人才培养应以提高系统能力与创新能力为目标，培养学生综合的会计思维与能力、数据思维与能力等，从而帮助其具备决策与创造价值的能力。会计人才能力培养的核心是会计相关课程，而课程的载体是教材，教材成为了人才培养的纽带。因此，编写能够满足社会需求和适应数智时代要求的教材是新时代给我们提出的新命题。一直以来，大多数会计类教材内容完整全面但略为繁杂，对民办高校本科学生来说存在着一些瓶颈性的学习困境。如何使"曼妙而充满魅力"的会计科学知识通过教材让教师简而精地教，让学生轻松愉快地学，同时增进学生对主动深入学习会计知识的浓厚兴趣，逐步引导其具有系统能力与创新能力，这应是当下会计教育实践中所追求的。

基于此，广州华商学院会计学院始终关注会计自动化和智能化、信息化和数据化、共享化和标准化的变革趋势与技术发展方向，在不断优化课程设置的基础上，组织编写了《中国特色现代化会计人才培养系列教材》。该系列教材的编写本着以下原则与理念：

1. 教材呈现内容更新。在教材内容上与时俱进，反映制度最新的变化以及领域最新的内容，例如反映最新的会计准则及会计法、公司法，适应新的会计准则要求和实际业务需求；反映企业数据资源相

---

① 郭道扬：《中国会计通史》第一册，中国财政经济出版社 2023 年版，第 3 页。

关会计处理，适应数字经济发展的需要；反映税法的最新变化，提升学生到岗后的宏观环境适应能力等。教材内容多维度呈现了会计专业领域的"现代化"元素。

2. 教材突出秉纲执本。"秉纲而目自张，执本而末自从"，本次教材的编写本着少而精的原则，突出重点，纲举目张。通过压缩教材内容"厚度"或"容量"，为学生留有更多的自主学习时间；通过教材内容的精，围绕能力提升而教，促使学生的提升自主学习能力。另外，本系列教材内容融入了思政元素，培养学生的家国情怀、诚信职业道德与法治意识。

3. 教材内容深入浅出。本系列教材通过知识逻辑结构图、引导案例、延伸阅读等方式体现循序渐进，由浅入深，尽量做到通俗易懂与生动有趣。特别是通过引导案例解读抽象的内容，变得更易掌握内容的逻辑或勾稽关系，更容易正确理解和把握其内容实质。

4. 教材突出基本训练。强化知识的掌握与技能的提升是教材的基本目标，教材不仅是知识传授的载体与纽带，更应该强化基本训练。本系列教材配备了学习指导书或相当数量的习题，训练的题目具有多样性、启发性，有助于学生理解应用基本知识和掌握解决问题的方法，有助于培养学生思维能力与习惯。

5. 教材形式的数字化。本系列教材在传统教材内容的基础上，通过设置二维码资源，添加视频、图片等多媒体元素，学生可通过扫描二维码的方式，链接到相关的视频等资源，增强学习体验，提高学习效果。同时，通过在教材页面设置二维码集聚相关知识内容，学生可扫码进行自主扩充学习。本系列教材中，《财务共享服务》《智能会计信息系统–基于用友 YonBIP 和用友 U8V15.0》两种教材被开创性地打造为数字教材，实现了教材形式以及教与学的创新与突破。

西汉刘安《淮南子·说林训》中所言"授人以鱼不如授人以渔"。教材不仅传授给受教者既有知识，更重要的是传授给受教者方法与能力。本系列教材尽可能地介绍清楚问题和概念的来龙去脉，尽可能地解释清楚解决问题的思路和方法，以提高学生的创新意识与探索精神。

以上是华商学院会计学院编写本套系列教材的理念与原则，本套系列教材的编写也是会计学院各位教师经多年深耕教学教研的结晶或众缘成就。受制于各种因素的影响，编写者可能做得并不是非常到位，存在着些许不足与遗憾，但也为编写者进一步完善教材提供了动力。我们希望使用这套系列教材的师生和读者多提宝贵意见，不断完善本套教材。最后，相信我们的会计教育工作者，无愧于新时代的召唤，会为我国的会计教育做出更大的贡献。

是为总序。

广州华商学院会计学院
2024 年 12 月

前　言

在当今全球经济一体化、数字化迅猛发展的大背景下，会计与经济的关系愈发水乳交融、密不可分。经济活动的日益复杂和多元化，使会计成为企业决策、资源配置、风险评估等关键环节不可或缺的重要依据。会计信息的准确、及时和全面，直接影响着经济主体的运行效率和竞争力。

为了更好地适应经济环境的变化和需求，会计教学也在不断经历着深刻的改革。传统的教学模式和内容已难以满足现实的要求，新的教学理念和方法应运而生。我们更加注重培养学生的实践能力、创新思维和综合素养，让学生在掌握理论知识的同时，能够灵活运用所学解决实际问题。

随着数智时代的大踏步迈进，会计领域正发生着翻天覆地的变革。大数据分析、人工智能技术的广泛应用，不仅改变了会计信息的处理方式和效率，更对会计人员的技能和素质提出了全新的要求。在这样的时代浪潮中，我们的教材也积极融入数智时代的特色，引入相关案例和技术应用的介绍，使学生能紧跟时代步伐，具备应对未来挑战的能力。

基础会计作为财会学科体系的基石和入门课程，其地位举足轻重。它犹如一座大厦的根基，为后续深入学习财务会计、管理会计、审计学等专业课程提供了坚实的支撑。在本教材的学习过程中，我们将重点放在以下几个方面：一是帮助读者透彻理解会计的基本概念、原理和方法，这是构建整个会计知识体系的核心要素；二是通过丰富多样的实际案例，让读者亲身感受会计在企业经营管理中的具体应用，培养学生的实际操作能力和问题解决能力；三是注重培养会计思维和职业素养，使学生具备严谨、细致、负责的工作态度。

本教材具有众多独特的亮点：为了方便学生更好地学

习，我们精心录制了配套的教学视频，学生可以通过线上平台随时观看，加深对重点、难点的理解；书中提炼了关键术语，帮助读者准确把握核心概念；每一章都设置了引导案例，引导读者快速进入学习情境；提供了知识逻辑结构图，助读者梳理知识脉络，构建清晰的知识框架；每章结尾还安排了复习与思考，促进学生对所学内容的巩固和反思；不仅如此，我们还在各章后融入了与生活相关的延伸阅读，让读者在学习中体会会计知识与日常生活、社会价值的紧密联系；同时，设置了扩展视野的相关思政案例，拓宽读者的知识面。

完成基础会计学习后，学生将进入中级财务会计的学习，这将深化和拓展基础会计的知识。中级财务会计将系统、全面地介绍企业各类经济业务的会计处理方法，包括复杂的交易和事项。高级财务会计则进一步探索特殊的、前沿的财务会计问题，要求学生具备扎实的基础和中级财务会计知识，以及分析和解决复杂财务问题的能力。可以说，基础会计是打开财务会计知识大门的钥匙，中级财务会计是在这个基础上的巩固和提升，高级财务会计则是对财务会计领域的深入探索和创新。只有扎实学好基础会计，才能顺利地理解和掌握中高级财务会计及其他财会知识，构建起完整、系统的财务会计知识架构。

本教材由朱小云副教授任主编，负责全书写作大纲的拟订和编写的组织工作，并总纂定稿。撰写初稿分工如下：第一～五章由朱小云执笔，第六～九章由李爱民副教授执笔。我们倾注了大量的心血和智慧，对教材内容进行反复研讨、精心打磨，力求为读者呈现一本高质量、实用性强的教材。

本书适用范围广泛，既适用于高等院校财会相关专业的本科和专科学生，作为系统学习基础会计知识的教材；也可为从事会计工作的初入门者提供全面、系统的指导，帮助他们快速掌握会计基础知识和技能；同时，对于那些对会计知识感兴趣、希望提升自身财务素养的人士，本书也是一本不可多得的参考读物。

衷心希望这本教材能成为您学习道路上的得力助手，陪伴您在会计知识的海洋中畅游，为您的未来发展打下坚实的基础！由于时间仓促，加之我们水平有限，书中内容安排与语言表达可能存在缺点或错误，恳请读者和同行批评指正，以便再版时加以修订。

编者

2024 年 11 月

目 录

第一章
总　　论

【学习目标】

1. 掌握：会计的含义和职能、会计目标及信息使用者。
2. 理解：会计基本假设和会计信息的质量要求。
3. 了解：会计产生和发展的历史、会计方法及法律规范体系。
4. 培养学生树立正确的唯物主义历史观，教育学生应敬畏会计在人类历史长河中的贡献；培养学生诚信、客观、公正、专业的职业素养；培育学生经世济民、报效祖国的情怀。

【本章知识逻辑结构图】

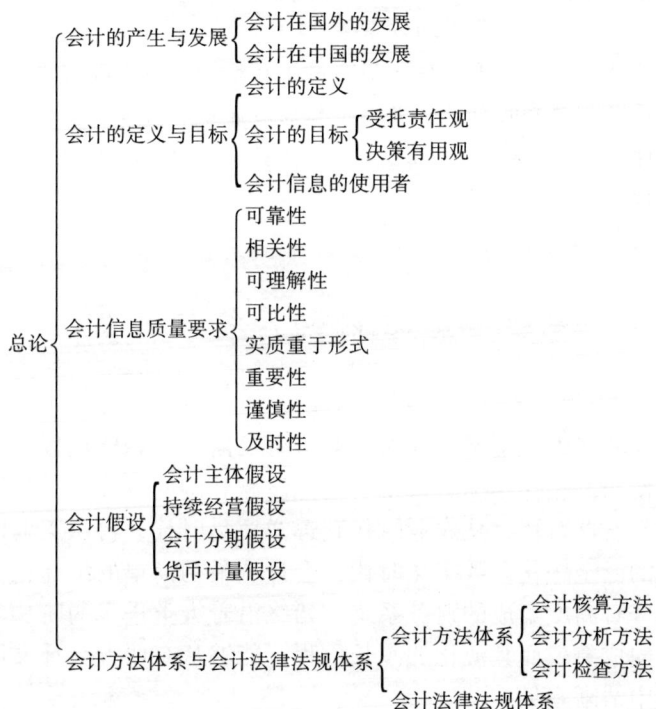

总论
- 会计的产生与发展
  - 会计在国外的发展
  - 会计在中国的发展
- 会计的定义与目标
  - 会计的定义
  - 会计的目标
    - 受托责任观
    - 决策有用观
  - 会计信息的使用者
- 会计信息质量要求
  - 可靠性
  - 相关性
  - 可理解性
  - 可比性
  - 实质重于形式
  - 重要性
  - 谨慎性
  - 及时性
- 会计假设
  - 会计主体假设
  - 持续经营假设
  - 会计分期假设
  - 货币计量假设
- 会计方法体系与会计法律法规体系
  - 会计方法体系
    - 会计核算方法
    - 会计分析方法
    - 会计检查方法
  - 会计法律法规体系

【引 导 案 例】

经济越发展，会计就越重要。对一个企业来说，会计既是很重要的岗位，也是企业搞好管理的重要环节。会计是一门专业性比较强的学科，对会计岗位和会计人员都有许多规范性要求。企业管理者若不了解这一点，就会像下面讲的王先生一样遇到麻烦。

情况是这样的：王先生经营着一家颇具规模的制造企业，随着经济的不断发展，企业的业务也日益繁忙起来。然而，王先生一直没有真正重视会计岗位的重要性，对会计工作也缺乏深入了解。

在一次重大的业务拓展中，王先生未经会计部门的专业审核，就贸然与一家新的供应商签订了大额采购合同。由于不了解会计规范中对于成本核算和风险评估的要求，他没有意识到合同中的一些条款可能会给企业带来巨大的财务风险。

随着业务的推进，问题逐渐暴露出来。供应商的产品质量出现了严重问题，需要大量的返工和维修成本。而此时王先生才发现，由于没有在合同签订前进行准确的成本核算，企业的资金流面临着巨大的压力。同时，因为会计部门没有及时参与到合同签订的过程中，税务筹划也出现了漏洞，导致企业面临高额的税务罚款。

王先生开始认识到会计岗位的重要性和专业性。他紧急召集会计人员，共同商讨解决方案。会计人员凭借专业知识，迅速对企业的财务状况进行了全面评估，提出了一系列的应对措施，包括与供应商协商降低损失、调整税务筹划方案等。

经过这次教训，王先生深刻明白了在经济不断发展的背景下，会计不仅是一个重要的岗位，更是企业搞好管理的关键环节。只有充分重视会计工作，遵循会计规范要求，才能让企业在激烈的市场竞争中稳步前行。

第一节 会计的产生与发展

会计的产生与发展，犹如人类历史长河中的璀璨星辰，自人类诞生起便与之相伴相随，铸就了一部波澜壮阔的发展史。从旧石器时代到新石器时代，从农业时代到远洋贸易时代，再从工业时代迈向现代的泛金融化和数字化时代，会计从最初简单的结绳记事逐步演变为今日高度集成的财务系统，始终沿着人类进步的阶梯不断成长、走向成熟，而其演化的漫长历程，能够从东西方会计文明的发展脉络中清晰窥见。

一、会计在国外的发展

大约一万年前，农业结束了人类的采集狩猎生活，人们慢慢定居下来，开始驯化各种动物，种植植物，积累财富，并逐渐形成私有财产。由于农业受气候影响，人们开始观察天象，产生对上天的敬畏和对神的崇拜，各种祭祀活动庄严而神圣。但祭祀用的物品需要清点登记，需要建造神殿来加以供奉。公元前 4000 年左右，两河流域的美索不达米亚地区的人在泥板上记录神殿的财物收支、工资支出等多类交易事项，开创了有文字记录的人类会计文明。

公元前 3400~前 3000 年，古城乌鲁克的一块泥板上清楚地记载了 37 个月内，收到 29 086 单位的大麦（大约 3 800 蒲式耳），并由"库辛"签发。

公元前 3100 年，史上第一个埃及王朝法老王统治了数千平方公里的整个下尼罗河谷。他们将泥板按照时间顺序插进长杆中，渐渐产生了某种意义上的会计账簿。

公元前 1776 年左右，世界上最早一部成文法典《汉谟拉比法典》记录了古巴比伦的经济关系以及刑法、民事与商业标准，并认为会计账目不仅是政府征税的依据，也是诉讼的证据。

公元前 4 世纪，雅典已经拥有了一个审计法院，并配有在法庭上做证的会计。公元 4 世纪左右，罗马帝国皇帝（奥古斯都）制定的政府预算表上详细分列了整个罗马帝国的收入和支出，并且收支已经互相平衡，体现了"量入为出"的理财思想。

1096~1291 年，十字军东征带来的贸易计算和汇票业务对会计记录提出了新的要求。

1494 年，意大利数学家卢卡·帕乔利（Luca Pacioli）出版了《算术、几何、比与比例概要》一书，在计算与记录要论这一章中全面总结了当时流行的威尼斯复式记账法，该法于 16 世纪、17 世纪先后传入德国、荷兰、法国等欧洲国家。

1602 年，荷兰政府为荷兰东印度公司颁发了特许状，允许其垄断荷兰国家的远洋贸易经营权 21 年，公司于 1606 年 9 月 9 日发行了世界上第一张面值 150 荷兰盾的股票。股份公司的诞生意味着所有权与经营权的分离，股东加大了对会计信息的需求。

1673 年，法国颁布《商事王令》，规定每一个批发商均应设置反映自己经济业务的账簿，破产时若发现未设置账簿，应视为欺诈破产，以死刑处之。

18 世纪，以蒸汽机为代表的工业革命带来了生产率的大幅提高，高利润又吸引了大量资本投资建厂，造成恶性竞争，在 1815 年及随

1.1 视频：会计的产生与发展的 4 个阶段

后多次经济危机中，大批工厂纷纷倒闭，英国法院要求倒闭公司必须聘请一名会计师参与清算工作，会计师成了最赚钱的职业，没有工作的人开始学习会计。为了加强对会计师的管理，1854 年世界上第一个会计职业团体爱丁堡特许会计师协会成立，会计的作用获得了社会的认可。英国在审计、复式簿记原理及早期成本会计理论方面的贡献，使其成了世界会计发展中心。

1830 年美国进入铁路经济时代，当时最长的伊利铁路从开工到完成历时 19 年，修建预算也从最初的 1 000 万美元增加到 2 350 万美元，伊利铁路的开发商不得不想尽办法利用各种金融工具如股票、债券和可转换债券进行融资。大量金融工具的出现，一方面加大了会计核算的难度，另一方面促进了美国家族企业向公司制的转变。

1929 ~ 1933 年的经济危机让人们发现了会计缺乏统一规范的危害，美国于 1933 年和 1934 年分别颁布了《证券法》和《证券交易法》，并成立证券交易委员会，监管上市公司财务报告程序，规定上市公司的报表必须交由会计师事务所审计，并制定统一的会计原则和报告格式。1938 年，美国证券交易委员会（SEC）将会计原则的制定交由会计程序委员会（CAP）来承担。1939 年，CAP 发布了第 1 号会计研究公报（ARB. No. 1），美国会计师协会开始组建正式的会计准则制定机构，系统的财务会计概念体系也逐渐建立起来。

二、会计在中国的发展

以中国为代表的东方国家，除了具有悠久的历史和灿烂的文化以外，会计的发展也异彩纷呈。

在仓颉造字之前，先民便学会了结绳记事。《周易正义》中讲"事大，大结其绳；事小，小结其绳，结之多少，随物众寡"。在文献《易·系辞下》中有记载，"上古结绳而治，后世圣人易之以书契，百官以治，万民以察"。

公元前 2070 年，大禹在完成国家建制的基础工作后，在茅山大会诸侯，汇总稽核他们的功德业绩，奠定了古代财计报告、审查与考核的基础。

河南安阳殷墟出土的大量甲骨卜辞中有按时间、地点、种类和数量记录出猎收获的内容，用"卯"和"埋"表示支出，用"毕"和"获"表示收入，是会计的雏形。

西周时期，国家设立"司会"一职，对财务收支活动进行月计、岁会，考核各官府的政绩。在国家层面设置"司会"一职，对财务收支活动进行日成、月计、岁会，以考核各官府的政绩。

春秋时期的孔子，提出了最早的会计原则"会计当而已矣"，意指会计的收、付、存，要平衡正确无误。

秦汉时期建立了以"入出"为符号的会计记录，以"入－出＝余"的三柱结算法。同时，有非常严格的审计查对制度，形成由郡国向朝廷呈报的财务收支簿——上计簿。除此之外，还有一套完整的成本计算、财税分配的方法。《汉书·食货志》有这样的记载："一酿粗米二斛、曲一斛、得成酒六斛六斗，各以其市月朔米曲三斛、并计其贾而参分之，以其一为酒一斛之平。除米曲本贾，计其利而什分之，以其七入官，其三及醶酨灰炭给工器薪樵之费。"

南北朝时期苏卓创造出以红记出、以墨记入的"朱出墨入记账法"。

唐宋时期中国会计理论与方法进一步推进，不仅产生了《元和国计簿》《太和国计簿》《会计录》等具有代表性的会计著作，还创立了四柱结算法，即旧管、新收、开除和实在，通过"旧管＋新收＝开除＋实在"这一平衡式定期清算账目，相当于现在的"期初结存＋本期收入＝本期支出＋期末结存"。这种计算方法既可检查日常会计记录的正确性，又可分类汇总日常会计记录，使之起到系统全面反映经济活动的作用。

明代的"三脚账"也称跛脚账，是中国单式簿记基础上产生的一种不完全的复式记账。其记账规则之一，就是凡现金收付的事项，只记录现金的对方，另一方明确为现金，故略去不记。

明末清初的龙门账，以"来"和"去"作为记账符号，记账规则是"有来必有去，来去必相等"，把全部项目分为"进"（相当于收入）、"缴"（相当于支出）、"存"（相当于资产）和"该"（相当于资本和各项负债）四类，采用"进－缴＝存－该"的平衡式计算盈亏，将"进"和"该"列在总账上方，"缴"和"存"列在总账下方，分别编制"进缴结册"和"存该结册"，两表计算结果相等称为"合龙门"。龙门账的诞生标志着中式簿记由单式记账向复式记账转变。

清代在龙门账的基础上又出现了"四脚账法"，分别形成以现金为主体的记录法则，或以现金和转账会计事项并重的记录法则。这种记账法的基本原理已与西方复式记账法大致相当。

辛亥革命以后，西方国家的会计方法和技术曾对我国会计产生了一些影响。20世纪30年代，我国曾发起过改良中式簿记的运动。但由于当时市场经济尚不够发达，这种改良效果有限。直到中华人民共和国成立前，我国仍采用中西式并存的会计方法。

中华人民共和国成立后，根据不同时期经济建设的需要，主管我国会计工作的财政部先后制定了多种会计制度，以适应不同所有制、不同行业会计核算工作的需要。当时，增减记账法、收付记账法、借贷记账法等多种记账法并用，逐渐形成了与计划经济相适应的会计体系。

综上所述，会计是伴随着人类的生活方式和经济活动逐渐发展起来的，文明古国对会计的发展功不可没。可以说，一部人类发展史就是一部人类理财（会计）发展史，正如王安石所说："一部《周礼》，理财居其半。"

当然，会计的发展离不开技术的发展，包括文字的发明、货币的使用、阿拉伯数字的推广、算盘的运用以及印刷术的发明等，使会计的记录、计算和传播技术日臻完善。

伴随计算机技术与互联网的持续发展，一个公司能够在不同国家的不同账户之间达成互联互通，支付指令瞬息之间便可传至全球的每一家开户银行，传统的凭证、账簿以及报表等账务处理方式将逐步被计算机所取代。

毋庸置疑，随着人工智能、大数据、云计算、区块链、物联网等技术的不断发展与成熟，会计工作模式、会计核算程序、会计监督方式以及审计抽样方法等都将受到极为深远的影响。然而，只要人类的商业行为依然存在，对经济效益的追求仍在继续，会计便会以其他形式继续存在，会计的核心思想、理念和方法也将得以传承，并且会计的监督管理职能会进一步得到强化。

第二节　会计的定义与目标

1.2　视频：会计定义与目标

一、会计的定义

在会计界，人们从不同角度对会计本质进行考察，形成了对会计本质的不同表述，主要观点有会计方法论、会计技术论、会计工具论、会计艺术论、会计管理活动论（本教材的观点）和会计信息系统论。目前，最有代表性的观点是会计管理活动论和会计信息系统论。在实际工作中，应从以下几个方面来理解会计的含义。

1. 会计以货币为主要计量单位

货币是会计的主要计量单位，但不是唯一计量单位。除货币计量外，会计还运用实物量和劳动量作为辅助计量单位，如"千克""工时"等。

2. 会计具有连续性、系统性、全面性、综合性的特点

会计的连续性是指对经济业务的记录是连续的，逐笔、逐日、逐

月、逐年，不能间断；会计的系统性是指对会计对象要按科学的方法进行分类，进而系统地加工、整理和汇总，以便向有关方面提供所需要的各类信息；会计的全面性是指对每个会计主体所发生的全部经济业务都应该进行记录和反映，不能有任何遗漏；会计的综合性是指在登记经济业务时，要进行分类整理，使之系统化，而不能杂乱无章，并通过价值量进行综合、汇总，以完整地反映经济活动的过程和结果。

3. 核算和监督是会计的两个基本职能

会计核算贯穿于经济活动的全过程，是会计最基本的职能。它是指会计以货币为主要计量单位，对特定主体的经济活动进行确认、计量、记录和报告，从而为有关各方提供会计信息。会计监督是指对特定主体的经济活动和相关会计核算的真实性、合法性和合理性进行审查，即以一定的标准和要求利用会计所提供的信息对各单位的经济活动进行有效的指导、控制和调节，以达到预期的目的。

综上所述，我们认为会计是以提高企业经济效益为目标，采用一系列专门的方法和程序，以货币为主要计量单位，对一个单位经济活动进行连续、系统、全面、综合的核算和监督的一项经济管理工作。会计在对企业的经济活动进行核算和监督的同时，为会计信息使用者提供决策所需的会计信息。

二、会计的目标

会计目标是指会计活动应达到的目的或通过会计工作要实现的目的。会计目标分为直接目标和间接目标（终极目标）。

会计的直接目标也称为会计报告目标，即为企业经营者、投资者、债权人等会计信息需求者提供在经营决策中有用的会计信息。

会计的间接目标是提高企业的经济效益，这是由会计的本质决定的。会计在本质上是一项对企业经营活动过程的基础管理工作；企业的任何一项管理活动都必须服从于企业创造最大效益这一最终目标，会计也不例外。

会计目标的研究一直是会计理论界的一个热点问题，它对财务会计概念结构的研究起着指引方向的重要作用。关于会计目标，会计学术界形成了两个具有代表性的流派，分别是受托责任观和决策有用观。

（一）受 托 责 任 观

受托责任观认为，由于社会资源所有权和经营权的分离，资源的受托者就负有了对资源的委托者解释、说明其活动及结果的义务。因此，会计的目标就是向资源的提供者报告资源受托管理的情况。所有者将其财产委托给经营管理者，是为了财产能够保值和增值。经营管理者有义务履行责任，并且定期向所有者报告，他们可以通过定期编制反映财务状况、经营成果和现金流量的财务报告等方式，汇报所有者财产的保值增值情况以及受托责任的完成情况。

（二）决策有用观

决策有用观认为，会计的目标就是向信息使用者提供有利于其决策的会计信息，来帮助他们作出合理的决策，它强调会计信息的相关性和有用性。由于会计信息使用者需求的多样性，会计人员在会计上应全面确认实际已发生和虽然尚未发生的但对企业已有影响的经济事项，以满足信息使用者决策的需要。因此，会计是一种可以提供决策有用信息的系统。

从上述介绍可以看出，受托责任观主要是从企业内部来谈的，而决策有用观是从企业会计信息的外部使用者来谈的。实际上，两者并不是完全排斥的关系。受托责任观是从监督角度考虑，主要是为了监督受托者的受托责任；决策有用观侧重于信号角度，即会计信息能够传递信号，即向信息使用者提供决策有用的信息。两者之间相互联系、相互补充。

我国基本会计准则中明确规定：会计报告的目标是向财务报告使用者提供与企业财务状况、经营成果和现金流量等有关的会计信息，反映企业管理层受托责任履行情况，有助于财务会计报告使用者作出经济决策。

三、会计信息的使用者

在现代经济社会体系中，会计可以为企业各种利益相关者提供所需要的信息，为其进行决策服务。这些利益相关者主要包括：

（1）企业管理当局。企业管理当局所进行的管理活动需要以会计信息为基础。企业管理当局需要全面掌握企业的经济活动、经营成果、财务状况及其变化、成本水平及构成等会计信息，以便作出正确的生产经营决策。例如，企业管理当局确定经营目标，为实现经营目标而制定经营措施，对生产经营活动进行绩效评价；作出投资、融资、技术研发、设备购买、原材料购买、广告宣传等各项决策，都需要获得关于企业财务状况、经营成果及现金流入和流出的会计信息。

（2）投资者。企业现时的投资者和潜在的投资者需要掌握企业的经营状况、盈利能力及发展态势的会计信息，以正确地预测投资风险和报酬，并作出正确的投资决策。为了满足投资者的需要，会计必须依据其基本原则（原理），按照会计准则的要求，为投资者提供有用性会计信息，以帮助投资者作出正确的投资决策。

（3）债权人。债权人主要关心企业偿还本金和利息的能力。短期债权人（包括提供商品和劳务的供应商、银行等）主要关心企业目前的经营状况和资产变现能力，据以分析能否按时收回债权；长期债权人主要关心企业的经营前景和今后的盈利能力，以作出是否增加贷款或提前收回贷款的决定。

（4）政府机构。政府机构主要是指经济管理部门和税收机关等。企业是国民经济的细胞，而企业会计则是这个细胞的窗口。政府经济管理部门作为社会管理者需要通过企业会计这个窗口所提供的信息了解微观经济运行、国家政策的落实和法规的执行情况，以便于利用价格、税收、利率等经济杠杆和有关法律、行政管理等手段进行国民经济宏观控制和调节。证券监督机构是上市公司会计信息的重要使用者，它也要根据会计信息作出判断和实施监管，以履行国家赋予的证券市场监督职责。

另外，国家和地方税务机关对企业征收流转税、所得税等也需要依据会计信息作出企业应纳税判定并计算具体金额。例如，要根据会计所提供的企业盈利额征收所得税；对工商企业要根据其进货额和销货额计算增值税。

（5）社会公众及其他，如客户、企业职工和其他社会公众。由于企业的财务实力、盈利能力间接反映企业产品开发和生产等能力，客户常常也会关注企业的财务状况和盈利能力，而成为会计信息的使用者。企业职工除了关注企业当前的经营状况和获利能力外，还关注企业经营前景，以便判断企业发展的稳定性和持续发展能力及工资、福利增加的可能性。其他社会公众则可能关注企业对就业、环境保护等社会责任的履行情况，或者会从一个消费者的角度关注企业会计信息。

第三节　会计信息质量要求与会计假设

1.3 视频：会计信息质量要求

一、会计信息质量要求

会计作为一项管理活动，主要目的之一是向企业的利益相关者提供反映经营者的受托责任履行情况和供投资者做决策的会计信息。要达到这个目的，我们就必须要求会计信息具有一定的质量特征。会计信息质量特征也称会计信息质量要求、会计信息质量标准。根据我国《企业会计准则——基本准则》的规定，会计信息质量特征包括以下八项：可靠性、相关性、可理解性、可比性、实质重于形式、重要性、谨慎性、及时性。这些质量特征要求会计人员在处理会计业务、提供会计信息时，应当遵循这些对会计信息的质量要求，以便更好地为企业的利益相关者服务。

（一）可靠性

《企业会计准则——基本准则》第十二条规定："企业应当以实际发生的交易或者事项为依据进行会计确认、计量和报告，如实反映符合确认和计量要求的各项会计要素及其他相关信息，保证会计信息真实可靠、内容完整。"

可靠性也称客观性、真实性，是对会计信息质量的一项基本要求。因为会计提供的会计信息是投资者、债权人、政府及有关部门和社会公众的决策依据，如果会计数据不能客观、真实地反映企业经济活动的实际情况，势必无法满足各有关方面了解企业财务状况和经营成果以进行决策的需要，甚至可能导致错误的决策。可靠性要求会计核算的各个阶段，包括会计确认、计量、记录和报告，必须力求真实客观，必须以实际发生的经济活动及表明经济业务发生的合法凭证为依据。

在会计实务中，有些数据只能根据会计人员的经验或对未来的预计予以计算。例如，固定资产的折旧年限、制造费用分配方法的选择等，都会受到一定程度的个人主观意志的影响。不同会计人员对同一经济业务的处理出现不同的计量结果是在所难免的。但是，会计人员应在统一标准的条件下将可能发生的误差降到最低程度，以保证会计核算提供的会计资料真实可靠。

（二）相关性

《企业会计准则——基本准则》第十三条规定："企业提供的会计信息应当与财务会计报告使用者的经济决策需要相关，有助于财务会计报告使用者对企业过去、现在或者未来的情况作出评价或者预测。"

相关性也称有用性，也是会计信息质量的一项基本要求。信息要有用，就必须与使用者的决策需要相关。当信息通过帮助使用者评估过去、现在或未来的事项，或者通过确证或纠正使用者过去的评价，影响使用者的经济决策时，信息就具有相关性。这就要求信息具有预测价值和确证价值（又称反馈价值）。

信息的预测价值和确证价值是可以统一的。例如，关于企业拥有资产的数量和结构的信息，对使用者来说，既可以用来预测企业利用现有机遇应对不利形势的能力，也可以证明过去对企业资产数量和结构以及计划经营活动的预测与结果的一致性。同时，预测未来的财务状况和经营业绩以及股利和工资的支付、证券价格的变动等使用者关心的其他事宜，常常以当前财务状况和过去经营业绩的信息为基础。

（三）可理解性

《企业会计准则——基本准则》第十四条规定："企业提供的会计信息应当清晰明了，便于财务会计报告使用者理解和使用。"

可理解性也称明晰性，是对会计信息质量的一项重要要求。提供会计信息的目的在于使用，要使用就必须了解会计信息的内涵，明确会计信息的内容，如果无法做到这一点，就谈不上对决策有用。信息是否被使用者理解，取决于信息本身是否易懂，也取决于使用者理解信息的能力。可理解性是决策者与决策有用性的连接点。如果信息不能被决策者理解，那么这种信息毫无用处。因此，可理解性不仅是信息的一种质量标准，也是一个与信息使用者有关的质量标准。会计人员应尽可能传递、表达易被人理解的会计信息，而使用者也应设法提高自身的综合素养，以增强理解会计信息的能力。

（四）可比性

《企业会计准则——基本准则》第十五条规定："企业提供的会计信息应当具有可比性。"

为了明确企业财务状况和经营业绩的变化趋势，使用者必须能够比较企业不同时期的财务报表。为了评估不同企业的财务状况、经营业绩和现金流量，使用者还必须能够比较不同企业的财务报表。因此，对整个企业及其不同时点以及对不同企业而言，同类交易其他事项的计量和报告，必须采用一致的方法。

可比性也是会计信息质量的一项重要要求。可比性包括两方面的含义，即同一企业在不同时期的纵向可比、不同企业在同一时期的横向可比。要做到这两个方面的可比，就必须做到同一企业不同时期发生的相同或相似的交易（事项），应当采用一致的会计政策，不得随意变更，确需变更的，应当在附注中说明；不同企业发生的相同或者相似的交易（事项），应当采用规定的会计政策，确保会计信息口径一致、相互可比。

（五）实质重于形式

《企业会计准则——基本准则》第十六条规定："企业应当按照

交易或者事项的经济实质进行会计确认、计量和报告，不应仅以交易或者事项的法律形式为依据。"

如果要真实地反映拟反映的交易或其他事项，那就必须根据它们的实质和经济现实，而不是仅仅根据它们的法律形式进行核算和反映。交易或其他事项的实质，并非与它们的外在法律形式相一致。实质重于形式就是要求在对会计要素进行确认和计量时，重视交易的实质，而不管其采用何种形式。

例如，以租赁方式租入的资产，从法律形式上看，该项资产的所有权在出租方，企业只是拥有使用权和控制权。也就是说，法律形式上该项资产并不是企业购入的资产，因此不能将其作为企业的资产加以核算。但是，从经济实质来看，与该资产有关的风险和报酬都已经属于承租人，因此为了正确地反映企业的资产和负债状况，对于租赁的资产列入资产负债表中的使用权资产。

（六）重要性

《企业会计准则——基本准则》第十七条规定："企业提供的会计信息应当反映与企业财务状况、经营成果和现金流量等有关的所有重要交易或者事项。"

重要性是指财务报告在全面反映企业的财务状况和经营成果的同时，应当区别经济业务的重要程度，采用不同的会计处理程序和方法。具体来说，对于重要的经济业务，应单独核算、分项反映、力求准确，并在财务报告中重点说明；对于不重要的经济业务，在不影响会计信息真实性的情况下，可以适当简化会计核算或合并反映，以便集中精力抓好关键。

重要性的意义在于，对会计信息使用者来说，对经营决策有重要影响的会计信息是最需要的。如果会计信息不分主次，反而会有碍使用，甚至影响决策。对不重要的经济业务简化核算或合并反映，可以节省人力、物力和财力，符合成本效益原则。

需要明确的是，重要性具有相对性，并不是同样的业务对不同的企业都是重要或不重要的事项。对某项会计事项判断其重要性，在很大程度上取决于会计人员的职业判断。一般来说，重要性可以从性质和金额两个方面进行判断。从性质方面来说，如果某会计事项发生可能对决策产生重大影响，则该事项属于具有重要性的事项；从金额方面来说，如果某会计事项的发生达到一定金额或比例可能对决策产生重大影响，则该事项属于具有重要性的事项。

（七）谨慎性

《企业会计准则——基本准则》第十八条规定："企业对交易或

者事项进行会计确认、计量和报告应当保持应有的谨慎，不应高估资产或者收益、低估负债或者费用。"

谨慎性又称稳健性，是指在处理具有不确定性的经济业务时，应持谨慎态度。如果一项经济业务有多种处理方法可供选择时，应选择不导致夸大资产、虚增利润的方法。在进行会计核算时，企业应当合理预计可能发生的损失和费用，而不应预计可能发生的收入和过高估计资产的价值。

例如，财务报表日需要对所有资产进行评估和测试。凡是不能收回成本的资产，都需要计提资产减值准备，确认资产减值损失。谨慎性是会计职业的一种思维方式，贯穿所有业务的处理，当然也不能一味地谨慎而曲扭了事实和真相。

（八）及时性

《企业会计准则——基本准则》第十九条规定："企业对于已经发生的交易或者事项，应当及时进行会计确认、计量和报告，不得提前或者延后。"

信息的报告如果不适当地拖延，就可能失去其相关性。当然，及时提供可能会损害可靠性。企业可能需要权衡及时报告与提供可靠信息的优缺点。为了在及时的基础上提供信息，企业在了解某一交易或其他事项的所有方面之前，就可能有必要作出报告，这就会损害可靠性。相反，如果推迟到了解所有方面之后再报告，信息可能极为可靠，但是对于必须在事中决策的信息使用者来说，用处可能很小。要在相关性和可靠性之间达到平衡，决定性的问题是如何最佳地满足使用者的经济决策需要。

上述八项会计信息质量特征，在实务中常常需要在各要求之间权衡或取舍。其目的一般是达到质量特征之间的适当平衡，以便实现财务报告的目标。质量特征在不同情况下的相对重要性，属于会计人员的职业判断问题。

二、会计假设

会计核算的对象是资金运动，而在市场经济条件下，由于经济活动的复杂性决定了资金运动也是一个复杂的过程，因此面对变化不定的经济环境，摆在会计人员面前的一系列问题必须首先得到解决。例如，会计核算的范围有多大，会计为谁核算、给谁记账；会计核算的资金运动能否持续不断地进行下去；会计应该在什么时候记账、算账、报账；会计在核算过程中应该采用什么计量手段；等等。这些都是进行会计核算工作的前提条件。

1.4　视频：会计假设

会计假设，即会计核算的基本前提，是指为了保证会计工作的正常进行和会计信息的质量，对会计核算的范围、内容、基本程序和方法所做的合理设定。会计假设是人们在长期的会计实践中逐步认识和总结形成的。结合我国实际情况，企业在组织会计核算时，应遵循的会计假设包括会计主体假设、持续经营假设、会计分期假设、货币计量假设。

（一）会计主体假设

《企业会计准则——基本准则》第五条规定："企业应当对其本身发生的交易或者事项进行会计确认、计量和报告。"这是对会计主体假设的描述。

会计主体是编制财务会计报告的任何单位或组织。单位是国家机关、社会团体、公司、企业、事业单位和其他组织的统称。每个单位都需要向有关利益方报告其经营活动的数据。会计主体假设是指为会计核算和报告限定一个空间范围，主要解决为谁记账、为谁报告的问题。对空间范围的限定，包含两层意思：一是要划清单位与单位之间的界限，即甲企业记录和报告的经济活动只限于 A 企业发生的，不能把其他企业的经济活动算在 A 企业的头上。二是公私要分明，也就是要划清企业所有者的活动和企业的活动，不能将企业所有者个人的开支列入企业的账上。

任何组织甚至个人都可以是一个会计主体，换句话说，会计主体可以小到个人，大到国家。因而，会计主体既可以是法律主体，也可以不是法律主体（见图 1-1）。例如，分公司一般不是独立的法人，但分公司可以是独立的会计主体，可以单独建账进行独立核算。

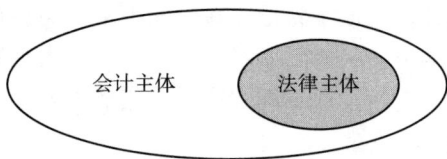

图 1-1　会计主体与法律主体的关系

会计主体假设是持续经营、会计分期假设和其他会计核算基础的基础，因为如果不划定会计的空间范围，则会计核算工作就无法进行，指导会计核算工作的有关要求也就失去了存在的意义。

（二）持续经营假设

《企业会计准则——基本准则》第六条规定："企业会计确认、计量和报告应当以持续经营为前提。"这是对持续经营假设的描述。

持续经营假设是有关时间的一种假定，意思是在可预见的未来，要是没有显著的证据表明企业无法继续经营，那就认定企业会依照当下的规模与状态持续运作，不会停业、破产，也不会大规模缩减业务。"可预见的未来"一般是指企业能够收回资产成本的经营时段。基于持续经营假设，企业所拥有的各类资产会在正常经营进程中被耗用、出售或者转换，承担的债务也会在正常经营中被清偿，经营成果会不断产生。持续经营假设对于会计核算极为重要，比如一台能使用 5 年的设备，企业能够把这台设备的成本平均分摊到 5 年，每年成本是总成本的1/5；否则，像这样的长期资产就无法分摊。唯有处于持续经营的状况，企业的经济活动、企业的资本才能够一轮接一轮地循环与周转，会计才能够依照自身特有的程序与方法，对企业的经济活动进行连续、系统、全面的反映。在实务中，要不断地对企业是否可以持续经营进行判断和评估，如果不能持续经营，企业应披露终止经营的信息。

（三）会计分期假设

《企业会计准则——基本准则》第七条规定："企业应当划分会计期间，分期结算账目和编制财务会计报告。会计期间分为年度和中期。中期是指短于一个完整的会计年度的报告期间。"这是对会计分期假设的描述。

会计分期假设是对会计工作时间范围的具体划分，其中一个重要问题是期间长短的问题。期间太长会导致会计信息失去及时性，而期间太短则会增加信息成本。

在中世纪的意大利，有些家族企业每次结账时间的间隔期长达十年，到了 16 世纪，东印度公司则于每次航海活动结束时进行结账清算，直到英国工业革命发生以后，按年、按月结账的做法才逐步普及开来。目前，世界各国采用的会计年度一般都与本国的财政年度相同。我国的企业会计准则规定，会计期间分为年度和中期。我国以日历年度作为会计年度，即从公历的 1 月 1 日至 12 月 31 日为一个会计年度，但在企业生产经营活动开始或结束的特殊年度，年度则为当年实际经营期间。会计年度确定后，一般按日历确定会计半年度、会计季度和会计月度，凡是短于一个完整的会计年度的报告期间均称为中期。

会计分期假设有着重要的意义。有了会计分期，才产生了本期与非本期的区别，才产生了收付实现制和权责发生制以及划分收益性支出和资本性支出、配比等要求。只有正确地划分会计期间，才能准确地提供财务状况和经营成果的资料，才能进行会计信息的对比。因此，会计分期对会计方法的建立起着举足轻重的作用。

（四）货币计量假设

《企业会计准则——基本准则》第八条规定："企业会计应当以

货币计量。"这是对货币计量假设的描述。

货币计量是指会计主体在确认、计量、记录和报告时以货币作为计量尺度，反映会计主体的经济活动。如果只核算数量而不确定金额，不同财物之间就失去比较的基础，无法加总计算，会计信息就要大打折扣。选择货币作为共同的计量尺度来反映企业的经济活动是商品经济发展的产物。企业经济活动中凡是能够用货币计量的，就可以进行会计反映；凡是不能用货币计量的，则不能进行会计反映。即凡是进入会计核算系统的，必须具有货币的可计量性。

通过货币计量能够很好地反映企业的财务实力和经营业绩。例如，某企业某年取得销售收入 800 万元，就可以很好地反映该企业在某年的销售业绩。

由于货币币值本身是波动的，会计在采用某一货币作为记账本位币时，需要假设该货币的币值是稳定的，或者变动的幅度不大，可以忽略不计。也就是说，货币计量需要隐含一个币值稳定的假设。

货币除了充当价值尺度以外，其本身就是一种商品，可以自由交换和流通，会计在记账时应确定货币的唯一性，即建立记账本位币制度。记账本位币，也称功能货币，是指企业经营所处的主要经济环境中的货币。主要经济环境通常是指企业主要赚取现金和支出现金的环境，使用该环境中的货币最能反映企业主要交易的经济结果。我国以人民币作为记账本位币，企业可以采用多种货币进行结算，但对外报告时要将有关外币折算为记账本位币。

综上所述，会计假设虽然是人为确定的，但完全是出于客观需要，有充分的客观必然性，否则会计核算工作就无法进行。这四项假设缺一不可，既有联系，也有区别，共同为会计核算工作的开展奠定了基础。

第四节　会计方法体系与会计法律法规体系

一、会计方法体系

（一）会计方法体系概述

会计方法是用来核算和监督会计对象、完成会计任务的手段。研究和运用会计方法是为了实现会计的目标，更好地完成会计任务。

会计方法主要是用来反映会计对象的，而会计对象是资金运动。资金运动是一个动态过程，由各个具体的经济活动来体现。会计对经济活动的管理是通过会计核算方法、会计分析方法以及会计检查等方法来进行的。

会计核算的方法是对各单位已经发生的经济活动进行连续、系统、完整的核算和监督所应用的方法。

会计分析的方法主要是利用会计核算的资料，考核并说明各单位经济活动的效果，在分析过去的基础上，提出指导未来经济活动的计划、预算和备选方案，并对它们的结果进行分析和评价。

会计检查的方法又称审计，主要是根据会计核算，检查各单位的经济活动是否合理、合法，会计核算资料是否真实、正确，根据会计核算资料编制的未来时期的计划、预算是否可行、有效等。

上述各种会计方法紧密联系、相互依存、相辅相成，形成了一个完整的会计方法体系（见图1－2）。其中，会计核算方法是基础，会计分析方法是会计核算方法的继续和发展，会计检查方法是会计核算方法和会计分析方法的保证。本书主要阐述会计核算方法，至于会计分析的方法、会计检查的方法以及其他会计方法将在后续有关课程及教材中分别加以介绍。

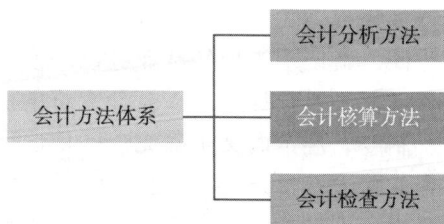

图1－2　会计方法体系构成示意图

（二）会计核算方法

会计核算方法是指会计对企事业单位已经发生的经济活动进行连续、系统和全面的核算与监督所采用的方法。主要由设置账户、复式记账、填制和审核凭证、登记账簿、成本计算、财产清查和编制财务报告构成。

1. 设置账户

账户是对企业经济活动分门别类加以反映的工具。设置账户就是将会计科目作为账户的名称并赋予一定的格式和结构，用于分类反映各种账户增减变动情况及其结果的一种方法。它是分类管理思想在会计上的体现，可以有效地反映有关单位的财务信息。比如货物已经销售，但钱还没有收到，会计需要设置"应收账款"账户来反映哪个客户没有付钱，同时设置"库存商品"账户反映库存的减少。又如现金和银行存款都是企业的货币资金，但会计要分别设置"库存现金"账户和"银行存款"账户加以核算，因为它们在使用上有不同的限制。

2. 复式记账

复式记账法是指对企业发生的每项经济业务，都必须用相等的金额在两个或两个以上相互联系的账户中进行登记，全面系统地反映经济业务增减变化的一种记账方法。复式记账可以相互联系地反映经济业务的全貌，也便于检查账簿记录是否正确。例如，到银行提取500元现金。这笔经济业务一方面要在"库存现金"账户中记增加800元，另一方面又要在"银行存款"账户中记减少800元。"库存现金"账户和"银行存款"账户相互联系地分别记入800元。这样既可以了解这笔经济业务的具体内容，又可以反映该项经济活动的来龙去脉，完整、系统地记录资金运动的过程和结果，便于对经济业务进行监督和控制。

3. 填制和审核凭证

填制和审核凭证是指为了审查经济业务是否合理、合法，保证账簿记录正确、完整而采用的一种专门方法。会计凭证是记录经济业务、明确经济责任的书面证明，是登记账簿的重要依据。经济业务是否发生、执行和完成，关键看是否取得或填制了会计凭证。取得或填制了会计凭证，就证明该项经济业务已经发生或完成。对已经完成的经济业务还要经过会计部门、会计人员的严格审核，在保证符合有关法律、制度、规定而又正确无误的情况下，才能据以登记账簿。例如，企业购入一批材料，收到一张采购发票，并开出相应金额的转账支票用于支付货款。会计人员要对采购发票的真实性进行核对、审查，确认无误后，在记账凭证上记录原材料增加的情况以及银行存款减少的金额。记账凭证是登记账簿的依据，在过入账簿之前，必须对记账凭证进行审核，以保证账簿记录的准确和可靠。

4. 登记账簿

登记账簿又称记账，就是把所有的经济业务按其发生的顺序，分门别类地记入有关账簿。账簿是用来全面、连续、系统地记录各项经济业务的簿籍，也是保存会计信息的重要工具。账簿具有一定的结构、格式，应该根据审核无误的会计凭证序时、分类地进行登记。在账簿中应该开设相应的账户，把所有的经济业务记入账簿中的账户里后，还应定期计算和累计各项核算指标，并定期结账和对账，使账证之间、账账之间、账实之间保持一致。账簿提供的各种信息是编制会计报表的主要依据。

5. 成本计算

成本计算是指归集一定计算对象上的全部费用，借以确定该对象的总成本和单位成本的一种专门方法。成本计算通常是指对工业产品进行的成本计算。例如，按工业企业供应、生产和销售三个过程分别归集经营发生的费用，并分别与采购、生产和销售材料、产品的品种、数量联系起来，计算它们的总成本和单位成本。通过成本计算，企业可以考核和监督经营过程中发生的各项费用是否节约，以便采取措施降低成本，提高经济效益。成本计算对确定生产补偿尺度、正确计算和分配国民收入、确定价格政策等都起着重要作用。

6. 财产清查

财产清查是指通过盘点实物，核对账目，查明各项财产物资实有数额的专门方法。通过财产清查，可提高会计记录的正确性，保证账实相符，还能查明各项财产物资的保管和使用情况以及各种结算款项的执行情况，以便对积压或损毁的物资和逾期未收到的款项及时采取措施清理，加强对财产物资的管理。例如定期对企业的库存现金、存货、固定资产等进行盘点清查。财产清查是会计必不可少的方法之一。

7. 编制财务报告

以特定表格的形式，定期并总括地反映企业、行政事业单位的经济活动情况和结果的专门方法。会计报表主要以账簿中的记录为依据，经过一定形式的加工整理产生一套完整的核算指标，是考核、分析财务计划和预算执行情况以及编制下期财务和预算的重要依据。常见的会计报表有资产负债表、利润表、现金流量表等，它们分别反映企业在特定日期的财务状况、一定期间的经营成果和现金流量情况。

这七种方法相互联系、相互依存、彼此制约，构成一个完整的方法体系。在实际的会计核算工作中，这些步骤通常是依次进行的。但也并非完全机械地按照固定顺序进行，某些情况下可能会根据具体业务和管理需求进行适当的调整和灵活运用（见图1-3）。

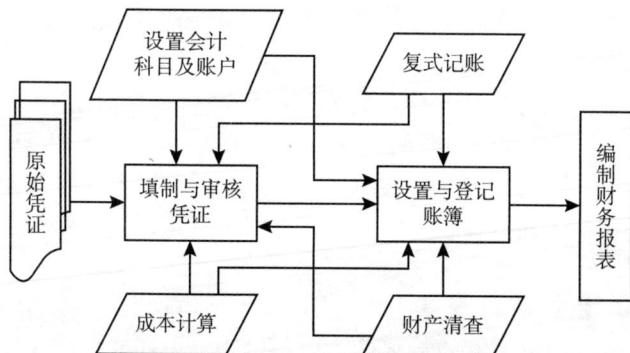

图1-3 会计核算方法示意图

二、会计法律法规体系

我国会计法律法规体系由四个层次构成，按照规范的强制力排列。

第一层次是由全国人民代表大会及其常务委员会制定的会计法律。

第二层次是由我国最高行政机关——国务院颁布的行政法规。

第三层次是由国务院财政部门统一制定的会计规章制度。

第四层次是由国务院其他部门、中央军委后勤保障部，以及各省（自治区、直辖市）人大或政府制定的在本地区范围内实施的各种与会计工作管理有关的规定、办法、规则、通知等。

（一）会计法律

法律是由国家最高权力机关——全国人民代表大会及其常务委员会制定的。在会计领域中，属于法律层次的规范主要是指《中华人民共和国会计法》《中华人民共和国注册会计师法》。它们是会计规范体系中权威性最高、最具法律效力的规范，是制定其他各层次会计规范的依据，是会计工作的"基本法"。

（二）会计行政法规

会计行政法规是指由国务院制定并发布，或者由国务院有关部门拟定并经国务院批准发布，调整经济生活中某些方面会计关系的法律规范。它是根据《中华人民共和国会计法》制定的，是对会计法律的具体化或某个方面的补充。我国现行的会计行政法规主要是国务院发布的《总会计师条例》《企业财务会计报告条例》等。

1. 《总会计师条例》

《总会计师条例》是国务院于 1990 年 12 月 31 日发布的，该条例共 5 章 23 条，主要对总会计师的职责、权限、任免与奖惩等作出规定。

2. 《企业财务会计报告条例》

《企业财务会计报告条例》是国务院于 2000 年 6 月 21 日发布的，自 2001 年 1 月 1 日起实施，共 6 章 46 条，主要对企业财务会计报告的构成、编制、对外提供、法律责任等作出规定。

（三）会计部门规章

会计部门规章是指由国务院主管全国会计工作的行政部门——财政部，对会计工作制定的规范性文件。属于会计部门规章的主要有

《企业会计准则》、会计制度等。

1.《企业会计准则》

《企业会计准则》由财政部制定，于 2006 年 2 月 15 日财政部令第 33 号发布，自 2007 年 1 月 1 日起施行。我国企业会计准则体系包括基本准则、具体准则和应用指南。

（1）基本准则。基本准则是进行会计核算工作必须遵循的基本规范。2014 年 7 月 23 日财政部对该准则进行了修订。修订后的《企业会计准则——基本准则》的主要内容包括总则、会计信息质量要求、会计要素、会计计量和财务会计报告五大方面。

（2）具体准则。具体准则是以基本准则为依据，规定会计各要素确认、计量的基本原则和对会计处理及其程序所作出的基本规定。2006 年 2 月 15 日财政部在发布《企业会计准则——基本准则》的同时，又发布了存货、长期股权投资、投资性房地产等 38 项具体准则。2014 年印发公允价值计量、合营安排和在其他主体中权益的披露 3 项具体准则。2017 年印发持有待售的非流动资产、处置组和终止经营 1 项准则。

（3）应用指南。应用指南是对具体会计准则的基本规定所作出的具体解释和对会计如何确认、计量、记录和报告所作出的具体规定。

2. 会计制度

会计制度是进行会计工作应遵循的规则、方法和程序的总称。根据《中华人民共和国会计法》的规定，我国国家统一的会计制度，由财政部制定；各省、自治区、直辖市以及国务院业务主管部门，在与《中华人民共和国会计法》和国家统一会计制度不相抵触的前提下，可以制定本地区、本部门的会计制度或者补充规定。财政部自 1992 年起陆续颁布行业会计制度，其中《小企业会计制度》《民间非营利组织会计制度》《村集体经济组织会计制度》3 项会计制度于 2005 年 1 月 1 日起正式实施。

（四）地 方 性 会 计 法 规

由地方权力机关制定。地方性会计法规是根据本地区的实际情况和具体需要，对会计法律、会计行政法规的具体实施作出的补充和细化规定，仅在本地区范围内有效。它是我国会计法律法规体系的重要组成部分，对于解决本地区的特殊会计问题，促进地方经济发展具有重要意义。

这四个层次的会计法律法规相互联系、相互补充，共同构成了我国完整的会计法律法规体系，对规范会计行为、保证会计信息质量、维护市场经济秩序发挥着重要作用。

【本章小结】

会计是以货币作为主要计量单位，以真实合法的凭证为依据，通过采用一系列专门方法，对企业等经济组织的经济活动进行全面、连续、系统的核算和监督，生产出可靠、相关的信息，以满足信息使用者经济决策需要的一项管理活动。会计是经济管理的重要组成部分。

会计的特点：（1）以货币为主要计量单位；（2）对经济活动进行综合、连续、系统和全面的核算和监督；（3）以合法的会计凭证为依据。会计的基本职能是会计核算和会计监督。

会计对象即会计所核算和监督的内容。一般来说，会计的对象是社会再生产过程中的资金运动，资金运动也叫价值运动。

会计目标也称财务会计报告的目标，是向财务会计报告使用者提供与企业财务状况、经营成果和现金流量等有关的会计信息，反映企业管理层受托责任履行情况，有助于财务会计报告使用者作出经济决策。

我国企业会计的基本假设包括会计主体、持续经营、会计分期和货币计量。

会计信息的质量要求包括可靠性、相关性、可理解性、可比性、实质重于形式、重要性、谨慎性和及时性八个方面。

会计核算方法主要有设置账户、复式记账、填制和审核会计凭证、登记账簿、成本计算、财产清查和编制财务会计报告七种。

我国会计法律法规体系由会计法律、会计行政法规、会计部门规章、地方性会计法规四个层次构成。

【本章主要名词概念】

会计　会计对象　会计职能　会计目标　会计假设

【复习与思考】

1. 你对会计的哪段历史比较感兴趣？通过了解会计产生和发展的历史，你觉得其中的驱动因素有哪些？

2. 请描述一下你对会计的认识。与古代会计相比，现代会计在功能和应用范围上有哪些显著的拓展？

3. 可靠性和相关性在会计信息质量要求中处于什么地位？它们之间可能存在怎样的冲突？

1.5　本章重要术语解析

1.6　延伸阅读：会计与生活

4. 谨慎性要求会计人员在处理业务时应注意什么？过度谨慎可能带来什么问题？

5. 会计假设有哪几个？它们对会计工作分别有什么重要意义？

6. 会计法律法规体系主要由哪些部分构成？这些法律法规对会计工作起到了什么具体的保障作用？

1.7 会计思政案例思考

第二章
会计要素与会计等式

【学习目标】

1. 掌握：资产、负债、所有者权益、收入、费用和利润的概念与分类。
2. 理解：会计等式的平衡原理。
3. 运用：能识别会计要素，能根据会计等式判断经济业务类型，能分析经济业务对会计等式的影响。
4. 通过本章学习，使学生能够明白会计工作的严谨性和诚信的重要性，学会用辩证的思维看待经济业务活动，增强学生业务规则和尊重科学知识的意识，培养学生依靠科学方法解决实际问题的能力。

【本章知识逻辑结构图】

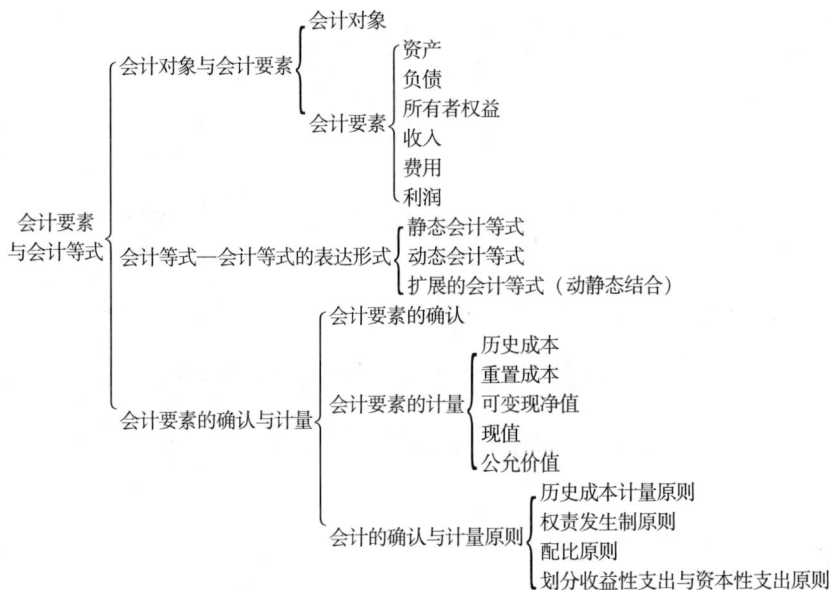

会计要素与会计等式
- 会计对象与会计要素
  - 会计对象
  - 会计要素
    - 资产
    - 负债
    - 所有者权益
    - 收入
    - 费用
    - 利润
- 会计等式—会计等式的表达形式
  - 静态会计等式
  - 动态会计等式
  - 扩展的会计等式（动静态结合）
- 会计要素的确认与计量
  - 会计要素的确认
  - 会计要素的计量
    - 历史成本
    - 重置成本
    - 可变现净值
    - 现值
    - 公允价值
  - 会计的确认与计量原则
    - 历史成本计量原则
    - 权责发生制原则
    - 配比原则
    - 划分收益性支出与资本性支出原则

【引 导 案 例】

小明满怀热情地打算开一家名为"香浓时光"的小型咖啡店。

在筹备阶段，小明用自己多年的积蓄投入了 100 000 元作为启动资金。为了补足资金缺口，小明从银行申请并成功获得了 50 000 元的贷款，这笔贷款需要在未来一定期限内连本带利归还。

接下来是店面的筹备工作。小明花费 80 000 元租下了一个位于繁华街角的店面，并精心进行了装修，打造出温馨舒适的环境。随后，小明又花费 20 000 元购买了一台高品质的咖啡机、几套舒适的桌椅以及其他必要的设备。此外，小明还投入 15 000 元采购了各种咖啡豆、新鲜的牛奶、精美的杯子以及其他原材料。

开业后的第一个月，咖啡店的生意逐渐走上正轨。这个月，小明通过精心调制各类咖啡，共获得销售收入 30 000 元。顾客对咖啡的品质和店内的氛围赞不绝口，为咖啡店带来了良好的口碑和稳定的客源。然而，经营过程中也产生了一系列的费用。为了保证咖啡店的正常运营，小明支付给员工的工资共计 8 000 元。这包括了咖啡师的精湛手艺、服务员的热情服务等人力成本。

同时，水电费也是一笔不可忽视的开支，共计 1 000 元。为了给顾客提供舒适的环境，灯光、空调等设备的运行都消耗了不少电能，以及日常的用水费用。

在原材料方面，这个月共消耗了价值 8 000 元的咖啡豆、牛奶、杯子等。随着咖啡的不断售出，原材料不断减少，但同时也转化为了销售收入。

要求：

1. 请你帮助小明计算一下公司开业当天共拥有多少资产，共拥有多少负债，小明在公司享有多少权益。

2. 营业一个月之后，请你帮助小明计算一下公司这个月共实现了多少收入，共发生多少费用，这个月利润是多少。

3. 小明的公司经过一个月的运营后，会计恒等式是否仍然成立？

第一节　会计对象与会计要素

一、会计对象

任何工作都有其特定的工作对象，会计工作也不例外。一般来说，会计对象就是指会计工作所要核算和监督的内容。具体来说，会计对象是指企事业单位在日常经营活动或业务活动中所表现出的资金运动，即资金运动构成了会计核算和会计监督的内容。

首先，资金运动是客观的。资金运动的客观性是指企事业单位的资金都要经过资金的投入、运用和退出这样一个运动过程，这个过程不因企业所处的国家或地区的不同而不同。也正因为资金运动的客观性，才使会计称为一种国际性的商业语言。其次，资金运动是抽象的。资金运动的抽象性是相对于具体的会计核算而言的，因为在会计实务中，任何经济活动所引起的资金运动都必须具体化直至量化，若仅有"资金运动"这样一个抽象的概念，那么核算的对象是无法落到实处的。这就需要对抽象的资金运动进一步分类，于是就产生了会计要素。

《中华人民共和国会计法》第十条：

第十条：各单位应当对下列经济业务事项办理会计手续，进行会计核算：

（一）资产的增减和使用；

（二）负债的增减；

（三）净资产（所有者权益）的增减；

（四）收入、支出、费用、成本的增减；

（五）财务成果的计算和处理；

（六）需要办理会计手续、进行会计核算的其他事项。

二、会计要素

会计要素是指对会计对象按经济性质所作的基本分类，是会计核算和监督的具体对象和内容，即会计对象的具体化。会计要素是组成财务报表的基本单位，我国的《企业会计准则——基本准则》严格定义了资产、负债、所有者权益、收入、费用和利润六大会计要素。这六大会计要素又可以划分为两大类，即反映财务状况的会计要素（又称资产负债表要素）和反映经营成果的会计要素（又称利润表要素）。其中，反映财务状况的会计要素包括资产、负债和所有者权益；反映经营成果的会计要素包括收入、费用以及利润。下面，我们将详细阐述各会计要素的具体内容。

（一）资产

1. 资产的定义与特征

资产是指由过去的交易或者事项形成的，由企业拥有或者控制的，预期会给企业带来经济利益的资源。该资源在未来一定会给企业带来某种直接或间接的现金和现金等价物流入。资产的确认须满足以

2.1 视频：会计要素：资产、负债、所有者权益

下几个条件，或者说资产具有以下几个基本特征：

第一，资产是由以往事项所导致的现时权利，未来的交易可能形成的资产不能加以确认。例如，公司与客户签订一份合同，预计明年要购入一条新的生产线。签订合同不等于履行了合同，该流水线不能确认为资产。这也是传统会计的一个显著特点。尽管现有的一些现象，特别是衍生金融工具的出现，已对"过去发生"原则提出了挑战，但这一原则仍然在实务中得到了普遍接受。

第二，资产必须是某一特定主体所拥有或者控制。这是因为会计并不计量所有的资源，而仅计量在某一会计主体控制之下的资源，所以会计中计量的资产就应该或者说必须归属于某一特定的主体，即具有排他性。这里"拥有"是指企业对某项资产拥有所有权，而"控制"则是指企业虽然没有产权，但有支配使用权。例如，从供应商处购入的材料，应该列入本企业的资产。但横穿企业的市政道路，虽然能为企业使用并带来经济利益，但所有权不是企业的，也不能由企业支配使用权，而是属于社会的公共资源，因此该市政道路不属于企业的资产。

第三，资产是能为企业带来经济利益的资源，不能带来经济利益的资源不是企业的资产。按照这一特征，判断一个项目是否构成资产，一定要看它是否潜存着未来的经济利益。只有那些潜存着未来经济利益的项目才能被确认为资产。例如，公司有一台弃之不用的机器，机器不投入使用时是不会产生经济利益的，因此准备废弃的机器不是企业的资产。

除此之外，资产作为一项经济资源，与其有关的经济利益必须是很可能流入企业，而且该资源的成本或者价值能够可靠地计量。

2. 资产的分类

企业的资产按其流动性的不同，可以划分为流动资产和非流动资产。

（1）流动资产是指可以在一年或者超过一年的一个营业周期内变现或者耗用的资产，主要包括库存现金、银行存款、应收及预付款项、存货等。

①库存现金。库存现金是指企业持有的现款，也称现金。库存现金主要用于支付日常发生的小额、零星的费用或支出。

②银行存款。银行存款是指企业存入某一银行账户的款项，该银行为该企业的"开户银行"。企业的银行存款主要来自投资者投入资本的款项、负债融入的款项、销售商品的货款等。

③应收及预付款项。应收及预付款项是企业在日常生产经营过程中发生的各项债权，包括应收款项（应收票据、应收账款、其他应收款等）和预付账款等。

④存货。存货是指企业持有的以备生产、加工使用的原材料及各

种辅助材料，以备销售的商品、半成品，以备周转使用的包装物和低值易耗品等周转材料。

（2）非流动资产是指不能在一年或者超过一年的一个营业周期内变现或者耗用的资产，主要包括长期股权投资、固定资产、无形资产等。

①长期股权投资。长期股权投资是指企业持有被投资企业的股权、不准备在一年内变现的投资。企业进行长期投资的目的是获得较为稳定的投资收益或者对被投资企业实施控制或影响。

②固定资产。固定资产是指企业使用年限超过一年以上的，并在使用过程中保持原来物质形态的资产，包括房屋、建筑物、机器、机械、运输工具以及其他与生产、经营有关的设备、器具、工具等。

③无形资产。无形资产是指企业为生产商品或者提供劳务、出租给他人或以管理为目的而持有的、没有实物形态的可辨认非货币性长期资产。无形资产包括专利权、非专利技术、商标权、著作权、土地使用权等。

（二）负债

1. 负债的定义与特征

负债是指由过去的交易或事项形成的、预期会导致经济利益流出企业的现时义务。履行义务将会导致经济利益流出企业。未来发生的交易或者事项所形成的义务是不属于现时义务的，不应当确认为负债。负债具有如下特征：

第一，负债是由以往交易或事项导致的现时义务。

第二，负债在将来必须以债权人所能接受的经济资源加以清偿。这是负债的实质所在。也就是说，负债的实质是将来应该以牺牲资产为代价的一种受法律保护的责任。也许企业可以通过承诺新的负债或通过将负债转为所有者权益等方式来清偿一项现有负债，但这并不与负债的实质特征相背离。在前一种方式下，仅仅是负债的偿付时间被延迟了，最终企业仍然需要以债权人所能接受的经济资源来清偿债务；在后一种方式下，相当于企业用增加所有者权益而获得的资产偿还了现有负债。

第三，负债的清偿会导致经济利益流出企业。企业无论以何种方式偿债，均会使经济利益流出企业，而且这种在未来流出的经济利益的金额能够可靠地计量。

2. 负债的分类

负债通常是按照流动性进行分类的。这样分类的目的在于了解企业流动资产和流动负债的相对比例，大致反映出企业的短期偿债能力，从而向债权人揭示债权的相对安全程度。负债按照流动性不同，

2.2 延伸阅读：负债与所有者权益的对比

可以分为流动负债和非流动负债。

（1）流动负债是指将在一年（含一年）或者超过一年的一个营业周期内偿还的债务，包括短期借款、应付及预收款项等。

①短期借款。短期借款是指企业从银行或其他金融机构借入的期限在一年以下的各种借款，如企业从银行取得的、用来补充流动资金不足的临时性借款。

②应付及预收款项。应付及预收款是指企业在日常生产经营过程中发生的各项债务，包括应付款项（应付票据、应付账款、应付职工薪酬、应交税费、应付利息、应付股利、其他应付款等）和预收账款等。

（2）非流动负债是指偿还期在一年或者超过一年的一个营业周期以上的债务，包括长期借款、应付债券等。

①长期借款。长期借款是指企业向银行或其他金融机构借入的期限超过一年的各种借款，主要用于大型工程建设、研究开发等项目。

②应付债券。应付债券一般是指企业为筹措大型工程建设、研究开发等项目向社会公开发行债券而筹集的长期资金。债券有面值、票面利率和期限，企业应在约定的时间和条件下按票面利率偿还利息和本金，在没有偿还之前形成企业的非流动负债。

（三）所有者权益

1. 所有者权益的定义与特征

所有者权益也称股东权益，是指资产扣除负债后由所有者享有的剩余权益。公司的所有者权益又称为股东权益。所有者权益在数值上等于企业全部资产减去全部负债后的余额。其实质是企业从投资者手中所吸收的投入资本及其增值，同时也是企业进行经济活动的"本钱"。其特征为：

第一，所有者权益是剩余权益。所有者仅对企业的净资产享有所有权，净资产是资产减去负债后的余额。

第二，所有者权益的金额不能单独计量，依赖资产和负债的计量。

2. 所有者权益的来源与构成

所有者权益的来源包括所有者投入的资本、直接计入所有者权益的利得和损失（其他综合收益）、留存收益等。所有者权益通常由实收资本（或股本）、其他权益工具、资本公积、其他综合收益、专项储备、留存收益构成。对初学者先介绍实收资本（或股本）、资本公积和留存收益的有关内容。

（1）实收资本（股本）。实收资本是指投资者按照有限责任公司章程或合同、协议的约定，实际投入企业的资本。股本是按照股份面值计价的投入资本，我国上市公司发行的股票法定面值为每股1元人民币。一般有限责任公司用实收资本，股份有限公司用股本。

（2）资本公积。企业的资本公积也称准资本，是指归企业所有者共有的资本。资本公积主要来源于资本在投入过程中产生的资本（股本）溢价以及直接计入所有者权益的利得和损失。股本溢价是指超过股本面值的投入资本。例如，股票发行价格为 8 元/股，其中 1 元计入股本，超过股本的部分 7 元计入股本溢价。资本公积主要用于转增资本。

（3）盈余公积。盈余公积是指企业按照《中华人民共和国公司法》（以下简称《公司法》）规定及董事会的决议从当期税后利润中提取并留存在企业的收益，可以用于弥补亏损、转增资本（股本）。按照《公司法》要求提取的盈余公积称为法定盈余公积，按董事会决议提取的盈余公积称为任意盈余公积。

（4）未分配利润。未分配利润是指企业尚未指定用途，留待以后年度分配的利润。

盈余公积和未分配利润统称为留存收益，都是企业赚取的尚未分配的收益。区别在于盈余公积是指定了用途的收益，未分配利润是暂时还没指定用途的收益，留待以后进行分配。

所有者权益虽然分为四项，但企业的所有者权益事实上由两部分组成：一是投资者投入的资本，反映投入的"本钱"；二是企业在生产经营活动中赚取的留存在企业的收益，反映赚取的"利钱"。

资产、负债、所有者权益三大会计要素构成资产负债表的骨架（基本单元），所以又称资产负债表要素。我们在考察企业有多少资产、多少负债和多少所有者权益时，一般是从静止的某个时点来观察的，比如在月末、季度末、半年末或者年末，观察特定的这一天要素内容中余额的情况，因此资产、负债、所有者权益又被称为静态的会计要素。

2.3 视频：会计要素：收入、费用、利润

（四）收入

1. 收入的定义与特征

收入是指企业在日常活动中形成的、会导致所有者权益增加的、与所有者投入资本无关的经济利益的总流入。收入具有以下特征：

第一，收入从企业的日常活动中产生，而不是从偶发的交易或事项中产生。日常活动时企业为完成经营目标所从事的与之相关的经常性的活动，是持续、周而复始、可重复进行的活动。比如，以制造业为例，产品销售、原材料销售、固定资产出租等。

第二，收入增加会导致企业所有者权益的增加。收入增加必然带来资产增加或者负债减少，或者两者兼有之。资产增加、负债减少最终导致所有者权益增加。

第三，收入是与所有者投入资本无关的经济利益的总流入。收入会导致经济利益流入企业，大多表现为资产增加。但并不是所有资产增加都是收入，投资者的投入以及第三方或客户收到的款项就不是企业的收入。

以上定义是按照现行准则的定义，在学术上被称为狭义的收入，主要强调来自经营活动的收入。与狭义收入相对应的是广义收入，广义收入不仅包括日常活动收入，还包括非日常活动收入。非日常活动收入是企业无法控制的事项所产生的。如罚款收入、捐赠利得、报废非流动资产利得等。为了便于与日常活动收入相区别，会计将这种非日常活动产生的收益，称为利得。

2. 收入的构成

按广义收入进行分类，收入分为营业收入和营业外收入。营业收入又分为主营业务收入和其他业务收入。

（1）营业收入。

①主营业务收入。主营业务收入也称基本业务收入，是指企业在其经常性的、主要业务活动中获得的收入，如工商企业的商品销售收入、服务业的劳务收入。

②其他业务收入。其他业务收入也称附营业务收入，是指企业在其非主要业务活动中获得的收入，如工业企业从销售原材料、出租固定资产、无形资产、包装物等业务中取得的收入。

（2）营业外收入。

营业外收入是企业非日常活动产生的利得。一般与正常的生产经营活动没有直接关系，不是经常发生的，带有偶发性，不具有重复性。主要包括罚款收入、盘盈利得、捐赠利得等，是直接计入当期利润的利得。

（五）费用

1. 费用的定义与特征

费用是指企业在日常活动中发生的、会导致所有者权益减少的、与向所有者分配利润无关的经济利益的总流出。费用具有如下特征：

第一，费用是企业日常活动中产生的。费用与收入是相对应的概念，是企业为取得收入而付出的代价，如企业销售商品，收到货款8万元，即实现了8万元的收入。为实现8万元的收入，而需要付出商品的购买成本或生产成本6万元，6万元便形成了费用。

第二，费用会导致所有者权益减少。因为费用是利润的减项，费用增加，利润减少，最终导致所有者权益减少。

第三，费用最终导致企业资源减少。这种减少具体表现为企业资金的支出或企业资产的耗费，即费用表现为经济利益流出，但不是所有的经济利益流出都是费用，比如向所有者分配利润，是企业用赚来的利润回报投资者。有时候经济利益的流出并不完全直接表现为费用。例如，存货出售以后变成已售产品的成本，固定资产通过折旧转化为费用等。

与收入概念相对应，费用也分为狭义的费用和广义的费用。上述费用的概念是狭义的费用，广义的费用还包括损失。损失是企业无法控制的事项所产生的，比如罚款支出、盘亏损失、资产报废损失等。这些经济利益的流出用营业外支出加以识别。狭义的收入与狭义的费用有很强的相关性，而利得和损失没有因果关系，一笔营业外支出不会得到相应的一笔营业外收入。

2. 费用的构成

我国利润表是按照费用项目设计的，因此对费用的分类，需要从利润表的视角来理解。利润表是期间报表，反映的项目都是在当期发生的费用。从利润表的角度来看，与本期收入相关的成本（费用）都称为费用，需要从营业收入中扣除。在基础会计中，狭义的费用包括营业成本、税金及附加、期间费用等。本书只涉及基础性和根本性内容。

（1）营业成本。营业成本是指企业所销售商品或者提供劳务的成本。营业成本按照企业所销售商品或提供劳务在企业日常活动中所处的地位，可以分为主营业务成本和其他业务成本。

①主营业务成本。主营业务成本是指企业主要经营活动所发生的耗费，如销售商品或提供劳务所发生的成本。主营业务成本与主营业务收入是相对应的一个概念，如果是销售商品获得的主营业务收入，主营业务成本就是取得或制造该商品发生的成本；如果是提供劳务获得的主营业务收入，主营业务成本就是提供劳务的成本。它们都是为取得主营业务收入而付出的代价。

②其他业务成本。其他业务成本是指除主营业务活动以外的其他经营活动所发生的耗费，如出售材料的成本、让渡资产使用权的成本（出租固定资产折旧、出租无形资产的摊销额、出租包装物的成本等）。它们都是为取得其他业务收入而付出的代价。

（2）税金及附加。税金及附加是指企业经营活动应负担的各种税费和教育费附加，包括消费税、城市维护建设税、资源税、教育费附加、房产税、土地使用税、车船税、印花税等相关税费。

（3）期间费用。期间费用是指为取得某期间各项收入而发生的共同费用，不能直接计入有关成本，不是为取得某一特定收入而发生的费用。销售费用、管理费用、财务费用合称为期间费用。

①销售费用。销售费用是指为推销产品以及专设销售机构而发生的各种费用。主要包括运输费、包装费、保险费、广告费、展览费等。

②管理费用。管理费用是指为组织和管理企业生产经营活动而发

生的费用，主要是企业管理部门发生的各种费用。主要包括管理人员的工资、办公费、差旅费、固定资产折旧费等。

③财务费用。财务费用是指企业为筹措资金而发生的费用。主要包括企业生产经营期间发生的利息支出（减利息收入）、汇兑净损失等。

（4）资产减值损失。资产减值损失是指企业计提的坏账准备、存货跌价准备和固定资产减值准备等形成的损失。

（5）所得税费用。所得税费用是企业按照税法的规定，将企业利润的一定比例以所得税的方式向国家缴纳。缴纳所得税会导致经济利益流出企业，是企业的重要费用。

（6）营业外支出。营业外支出是企业非日常活动发生的损失。营业外支出属于广义的费用，一般与正常的生产经营活动没有直接联系，不是经常发生的，带有偶发性，不具有重复性，如捐赠支出、罚款、非流动资产毁损报废损失、自然灾害造成的损失等。

（六）利润

1. 利润的定义与特征

利润是指企业在一定会计期间的经营成果，是企业在一定期间所有收入与所有费用之间的差额，包括经营业务带来的利润和非经营业务带来的利润。经营业务带来的利润是收入减去费用后的净额，非经营业务带来的利润是直接计入当期利润的利得（营业外收入）和损失（营业外支出）等。其特征为：

第一，利润是企业在一定期间的经营成果。经营成果可能是盈利，也可能是亏损。

第二，利润不单独计量。利润金额取决于收入和费用、直接计入当期利润的利得和损失金额的计量。

2. 利润的构成

利润具体指营业利润、利润总额和净利润。

（1）营业利润。

营业利润是指主营业务收入加上其他业务收入，减去主营业务成本、其他业务成本、税金及附加、销售费用、管理费用、财务费用、资产减值损失，再加上公允价值变动净收益和投资净收益后的金额。营业利润是狭义收入与狭义费用配比后的结果。

（2）利润总额。

利润总额是指营业利润加上营业外收入，减去营业外支出后的金额。即：

利润总额＝营业利润＋营业外收入－营业外支出

（3）净利润。

净利润是利润总额减去所得税费用后的金额，是广义收入与广义费用配比后的结果。即：

$$净利润 = 利润总额 - 所得税费用$$

以上利润分类是按照利润表主要内容进行的划分，实际利润表的项目更为复杂。实务中企业利润还包括接受政府各种补助形成的其他收益、企业资产处置时获得资产处置损益、资产贬值形成的资产减值损失、企业对外投资取得的投资收益，以及金融资产采用公允价值计量所确认的公允价值变动损益。

收入、费用和利润三大会计要素是构成利润表的骨架，又称利润表要素。我们在考察企业有多少收入、多少费用和多少利润时，一般是从某个会计期间来观察的，比如一个月（1月1日至1月31日）、一个季度（1月1日至3月31日）、半年度（1月1日至6月30日）和一个年度（1月1日至12月31日）等。因此，收入、费用、利润又称为动态的会计要素。

2.4 视频：会计等式

第二节 会计等式

会计等式是用来描述会计对象各要素之间关系的一种数学表达方式，通常也称为会计恒等式或会计平衡等式。会计等式是企业资金运动规律的具体表现，不仅揭示了会计要素之间的关系，也是复式记账、试算平衡和编制财务报告的理论基础。根据不同会计要素之间的关系，会计要素分为静态会计等式、动态会计等式和扩展的会计等式（动静态结合）。

一、会计等式的表达形式

（一）静态会计等式

企业要从事生产经营活动，必须拥有或控制一定数额的资产。这些资产要么来源于债权人提供的资金，形成企业的负债；要么来源于所有者投入的资本，形成企业的所有者权益。因负债是债权人的权益，所以在会计上负债和所有者权益又合称为权益。资产表明企业拥有或控制的资源，权益表明这些资源的来源。

从数量上来看，企业有一定数额的资产，就必然有一定数额的权益。因此，企业的资产总额与权益总额永远保持平衡关系，即资产＝权益。这种平衡关系随着企业所处经营期间的不同，其表现形式有所不同。

在企业经营初期，由于会计要素中只有资产、负债和所有者权益，因此会计等式为：

$$资产 = 负债 + 所有者权益$$
$$资产 = 债权人权益 + 所有者权益$$
$$资产 = 权益$$

这是最基本的会计等式，又称为第一会计等式，是资金的静态表现。它是设置账户、复式记账和编制资产负债表的基础，在会计核算体系中占有举足轻重的地位。权益是资产的来源，资产是权益的存在形态，两者之间必然相等。

（二）动态会计等式

随着企业经营活动的进行，企业会产生相应的成本费用，并取得收入。企业在一定时期内的收入扣除相关的成本费用后，即为企业的利润，于是出现了反映经营成果的会计等式，即：

$$收入 - 费用 = 利润$$

这一等式称为第二会计等式，是资金运动的动态表现。它是编制利润表的基础。

（三）扩展的会计等式（动静态结合）

由于收入最终会导致所有者权益的增加，费用最终会导致企业所有者权益的减少，利润在未分配以前其本质也属于企业的所有者权益。因此，一定会计期间内，在企业利润分配以前的动态会计等式通常也可以表示为：

$$资产 = 负债 + 所有者权益 + 利润$$

即：

$$资产 = 负债 + 所有者权益 + （收入 - 费用）$$

这是一个反映企业财务状况和经营成果之间关系的会计等式。从这个会计等式可以看出，企业的经营成果最终会影响企业的财务状况。当一定会计期间内企业发生收入时，资产随之增加，或者负债随之减少，并且收入的增加在期末最终会导致所有者权益的增加；当一定会计期间内发生费用时，资产随之减少，或者负债随之增加，并且费用的增加在期末会导致所有者权益的减少。

而在一定会计期间的期末，利润分配后，会计等式又回归到相对静态形式：

$$资产 = 负债 + 所有者权益$$

此时，该会计等式被称为恒等式。它是静态会计等式与动态会计等式辩证统一的结果，是每一个会计期间会计循环的起点和终点。它反映了企业在特定日期资产的权益状况和财务状况。

二、经济业务的发生对会计等式的影响

企业在生产经营过程中，不断地发生各种经济业务。这些经济业务的发生会对有关的会计要素产生影响，但是不会破坏上述等式的恒等关系。为什么这样说呢？因为一个企业的经济业务虽然数量众多、各类繁杂，但归纳起来不外乎以下九种经济业务（见表 2－1），根据对会计等式两边的不同影响，进而归纳为四种类型。

表 2－1　　　　　　　经济业务对会计等式的影响

经济业务	会计等式左边：资产	会计等式右边：权益	类型
（1）引起一项资产和一项负债同时等额增加的经济业务	增加	增加	引起会计等式两边项目同时等额增加的经济业务
（2）引起一项资产和一项所有者权益同时等额增加的经济业务			
（3）引起一项资产和一项负债同时等额减少的经济业务	减少	减少	引起会计等式两边项目同时等额减少的经济业务
（4）引起一项资产和一项所有者权益同时等额减少的经济业务			
（5）引起一项资产增加，另一项资产等额减少的经济业务	增减	不变	引起会计等式左边项目同时等额增减，右边不变的经济业务
（6）引起一项负债增加，另一项负债等额减少的经济业务	不变	增减	引起会计等式右边项目同时等额增减，左边不变的经济业务
（7）引起一项所有者权益增加，另一项所有者权益同时减少的经济业务			
（8）引起一项负债增加，另一项所有者权益同时等额减少的经济业务			
（9）引起一项所有者权益增加，另一负债同时等额减少的经济业务			

现以一个企业为基础，举例加以说明企业经济业务的发生对"资产 = 负债 + 所有者权益"这一会计恒等式的影响。

【例 2－1】广明有限责任公司 20×4 年 1 月 1 日的资产负债情况

（单位：万元）如下：

$$资产 = 负债 + 所有者权益$$
$$300 = 80 + 220$$

该公司 20 × 4 年 1 月期间发生如下经济业务：

（1）从银行取得短期借款 50 万元，存入开户银行。

（2）购买原材料 30 万元，用银行存款支付。

（3）用银行存款归还前欠某公司货款 40 万元。

（4）以短期借款抵付应付账款 20 万元。

（5）资本公积转增资本 60 万元。

（6）收到甲企业投入的设备 1 台，价值 20 万元。

（7）丙企业收回投资 30 万元，以存款支付。

（8）将本企业待偿还 A 企业的货款 20 万元，转为 A 企业对本企业的投资。

（9）向股东分配利润 40 万元，但尚未支付。

根据上述经济业务，分析它们对会计等式的影响情况。

分析：

（1）这项经济业务的发生，使企业的负债（短期借款）增加了 50 万元，同时也使企业的资产（银行存款）增加了 50 万元。它对会计等式的影响为：

$$资产（+50）= 负债（+50）+ 所有者权益$$

该项经济业务发生前：300 = 80 + 220

该项经济业务发生时：（300 + 50）=（80 + 50）+ 220

该项经济业务发生后：350 = 130 + 220

（2）这项经济业务的发生，使企业的一项资产（原材料）增加 30 万元，同时使企业的另一项资产（银行存款）减少 30 万元。它对会计等式的影响为：

$$资产（+30 - 30）= 负债 + 所有者权益$$

该项经济业务发生前：350 = 130 + 220

该项经济业务发生时：（350 + 30 - 30）= 130 + 220

该项经济业务发生后：350 = 130 + 220

（3）这项经济业务的发生，使企业的资产（银行存款）减少 40 万元，同时使企业的负债（应付账款）减少 40 万元。它对会计等式的影响为：

$$资产（-40）= 负债（-40）+ 所有者权益$$

该项经济业务发生前：350 = 130 + 220

该项经济业务发生时：（350 - 40）=（130 - 40）+ 220

该项经济业务发生后：310 = 90 + 220

（4）这项经济业务的发生，使企业的一项负债（应付账款）减少 20 万元，同时使另一项负债（短期借款）增加 20 万元。它对会计等式的影响为：

$$资产 = 负债(-20+20) + 所有者权益$$

该项经济业务发生前：$310 = 90 + 220$

该项经济业务发生时：$310 = (90-20+20) + 220$

该项经济业务发生后：$310 = 90 + 220$

（5）这项经济业务的发生，使企业的一项所有者权益（资本公积）减少 60 万元，同时使另一项所有者权益（实收资本）增加 60 万元。它对会计等式的影响为：

$$资产 = 负债 + 所有者权益（-60+60）$$

该项经济业务发生前：$310 = 90 + 220$

该项经济业务发生时：$310 = 90 + (220-60+60)$

该项经济业务发生后：$310 = 90 + 220$

（6）这项经济业务的发生，使企业的资产（固定资产）增加了 20 万元，同时使所有者权益（实收资本）增加了 20 万元。它对会计等式的影响为：

$$资产（+20）= 负债 + 所有者权益（+20）$$

该项经济业务发生前：$310 = 90 + 220$

该项经济业务发生时：$(310+20) = 90 + (220+20)$

该项经济业务发生后：$330 = 90 + 240$

（7）这项经济业务的发生，使企业的资产（银行存款）减少了 30 万元，同时使所有者权益（实收资本）减少了 30 万元。它对会计等式的影响为：

$$资产（-30）= 负债 + 所有者权益（-30）$$

该项经济业务发生前：$330 = 90 + 240$

该项经济业务发生时：$(330-30) = 90 + (240-30)$

该项经济业务发生后：$300 = 90 + 210$

（8）这项经济业务的发生，使企业的负债（应付账款）减少了 20 万元，同时使所有者权益（实收资本）增加了 20 万元。它对会计等式的影响为：

$$资产 = 负债（-20）+ 所有者权益（+20）$$

该项经济业务发生前：$300 = 90 + 210$

该项经济业务发生时：$300 = (90-20) + (210+20)$

该项经济业务发生后：$300 = 70 + 230$

（9）这项经济业务的发生，使企业的负债（应付股利）增加了 40 万元，同时使所有者权益（未分配利润）减少了 40 万元。它对会计等式的影响为：

$$资产 = 负债（+40）+ 所有者权益（-40）$$

该项经济业务发生前：$300 = 70 + 230$

该项经济业务发生时：$300 = (70 + 40) + (230 - 40)$

该项经济业务发生后：$300 = 110 + 290$

第三节　会计要素的确认与计量

一、会计要素的确认

会计确认是指将某一会计事项作为会计要素加以记录并列入财务报表的过程，即将符合财务报表要素（资产、负债、所有者权益、收入或费用）定义的项目纳入资产负债表和利润表的过程。会计要素确认分为初始确认、后续确认和终止确认三个阶段。

初始确认，也称初次确认，是指交易或事项发生时（对取得的原始凭证如发票等进行辨认），按照会计要素的定义和确认条件将其认定为资产、负债、所有者权益、收入和费用并加以记录的行为。初始确认需要作出以下判断：

（1）是否要记录？

（2）是否符合会计要素定义？应当记录为资产、负债、所有者权益、收入还是费用？

（3）金额如何确定？

（4）列入财务报表的方式是按照总额还是净额？例如，固定资产是按购入成本还是按照抵减折旧后的净额列示？可见，确认是同时以文字和数字形式在财务报表中确认某一项目的行为。

后续确认，是指对已确认项目在持有期间的调整以及期末在对外列报时的合并与抵减行为。例如，对固定资产计提折扣；将外购原材料、外购库存商品加以合并列报于资产负债表中的"存货"项目。如果期末存货市价（6元）低于存货成本（9元）时，将低于成本部分（3元）作资产减值处理，对外列报时以抵减减值后的金额（6元）进行列报。

终止确认，是指将不再满足资产或负债确认标准的项目加以清除的行为。例如，对已达到经济使用寿命的固定资产进行清理处置、合伙人退出企业的处理等。

（一）资产的确认

在会计上，判断一项经济资源是不是企业的资产，除了要符合资产定义以外，还要满足资产确认的两个条件：

一是与该资源有关的经济利益很可能流入企业。例如，赊销商品给客户会形成一笔应收账款。如果客户既讲信誉又有能力支付货款，企业就确认一笔应收账款（资产）；如果客户财务状况恶化或破产，就不能继续将该笔欠款作为资产，而应作为坏账加以注销。

二是该资源的成本或者价值能够可靠地计量，不能计量其价值的不能作为资产。例如，公司为了推销产品，在各大机场投入大量广告。虽然广告能为公司带来一定的经济利益，但该经济利益带有很大的不确定性且难以估计。因此广告费用不能作为资产，只能作为费用。

符合资产定义和资产确认条件的项目，才能列入资产负债表；符合资产定义但不符合资产确认条件的项目，不应当列入资产负债表。

（二）负债的确认

在会计上，判断一项义务是不是企业的一项负债，除了要符合负债定义以外，还要满足负债确认的两个条件：

一是与该义务有关的经济利益很可能流出企业；

二是未来流出的经济利益的金额能够可靠地计量。

例如，企业某年的分红方案为每 10 股转增 3 股。虽然企业向投资者公布的分红方案是企业的一项现时义务，但由于支付的是股票股利，因此，不能确认为企业的一项负债，因为股票股利不会导致企业经济利益流出企业。

（三）收入的确认

收入确认是一个非常复杂的问题，本书只对收入的确认标准和基本步骤做一个简单说明，具体的确认方法将在中级财务会计中学习到。

1. 收入确认标准

按照 2017 年我国修订后的《企业会计准则第 14 号——收入》的规定，企业应当在履行了合同中的履约义务，即在客户取得相关商品控制权时确认收入。取得相关商品控制权，是指能够主导该商品的使用并从中获得几乎全部的经济利益。履约义务是合同约定的企业向客户交付商品和服务的承诺。企业履行履约义务的标志是向客户转移了商品和服务的控制权。因此，收入确认的标准也可以概括为：当企业向客户转移了商品或服务的控制权时确认收入。如何判断企业是否向客户转移了商品或服务的控制权可参考下面五步的分析。

2. 收入确认五步法

第一步，辨认合同。

第二步，辨认合同中的履约义务。

第三步，确定交易价格。

第四步，将交易价格分配给履约义务。

第五步，履行履约义务时确认收入。

二、会计要素的计量

会计通常被认为是一个对会计要素进行确认、计量和报告的过程，其中会计计量在会计确认和报告之间起着十分重要的作用。一般来说，会计计量主要由计量单位和计量属性两方面的内容构成，两者的不同组合就形成了不同的计量模式。会计计量是为了将符合确认条件的会计要素记入账并报于报表而确定其金额的过程。企业应当按照固定的会计计量属性进行计量，确定相关金额。根据《企业会计准则——基本准则》第四十二条的规定，会计计量属性主要包括以下几方面。

（一）历史成本

在历史成本计量属性下，资产按照购置时支付的现金或现金等价物的金额，或者按照购置资产时付出的代价的公允价值计量。负债按照因承担现时义务而实际收到的款项或资产的金额，或者承担现时义务的合同金额，或者按照日常活动中为偿还负债预期需要支付的现金或现金等价物的金额计量。

（二）重置成本

在重置成本计量属性下，资产按照现在购买相同或相似资产需要支付的现金或现金等价物的金额计量。负债按照现在偿付该项债务所需支付的现金或现金等价物的金额计量。

（三）可变现净值

在可变现净值计量属性下，资产按照其正常对外销售所能收到现金或现金等价物的金额扣减该资产至完工时估计将要发生的成本、估计的销售费用以及相关税费后的金额计量。

（四）现值

在现值计量属性下，资产按照预计从其持续使用和最终处置中产生的未来净现金流入量的折现金额计量。负债按照预计期限内需要偿还的未来净现金流出量的折现金额计量。

2.5 延伸阅读：收入确认的五步法

（五）公允价值

在公允价值计量属性下，资产和负债按照市场参与者在计量日发生的有序交易中，出售资产所能收到或转移负债所需支付的价格计量。

如何更好地理解这些计量属性的定义呢？以资产为例，实际上可以这样理解：在某一个时点上对资产进行计量时，历史成本是这项资产取得时的公允价值；重置成本是这个时点上取得这项资产的公允价值；可变现净值是这个时点上出售这项资产的公允价值；现值是这个时点上，不重新购买，也不出售，继续持有会带来经济利益的公允价值；公允价值是在任何时候只要是发生有序交易时，出售资产所收到或转移负债所付出的价格。对五种计量属性的理解如表 2 - 2 所示。

2.6 延伸阅读：五种计量属性的评价

表 2 - 2　　　　对五种计量属性的理解

计量属性	对资产的计量	对负债的计量
历史成本	按照购置时的金额	按照承担现时义务时的金额
重置成本	按照现在购买时的金额	按照现在偿还时的金额
可变现净值	按照现在销售时的金额	—
现值	按照将来的金额折现	
公允价值	有序交易中出售资产所能收到的金额	有序交易中转移负债所需支付的金额

三、会计的确认与计量原则

（一）历史成本计量原则

《企业会计准则——基本准则》第四十三条规定："企业在对会计要素进行计量时，一般应当采用历史成本，采用重置成本、可变现净值、现值、公允价值计量的，应当保证所确定的会计要素金额能够取得并可靠计量。"一般情况下，对于会计要素的计量，应当采用历史成本计量属性。一方面在于历史成本具有客观性和真实性；另一方面在于历史成本可以易于获取。如果要用其他计量属性，必须保证根据重置成本、可变现净值、现值、公允价值所确定的会计要素金额能够取得并可靠计量。

（二）权责发生制原则

权责发生制又称应收应付制或应计制，是指收入、费用的确认应当以经济业务发生的权利和义务的归属期为标准，而不是现金的实际收付作为确认标准。也就是说，凡是本期已获得的收入和已发生的费用，不论是否在本期收到或支付款项，均应作为本期的收入和费用处理；反之，凡不应归属本期的收入和费用即使在本期已收到或支付款项，都不作为本期的收入和费用处理。权责发生制能够恰当地反映具体某一会计期间的经营成果，因而绝大部分企业按这一基础记账。

例如，在买卖合同成立以后，卖方在依照合同约定履行了履约义务，买方在取得对该产品的控制权时，就应当确认当期收入，无论何时收到款项。又如，对于获得贷款的企业来说，每个月都应将负担的利息费用计入当月的财务费用，无论何时实际支付利息。

与权责发生制相对应的一种确认基础是收付实现制，又称现收现付制，它是以实际收到或支出款项为依据，进而确认收入和费用归属期间的制度。根据《政府会计准则——基本准则》，虽然对行政事业单位的核算进行了调整，实行预算会计按收付实现制和财务会计按权责发生制，但收付实现制仍然是我国行政单位会计的主要确认基础。此外，事业单位中除经营业务采用权责发生制外，其他大部分业务也采用收付实现制。

【例2-2】现举例说明收付实现制下会计处理的特点：

（1）某企业于7月10日销售一批商品，7月25日收到货款，存入银行。

分析：这笔销售收入由于在7月份收到了货款，按照收付实现制的处理标准，应作为7月份的收入入账。

（2）某企业于7月10日销售一批商品，8月10日收到货款，存入银行。

分析：这笔销售收入虽然属于7月份实现的收入，但由于是在8月份收到了货款，按照收付实现制的处理标准，应将其作为8月份的收入入账。

（3）某企业于7月10日收到某购货单位一笔货款，存入银行，但按合同规定于9月份交付商品。

分析：这笔货款虽然属于9月份实现的收入，但由于是在7月份收到了款项，按照收付实现制的处理标准，应将其作为7月份的收入入账。

（4）某企业于8月30日以银行存款预付材料采购款，但按合同规定材料将于10月份交货。

分析：这笔款项虽然属于未来有关月份负担的费用，但由于在8月份支付了款项，按照收付实现制的处理标准，应将其作为8月份的费用入账。

（5）某企业于12月30日购入办公用品一批，但款项在明年3月份支付。

分析：这笔费用虽然属于本年 12 月份负担的费用，但由于款项是在明年 3 月份支付，按照收付实现制的处理标准，应将其作为明年 3 月份的费用入账。

（6）某企业于 12 月 30 日用银行存款支付本月水电费。

分析：这笔费用由于在本年 12 月份付款，按照收付实现制的处理标准，应作为本年 12 月份的费用入账。

（三）配比原则

配比原则主要是指费用的配比原则，一般是在收入确定的情况下，将与该收入有关的费用寻找出来，进行配比，以计算当期损益。能够与收入进行配比的费用，一般与相关的收入存在直接的因果关系，或者虽没有直接因果关系，但存在期间关系，即发生在同一期间的收入和费用。

配比原则是由权责发生制延伸出来的一个原则，权责发生制的目的是要严格区分不同期间的收入和费用，以使相关的收入与相关的费用进行配比。配比包含两个层次：一是因果关系配比，比如卖手机的收入不能与卖电脑的成本进行匹配，必须是卖手机的收入与卖手机的成本进行配比，才能计算出卖手机的利润；二是期间配比，有些费用的发生与某一具体收入不存在明显的因果关系，但与收入所在的期间存在关系，如发生的广告费用、办公费用等，需要与发生在同一会计期间的收入进行配比。

（四）划分收益性支出与资本性支出原则

企业支出一般是指货币性支出，其结果要么形成资产，要么形成费用。形成资产的称为资本性支出，形成费用的称为收益性支出。从经济学观点看，凡是能够形成未来利润的支出，都应被看成是资本性支出（投资）。在会计上则被称为资产。因而一项支出究竟是收益性支出还是资本性支出，取决于支出带来的受益期限的长短和目的。如果受益期只是支出的当期，则是收益性支出，会计将其计入费用，一次性从当期收入中进行弥补。如果受益期超过一个会计期间，叫资本性支出，会计将其计入成本，形成一项资产，该资产的成本在其受益期间进行分配。

比如，购买一台电脑和五包打印纸，会计首先判断电脑的使用时间一般超过 3 年，属于资本性支出，计入企业的固定资产，其购买成本将在 3 年中进行分摊；打印纸属于耗材，属于即用即耗型，在购买时就一次性计入当期的费用。

【本 章 小 结】

在本章中，我们深入探讨了会计要素与会计等式。首先，对会计要素进行了详细阐述，包括资产、负债、所有者权益、收入、费用和利润。明确了各会计要素的定义、特征和分类，这为准确记录和反映企业的财务状况和经营成果奠定了基础。

其次，介绍了几个会计等式，其中"资产＝负债＋所有者权益"反映了企业在特定时点的财务状况，"收入－费用＝利润"体现了企业在一定时期内的经营成果。

最后，介绍了会计要素的确认与计量原则。在会计要素的确认和计量中，包含了多项重要原则。历史成本计量原则要求对会计要素按照取得或形成时的实际成本进行计量。这一原则具有客观性和可靠性，能提供相对稳定和可验证的会计信息。权责发生制原则强调在会计核算中，不论款项是否收付，都应当以权利和责任的发生来确定收入和费用的归属期间。它确保了会计信息能够更准确地反映企业的经营业绩和财务状况。配比原则规定了企业在进行会计核算时，收入与其相关的成本、费用应当相互配比。只有这样，才能合理计算和确定特定时期的利润。划分收益性支出与资本性支出原则将支出按照受益期限或性质进行分类。收益性支出直接计入当期损益，而资本性支出则在多个会计期间进行分摊。这有助于正确核算企业的成本和资产价值。这些原则相互配合，共同保证了会计信息的质量，为企业的财务决策和利益相关者的判断提供了有力的依据。

理解和掌握会计要素与会计等式以及相关的确认与计量原则，对于准确编制财务报表、进行财务分析和决策具有重要意义。

2.7 延伸阅读：会计要素与生活

【本章主要名词概念】

会计要素　会计等式　资产　负债　所有者权益　收入　费用　利润　财务状况　经营成果

2.8 延伸阅读：会计之美

【复习与思考】

1. 会计对象为什么被抽象为资金运动？

2. 会计上所称的交易和事项有何区别？

3. 为什么利润是属于投资者的？

4. 为什么说会计等式不论经济业务是否繁杂，都不会破坏其恒等性？

5. 为什么会计能将只有控制权没有所有权的物资确认为资产？

6. 会计五种计量属性的适用环境和条件有哪些不同？

7. 不同计量模式对企业财务状况和经营成果会产生什么影响？

第三章

账 户 与 复 式 记 账

【学 习 目 标】

1. 掌握：账户结构、借贷记账法的记账规则和会计分录的编制。
2. 理解：会计科目与账户之间的关系、复式记账的基本原理，理解账户的对应关系，理解总分类账户和明细分类账户的关系。
3. 运用：能运用借贷记账法编写会计分录，登记账户、进行试算平衡。
4. 通过本章学习，培养学生严谨、细致的会计专业素养。

【本章知识逻辑结构图】

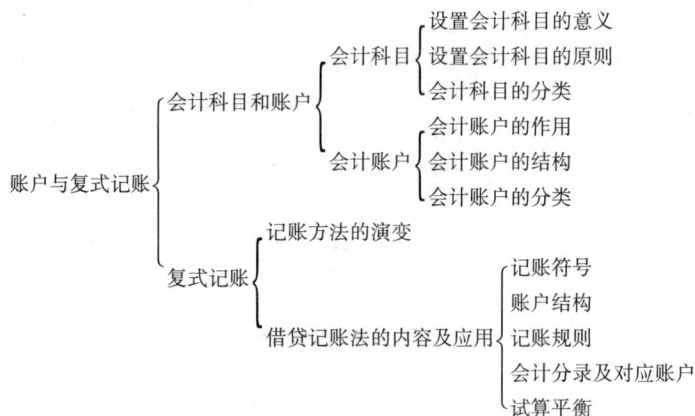

```
                                          ┌ 设置会计科目的意义
                           ┌ 会计科目 ─────┤ 设置会计科目的原则
              ┌ 会计科目和账户 ┤            └ 会计科目的分类
              │            │              ┌ 会计账户的作用
              │            └ 会计账户 ─────┤ 会计账户的结构
账户与复式记账 ┤                           └ 会计账户的分类
              │            ┌ 记账方法的演变
              └ 复式记账 ───┤                       ┌ 记账符号
                           │                       │ 账户结构
                           └ 借贷记账法的内容及应用 ─┤ 记账规则
                                                    │ 会计分录及对应账户
                                                    └ 试算平衡
```

【引 导 案 例】

有一家小型创业公司，主营线上服装销售。老板小王对财务知识了解不多，但生意逐渐做大，他不得不重视财务问题。

（小王坐在办公室，焦虑地看着财务报表）

有一次，公司进了一批新款式的服装，小王用自己的私人账户支付了 5 万元的货款。会计小张在记账时犯了难，因为这笔钱是从老板

46

私人账户出的。

（小张挠着头，思考着如何处理）

按照复式记账原则，小张一方面在"库存商品"账户增加5万元，另一方面在"其他应付款——小王"账户增加5万元，表示公司欠了老板这笔钱。后来公司卖出这批服装，收到8万元货款并存入公司账户。小张记录"银行存款"增加8万元，同时"主营业务收入"增加8万元。在结转成本时，"主营业务成本"增加5万元，"库存商品"减少5万元。

当公司把5万元还给小王时，"其他应付款——小王"减少5万元，"银行存款"减少5万元。

（小王看着清晰准确的账目，满意地点点头）

思考：

公司每天会发生大量的经济业务，这些经济业务会引起企业的资金发生增减变化。你知道会计人员是如何记录资金增减变化及其结果的吗？这需要借助于专门的记账工具和记账方法。学完本章，你就会分析小王到底做得对不对。

第一节 会计科目和账户

一、会计科目

（一）设置会计科目的意义

企业在生产经营过程中，会发生各种各样的经济业务。这些经济业务的发生必然会引起各项会计要素发生增减变化。这些变化是如何进行的，变化的结果是什么，需要借助于会计记录来提供变化过程及其结果的信息。但是，如果只将六大会计要素作为会计数据的归类标准，则提供的信息就过于笼统、概括。因此，还必须在会计要素的基础上进行进一步的分类，即设置会计科目。比如将资产分为用于结算的货币资金、用于销售的存货、用于生产加工使用的固定资产等。

会计科目是指在会计要素分类的基础上，根据管理要求对其所作的进一步的分类，是会计要素的具体化。通过设置会计科目，可以把各项会计要素的增减变化分门别类地记入账簿，以提供一系列具体、分类的指标。所以说设置会计科目也是会计核算的一种专门方法，是分类管理的需要，也是适应管理的需要。

3.1 视频：会计科目与会计账户

47

（二）设置会计科目的原则

在设置会计科目时，应遵循以下几个原则：

（1）合法性原则，是指无论是企业还是行政事业单位，所设置的会计科目都应当符合国家有关会计法规的规定。国家发布的会计准则、会计制度等都对会计科目的设置提出了规定和要求，企事业单位应当按照国家相关的规定设置会计科目。

（2）相关性原则，是指设置会计科目应充分考虑各有关方面对会计信息的需求，不仅要符合国家宏观经济管理的需要，还要满足企业内部经济管理的需要，也要满足投资者、债权人和其他有关方面的需要，以提高会计信息的相关性。

（3）实用性原则，是指会计科目设置应符合本单位自身的特点，一些特殊业务和创新业务需要在财政部制定的会计科目表的基础上设置会计科目，体现行业和企业的特点，满足本单位核算的实际需要。会计科目要求尽量简单明确，字义相符，并且保持相对稳定性。

（三）会计科目的分类

1. 按会计科目反映的经济内容分类

会计科目按其反映的经济内容（即所属会计要素）分类，可分为资产类、负债类、所有者权益类、损益类、成本类、共同类。会计要素与会计科目分类的关系如图3-1所示。

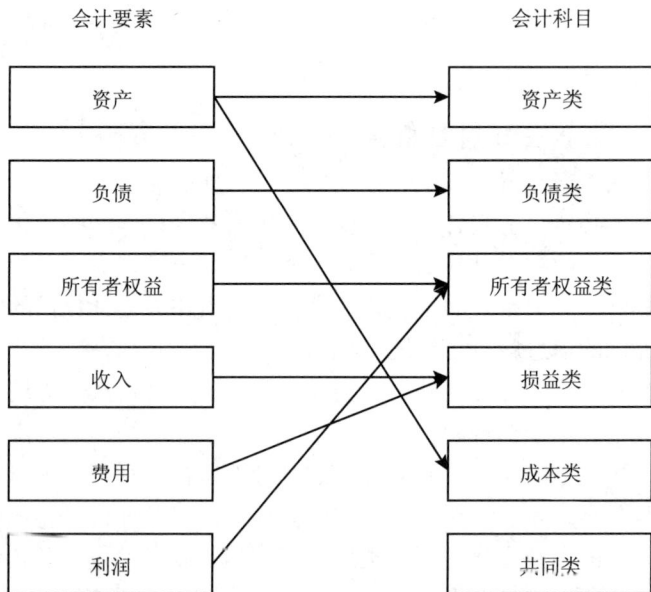

图 3-1　会计要素与会计科目分类的关系

财政部颁布的《企业会计准则——应用指南》中设置了我国所有企业应用的 156 个会计科目，以下仅以制造企业为例，常用的会计科目如表 3 - 1 所示。

表 3 - 1   常用会计科目表

编号	会计科目名称	编号	会计科目名称
一、资产类		1531	长期应收款
1001	库存现金	1601	固定资产
1002	银行存款	1602	累计折旧
1012	其他货币资金	1603	固定资产减值准备
1101	交易性金融资产	1604	在建工程
1121	应收票据	1605	工程物资
1122	应收账款	1606	固定资产清理
1123	预付账款	1701	无形资产
1131	应收股利	1702	累计摊销
1132	应收利息	1703	无形资产减值准备
1221	其他应收款	1711	商誉
1231	坏账准备	1801	长期待摊费用
1401	材料采购	1811	递延所得税资产
1402	在途物资	1901	待处理财产损溢
1403	原材料	二、负债类	
1404	材料成本差异	2001	短期借款
1405	库存商品	2201	应付票据
1406	发出商品	2202	应付账款
1408	委托加工物资	2203	预收账款
1411	周转材料	2211	应付职工薪酬
1461	融资租赁资产	2221	应交税费
1471	存货跌价准备	2231	应付利息
1501	债权投资	2232	应付股利
1502	债权投资减值准备	2241	其他应付款
1503	其他债权投资	2501	长期借款
1504	其他权益工具投资	2502	应付债券
1524	长期股权投资	2801	预计负债
1525	长期股权投资减值准备	2701	长期应付款
1526	投资性房地产	2711	专项应付款

续表

编号	会计科目名称	编号	会计科目名称
2411	预计负债	六、损益类	
2901	递延所得税负债	6001	主营业务收入
2711	专项应付款	6051	其他业务收入
三、共同类（本课程不涉及）		6101	公允价值变动损益
四、所有者权益类		6111	投资收益
4001	实收资本	6301	营业外收入
4002	资本公积	6401	主营业务成本
4101	盈余公积	6402	其他业务成本
4103	本年利润	6403	税金及附加
4104	利润分配	6601	销售费用
五、成本类		6602	管理费用
5001	生产成本	6603	财务费用
5101	制造费用	6701	资产减值损失
5201	劳务成本	6711	营业外支出
5301	研发支出	6801	所得税费用
—	—	6901	以前年度损益调整

2. 按会计科目提供指标的详细程度分类

会计科目按其提供指标的详细程度分类，可分为总分类科目和明细分类科目。

总分类科目也称总账科目或一级科目，是对会计要素的具体内容进行总括的分类核算的科目。表 3-1 中所列示的会计科目均为制造企业常用的总分类科目。

明细分类科目也称明细科目或细目，是对会计要素的具体内容作进一步详细分类核算的科目。企业可以在总分类科目下，根据本单位的实际情况和管理工作的需要自行设置明细科目。

明细科目按照其分类的详细程度不同，可分为子目和细目。子目又称二级科目，它是介于总分类科目与细目之间的科目，它所提供的核算资料比总分类科目详细，但比细目提供的资料概括；细目是在二级科目下设置的明细科目，又可以称为三级科目、四级科目等，是对某些二级科目所作的进一步分类。

在不设置二级科目的情况下，总分类科目直接统驭明细科目。现举例说明会计科目的级次，如表 3-2 所示。

表 3 - 2　　　　　　　　　　　　会计科目的级次

总分类科目（一级科目）	明细科目	
	二级科目（子目）	三级科目（细目）
库存商品	电器	空调
		电冰箱
		电视机
	鞋子	皮鞋
		运动鞋
		布鞋

二、会计账户

（一）会计账户的作用

设置会计科目只解决了会计要素具体分类的问题，要想把发生的经济业务连续、系统地记录下来，反映会计要素的增减变化情况，必须根据会计科目设置账户，通过账户的一定结构和内容来实现。

账户是根据会计科目设置的，具有一定格式和结构，用于分类反映会计要素增减变动情况及其结果的载体。设置账户是会计核算的重要方法之一。

会计科目与账户是两个既相区别又有联系的不同概念。共同点在于：都是经济业务的具体分类，说明同一项经济业务。不同点在于：会计科目只是账户的名称，是账户设置的依据；账户是会计科目的具体运用，具有一定的结构和格式，并通过其结构反映某项经济业务的增减变动及其余额。

3.2　视频：账户的基本结构与分类

（二）会计账户的结构

要正确使用账户，首先要了解账户的格式及增减记录的规则。

1. 账户的格式

在实际工作中，账户的基本结构一般包括 4 项内容：

（1）账户的名称，即会计科目；

（2）日期和摘要，即经济业务发生的时间和内容；

（3）凭证字号，即账户记录内容的来源和依据；

（4）金额，即增加数、减少数和余额。

常用账户格式如图 3 - 2 所示。

202 年		凭证号数	摘 要	增加数								√	减少数								√	余 额								√
月	日			千	百	十	万	千	百	十	元	角	分	千	百	十	万	千	百	十	元	角	分	千	百	十	万	千	百	十	元	角	分

图 3 - 2　常用账户格式

在会计教学中，为了便于理解，账户通常用"T"型账户表示。在"T"型账户中，账户被分为左、右两边，一边登记增加数，另一边登记减少数，余额一般与增加数登记在同一边。"T"型账户如图 3 - 3 所示。

左边　　　账户名称（会计科目）　　　右边

图 3 - 3　账户的基本结构 T 型账

2. 账户记账规则

将账户分为左、右两边以后，用于记录增、减的组合有两种，要么左边记录增加，右边记录减少；反之，右边记录增加，左边记录减少。在 T 型账户中究竟哪边账户记录增加，哪边账户记录减少，需要作出约定。习惯上，资产与费用类账户的左边记录增加，右边记录减少；负债、所有者权益和收入类账户的右边记录增加，左边记录减少。这样将会计要素分成两大类后就能适应账户的结构，对所有业务都可以进行记录。

按照后文介绍的借贷记账法，将 T 型账的左边叫作借方，右边叫作贷方，即资产和费用类账户的借方记录增加额，贷方记录减少额；负债、所有者权益和收入类账户贷方记录增加额，借方记录减少额，任何账户的正常余额都在增加额那一方。这样可以将账户的结构归纳为两类。如图 3 - 4、图 3 - 5 所示。

借方　　资产、费用类账户　　　　　贷方

期初余额：

本期增加发生额　　　　　　　　　　本期减少发生额

期末余额

图 3 - 4　资产、费用类账户结构

借方	负债、所有者权益、收入类账户	贷方
	期初余额：	
本期减少发生额	本期增加发生额	
	期末余额	

图 3 - 5　负债、所有者权益、收入类账户结构

3. 账户本期发生额及期末余额

会计要素在特定会计期间增加和减少的金额，分别称为账户的本期增加发生额和减少发生额，二者统称为账户的本期发生额。会计要素在会计期末的增减变动结果，称为账户的余额，具体表现为期初余额和期末余额。账户上期的期末余额转入本期，即为本期的期初余额；账户本期的期末余额转入下期，即为下期的期初余额。

账户的期初余额、期末余额、本期增加发生额和本期减少发生额统称为账户的四个金额要素。对于同一个账户而言，它们之间的基本关系为：

期末余额 ＝ 期初余额 ＋ 本期增加发生额 － 本期减少发生额

例如，某公司 5 月 31 日原材料 A 材料的库存余额为 20 万元，6 月份新购入 A 材料 30 万元，当月发出 A 材料 18 万元。5 月 31 日的期末余额 20 万元是 6 月份的期初余额，6 月份增加的 30 万元称为本期增加发生额，6 月份减少的 18 万元称为本期减少发生额。原材料账户四个金额之间的关系为：

$$\frac{期初余额}{(20)} + \frac{本期增加发}{生额（30）} - \frac{本期减少发}{生额（18）} = \frac{期末余额}{(32)}$$

原材料期初余额、本期发生额和期末余额之间的关系如图 3 - 6 所示。

借方		原材料	贷方	
期初余额	200 000			
本期增加额	300 000		本期减少额	180 000
本期借方发生额	300 000		本期贷方发生额	180 000
期末余额	320 000			

图 3 - 6　原材料期初余额、本期发生额和期末余额之间的关系

（三）会计账户的分类

账户分类是指按照不同标准对企业设置的账户作进一步的分类，

以便了解每一个账户的性质、用途和结构，揭示每一个账户的基本特点和内在规律。会计账户有三种分类标准，分别是：

第一种：按经济内容分类。这是账户最基础和最基本的分类，回答账户是什么，即所要记录的经济内容。

第二种：按照提供信息的详细程度分类。这是为了提供不同信息，便于实物资产和债权债务的管理。

第三种：按用途和结构分类。这是在按经济内容分类的基础上进行的再分类，以帮助正确使用各种账户。

1. 账户按经济内容分类

账户按照经济内容分类事实上就是按照会计要素进行分类，是最基本的分类，是理解其他账户分类的基础。账户按照其反映的经济内容不同，可分为六大类：资产类账户、负债类账户、所有者权益类账户、收入类账户、费用类账户和利润类账户。

根据会计账户与会计科目之间的关系，我们前文提到会计科目按其反映的经济内容不同，可分为资产类科目、负债类科目、所有者权益类科目、损益类科目、成本类科目、共同类科目。由此，会计账户也同样可以分为资产类账户、负债类账户、所有者权益类账户、损益类账户、成本类账户、共同类账户。这些分类在此不再赘述。

2. 账户按提供指标详细程度分类

与会计科目一样，账户按其所提供信息的详细程度及其包含关系可分为总分类账户和明细分类账户，前者简称总账，后者简称明细账。

（1）总分类账户，又称一级账户或总账账户，是对会计要素具体内容进行总括分类、提供总括信息的账户。总分类账户反映各种经济业务的概括情况，是进行总分类核算的依据。

（2）明细分类账户，又称明细账户，是对总分类账户作进一步分类、提供更详细和更具体会计信息的账户。如果某一总分类账户所属的明细分类账户较多，可在总分类账户下设置二级明细账户，在二级明细账户下设置三级明细账户，以此类推。

例如，"固定资产"是总账账户，"固定资产——房屋建筑物"是二级账户，"固定资产——房屋建筑物——办公楼"就是三级账户。

总分类账户和明细分类账户之间存在统驭与被统驭的关系，总分类账户对其所属的明细分类账户具有统驭和控制的作用，明细分类账户对总分类账户有补充和说明的作用。总分类账户与明细分类账户在登记时要遵循平行登记的原理，做到同时期登记、同方向登记、同金额登记，这个问题在会计账簿一章需注意。

3. 账户按用途和结构分类

为了探讨账户的使用规律，还可以按用途和结构进行分类。账户的用途是指账户的设置目的，即账户能提供什么样的信息。账户的结构是指账户的借贷方哪一方登记减少额，哪一方登记增加额，余额是在借方还是贷方。

账户按用途和结构可分为盘存账户、资本账户、结算账户、成本计算账户、跨期摊配账户、集合分配账户、调整账户、损益计算账户和财务成果账户九类账户，如图 3-7 所示。

3.3 账户按结构和用途分类

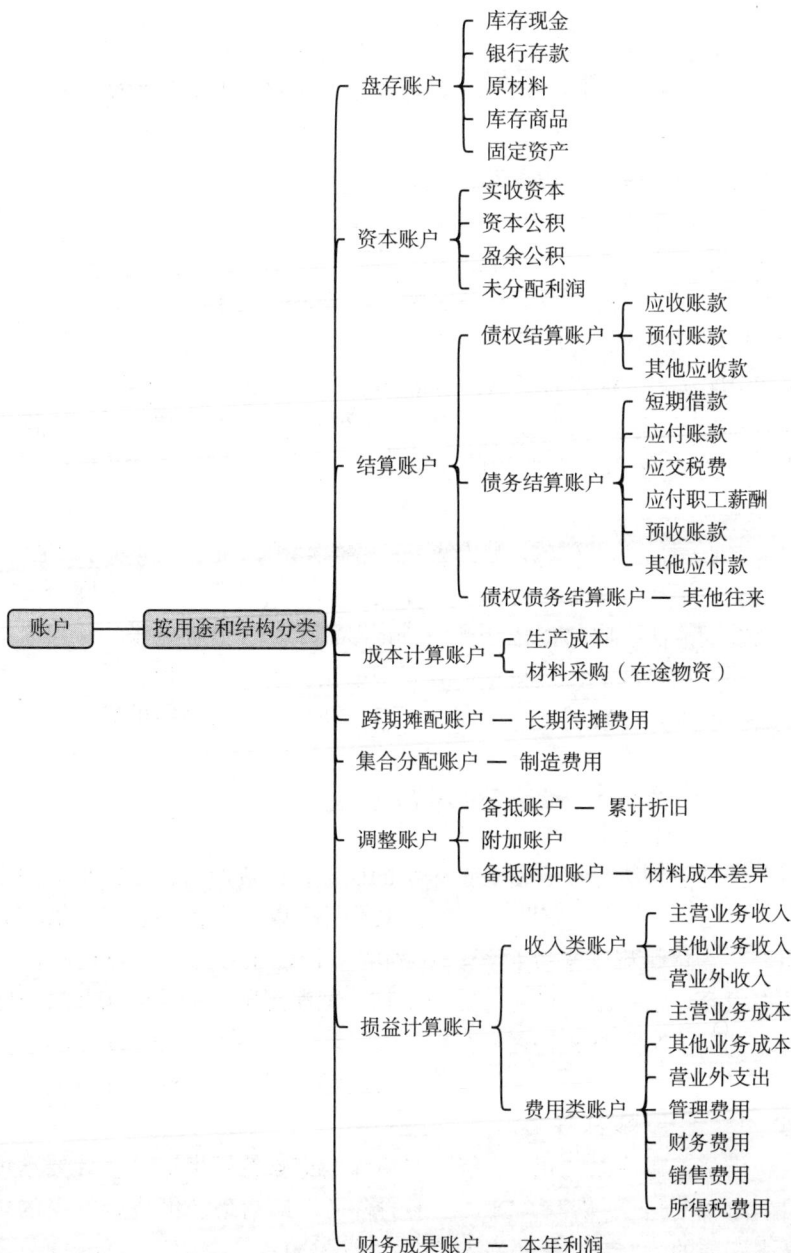

图 3-7 账户按用途和结构分类

3.4 视频：单
式记账法与复式
记账法

第二节 复式记账

一、记账方法的演变

企业进行会计核算，除了设置会计科目和账户外，还必须采用一
定的记账方法。记账方法就是在账簿中登记经济业务的方法。按其记
录经济业务的方式不同，记账方法可分为单式记账法和复式记账法两
种。记账方法经历了由单式记账法到复式记账法的发展过程。

单式记账法是指对发生的每一项经济业务只在一个账户中进行登
记的记账方法。在单式记账法下，通常只登记库存现金、银行存款的
收付金额以及债权债务的结算金额，一般不登记实物的收付金额。例
如，用银行存款购买材料，只记银行存款的减少，不记原材料的增加。
单式记账法是一种较为简单、不完整的记账方法，现在已很少采用。

复式记账法是指对每一笔经济业务都要以相等的金额，同时在两个
或两个以上相互联系的账户中进行登记的记账方法。例如，用银行存款购
买材料，不仅要记"银行存款"的减少，还要记"原材料"的增加。复式
记账法是一种比较科学的记账方法，它完整地反映了企业经济业务的全貌。

复式记账法按记账符号、记账规则和试算平衡方法的不同，可分
为增减记账法、收付记账法和借贷记账法三种。借贷记账法是当今世
界各国运用最广泛、最科学的复式记账法，也是目前我国法定的记账
方法。我国会计准则规定，所有企业事业单位一律采用借贷记账法。

二、借贷记账法的内容及应用

借贷记账法是按照复式记账法的原理，以资产与权益的平衡关系
为基础，以"借""贷"二字为记账符号，以"有借必有贷，借贷必
相等"为记账规则来登记经济业务的一种记账方法。借贷记账法的
基本内容包括：记账符号、账户结构、记账规则、会计分录及对应账
户、试算平衡，下文将逐一介绍。

（一）记账符号

借贷记账法以"借""贷"二字作为记账符号来记录会计要素项
目的增减变化。"借""贷"二字的含义，最初是从借贷资本家的角
度来解释的，"借"表示"人欠"，"贷"表示"欠人"。随着商品经
济的发展，"借""贷"失去了原来的含义，成为一种纯粹的记账符

号，只是用来标明记账方向。

（二）账户结构

前面我们已经说明了账户的结构，并指出在不同的记账方法下，账户的结构有所不同。在借贷记账法下，账户的左方为借方，右方为贷方。但究竟哪一方登记金额的增加，哪一方登记金额的减少，则取决于账户所反映的经济内容和账户的性质。

3.5　延伸阅读：借贷记账法的起源

在借贷记账法下，按账户反映的经济内容设置账户，账户分为资产类、负债类、所有者权益类、收入类、费用类和利润类六大类。

1. 资产类账户结构

资产类账户是对资产要素的具体内容进行分类核算的项目，借方登记增加额，贷方登记减少额，资产类账户结构如图 3－8 所示。资产类账户期末余额计算公式为：

$$\text{资产类账户期末借方余额} = \text{期初借方余额} + \text{本期借方发生额} - \text{本期贷方发生额}$$

借方　　资产类账户	贷方
期初余额 本期增加额（1） 本期增加额（2） ……	本期减少额（1） 本期减少额（2） ……
期末余额	

图 3－8　资产类账户的结构

2. 负债类账户结构

负债类账户是对负债要素的具体内容进行分类核算的项目，借方登记减少额，贷方登记增加额，负债类账户结构如图 3－9 所示。负债类账户期末余额计算公式为：

$$\text{负债类账户期末贷方余额} = \text{期初贷方余额} + \text{本期贷方发生额} - \text{本期借方发生额}$$

借方　　负债类账户	贷方
本期减少额（1） 本期减少额（2） ……	期初余额 本期增加额（1） 本期增加额（2） ……
	期末余额

图 3－9　负债类账户的结构

3. 所有者权益类账户结构

所有者权益类账户是对所有者权益要素的具体内容进行分类核算的项目，借方登记减少额，贷方登记增加额，所有者权益类账户结构如图3－10所示。所有者权益类账户期末余额计算公式为：

$$\frac{\text{所有者权益类账户}}{\text{期末贷方余额}} = \frac{\text{期初贷方}}{\text{余额}} + \frac{\text{本期贷方}}{\text{发生额}} - \frac{\text{本期借方}}{\text{发生额}}$$

借方	所有者权益类账户	贷方
	期初余额	
本期减少额（1）	本期增加额（1）	
本期减少额（2）	本期增加额（2）	
……	……	
	期末余额	

图3－10　所有者权益类账户的结构

4. 收入类账户结构

收入类账户是专门用于归集企业在某个会计期间经营过程中各项收入的账户，贷方登记一定会计期间增加的收入数额，借方登记转入"本年利润"账户的数额。由于各项收入都要在期末转入"本年利润"账户，因此这类账户期末一般没有余额。收入类账户结构如图3－11所示。

借方	收入类账户	贷方
发生额：结转到"本年利润"账户的数额		发生额：归集本期内各项收入的增加额

图3－11　收入类账户的结构

5. 费用类账户结构

费用类账户是专门用于归集企业在某个会计期间生产经营过程中各项费用的账户，借方登记一定会计期间增加的费用数额，贷方登记转入"本年利润"账户的数额。由于各项收入都要在期末转入"本年利润"账户，因此这类账户期末一般没有余额。费用类账户结构如图3－12所示。

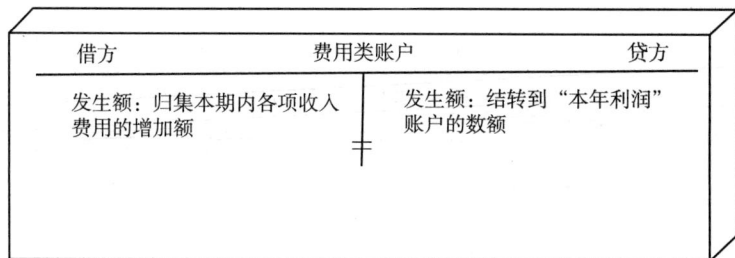

图 3 – 12　费用类账户的结构

6. 利润类账户

利润类账户是反映企业利润的形成过程及其分配情况的账户。核算利润形成过程的账户有"本年利润"和"利润分配——未分配利润"。利润类账户也属于所有者权益类的一种，因此它们的账户结构也是贷方登记增加额，借方登记减少额。但"本年利润"和"利润分配——未分配利润"也有其特有的特点。

"本年利润"账户是一个暂时性账户，其贷方登记由收入类账户转入的金额，借方登记由成本、费用类账户贷方转入的金额，如果余额在贷方，表示盈利；如果余额在借方，表示亏损。最后，需要将"本年利润"账户的余额转入到"利润分配——未分配利润"账户中。本年利润账户的结构如图 3 – 13 所示。

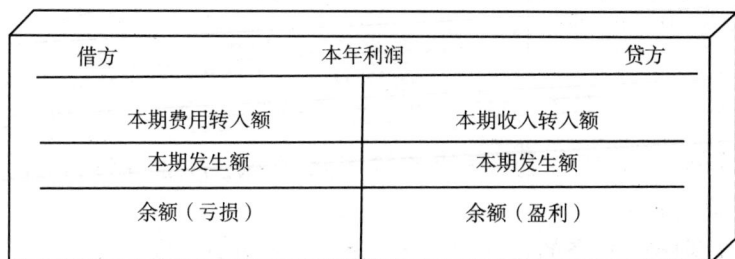

图 3 – 13　"本年利润"账户的结构

"利润分配——未分配利润"账户是一个永久性账户，贷方登记由"本年利润"转入的利润额，借方登记由"本年利润"转入的亏损额和利润分配额，贷方余额表示留待以后再分配的利润。"利润分配——未分配利润"账户结构如图 3 – 14 所示。

（三）记 账 规 则

账户的结构说明了每个账户所记录的经济内容和记账方向，但将经济业务在有关账户中进行确认和计量，还需要遵循一定的记账规则。

借方	利润分配——未分配利润	贷方
"本年利润"贷方转入额 本期分配额	"本年利润"借方转入额	
本期发生额	本期发生额	
	余额：尚未分配的利润	

图 3-14　"利润分配——未分配利润"账户的结构

按照复式记账原理，对发生的每一笔经济业务都以相等的金额、相反的方向，同时在两个或两个以上的相互联系的账户中进行登记，即在记入一个或几个账户借方的同时，记入另一个或几个账户的贷方，并且记入借方与贷方的金额必须相等。因此借贷记账法的记账规则可以概况为"有借必有贷，借贷必相等"。其依据是会计恒等式中各要素之间的依存关系。现举例说明和概述借贷记账法的记账规则。

【例 3-1】甲企业收到投资者投入的 200 万元，款项存入银行。

这项经济业务的发生，使企业银行存款增加，银行存款属于资产要素，资产增加应记入借方；同时使企业实收资本增加，实收资本属于所有者权益，所有者权益增加记入贷方，如图 3-15 所示。

借	银行存款	贷		借	实收资本	贷
① 2 000 000					① 2 000 000	

图 3-15

【例 3-2】甲企业购入设备 12 万元，以银行存款支付。（暂不考虑增值税）

这项经济业务的发生，使企业资产要素中的"固定资产"增加，应记入"固定资产"账户的借方；同时使企业资产要素中的"银行存款"减少，应记入"银行存款"账户的贷方。如图 3-16 所示。

借	固定资产	贷		借	银行存款	贷
② 120 000					② 120 000	

图 3-16

【例 3-3】甲企业用银行存款 3 万元偿还所欠供应商 A 的货款。

这项经济业务的发生，使企业资产要素中的"银行存款"减少，应记入"银行存款"账户的贷方；同时使企业负债要素中的"应付账款"减少，应记入"应付账款"账户的借方。如图 3-17 所示。

借	应付账款	贷		借	银行存款	贷
③	30 000				③	30 000

图 3 - 17

【例3 - 4】甲企业开出一张为期3个月、面额为2万元商业汇票，用于抵付前欠供应商B的货款。

这项经济业务的发生，一方面使企业负债要素中的"应付账款"账户减少2万元，应记入"应付账款"账户的借方；另一方面会使负债要素中的"应付票据"增加2万元，应记入"应付票据"账户的贷方。如图3 - 18 所示。

借	应付账款	贷		借	应付票据	贷
④	20 000				④	20 000

图 3 - 18

【例3 - 5】甲企业购入一批价值4万元的原材料，其中3万元用银行存款支付，其余1万元暂欠。

这项经济业务中，涉及三个账户，其中资产要素中的"原材料"增加4万元，记入"原材料"账户的借方；资产要素中的"银行存款"减少3万元，记入"银行存款"账户的贷方；暂欠货款引起负债要素中的"应付账款"增加1万元，记入"应付账款"的贷方。如图3 - 19 所示。

借	原材料	贷		借	银行存款	贷
⑤	40 000				⑤	30 000

				借	应付账款	贷
					⑥	10 000

图 3 - 19

由以上例子可见，企业发生的经济业务都应当按照"有借必有贷，借贷必相等"的记账规则，等额地登记在两个不同账户的相反方向。经济业务涉及的账户也可能在两个以上，不论涉及多少账户，借方与贷方的发生额总额一定相等。对于企业的每一笔经济业务，都应当依据记账规则按照以下步骤加以分析并登记入账：

（1）确定经济业务引起哪两个（或两个以上）账户的变动；

（2）确定账户的变动是增加还是减少；

（3）根据账户的性质确定应当计入账户的借方还是贷方；

（4）确定登记的具体金额。

（四）会计分录及对应账户

1. 会计分录的含义

会计分录简称分录，是对每一项经济业务，按照借贷记账法的规则要求，分别列示应借、应贷账户名称及其金额的一种记录方式。每一笔会计分录应包括三项要素：一是记账符号，表明记账方向，即应记入借方还是贷方；二是账户名称，即经济业务涉及的科目名称；三是金额。

2. 会计分录的格式和编制步骤

会计分录是会计特有的记录语言，实务中需要将其填写在具有一定格式的记账凭证中。在教学过程中，为了便于理解，形成了一些基本规范和编制方法，包括基本格式和编制步骤。

（1）基本格式。

借：会计科目 1   × × ×

    贷：会计科目 2   × × ×

（2）编制步骤。

第一步，分析经济业务涉及的会计要素和账户名称；

第二步，分析经济业务所涉及账户的性质，即哪一方登记增加，哪一方登记减少；

第三步，分析经济业务涉及会计要素的增减变动情况；

第四步，确定记入账户的方向和金额。

3.6 会计分录书写规范

3. 会计分录的分类

根据经济业务的复杂程度，企业编制的会计分录分为简单会计分录和复合会计分录两种。简单会计分录是指只涉及两个账户的会计分录，即"一借一贷"的会计分录。复合会计分录是指涉及三个或三个以上账户的会计分录，即"一借多贷""一贷多借""多借多贷"的会计分录。复合会计分录是由若干个简单会计分录合并组成的。

例如，上述〖例 3 - 1〗~〖例 3 - 5〗所对应的会计分录如下：

（1）甲企业收到投资者投入的 200 万元，款项存入银行。

借：银行存款   2 000 000

    贷：实收资本   2 000 000

（2）甲企业购入设备 12 万元，以银行存款支付。（暂不考虑增值税）

借：固定资产   120 000

    贷：银行存款   120 000

（3）甲企业用银行存款3万元偿还所欠供应商A的货款。

借：应付账款　　　　　　　　　　　30 000

　　贷：银行存款　　　　　　　　　　　30 000

（4）甲企业开出一张为期3个月、面额为2万元的商业汇票，用于抵付前欠供应商B的货款。

借：应付账款　　　　　　　　　　　20 000

　　贷：应付票据　　　　　　　　　　　20 000

（5）甲企业购入一批价值40万元的原材料，其中30万元用银行存款支付，其余10万元暂欠。

借：原材料　　　　　　　　　　　　400 000

　　贷：应付账款　　　　　　　　　　　100 000

　　　　银行存款　　　　　　　　　　　300 000

以上的会计分录（1）~（4）为简单会计分录，会计分录（5）为复合会计分录。实务中，复合会计分录可以集中全面地反映某项经济业务的全貌，简化记账，防止会计凭证被抽换。实务中，有些经济业务比较复杂，涉及账户较多，可按照实际情况编制多借多贷的复合会计分录，但不允许将单独的几项不同类型经济业务合并编制复合会计分录。

4. 对应账户

在同一笔会计分录中，账户之间的应借、应贷关系称为账户的对应关系；存在对应关系的账户称为对应账户（对应科目）。账户之间的对应关系有助于了解经济业务的来龙去脉，检查对经济业务的会计处理是否合理合法。

如〖例3-1〗中，"银行存款"账户和"实收资本"账户存在对应关系。〖例3-5〗中，"原材料"账户和"应付账款""银行存款"存在对应关系，但"应付账款"和"银行存款"均属于贷方，两者之间不存在对应关系。

（五）试算平衡

1. 试算平衡的概念和种类

试算平衡是根据资产与权益的平衡关系，按照记账规则的要求，通过对本期账户的全部记录进行汇总和试算，以检验账户记录正确与否的一种专门方法。借贷记账法的试算平衡有发生额试算平衡法和余额试算平衡法两种。前者以记账规则为直接依据，而后者以会计等式"资产＝负债＋所有者权益"为直接依据。

3.7 视频：借贷记账法的试算平衡

（1）发生额试算平衡法。

发生额试算平衡法是指将全部账户的本期借方发生额和本期贷方发生额分别加总后，利用"有借必有贷，借贷必相等"的记账规则，来检验本期账户发生额记录正确性的一种试算平衡方法，其试算平衡公式为：

全部账户的本期借方发生额合计 = 全部账户的本期贷方发生额合计

（2）余额试算平衡法。

余额试算平衡法是指将全部账户的借方期末余额和贷方期末余额分别加总后，利用“资产 = 负债 + 所有者权益”的平衡原理，通过账户余额来检查、推断账户记录正确性的一种试算平衡方法，其试算平衡公式为：

全部账户的借方期末余额合计 = 全部账户的贷方期末余额合计

在实际工作中，通常通过编制“发生额及余额试算平衡表”同时进行两种试算平衡。

2. 试算平衡表的编制

试算平衡一般通过编制试算平衡表来加以验证，可以分别编制本期发生额试算平衡表和期初（末）余额试算平衡表，也可以将前两者合并编成一张三栏式试算平衡表。三栏式试算平衡表分期初余额、本期发生额和期末余额三栏，各栏下再设借方和贷方两个小栏。各大栏中的借方合计与贷方合计应该平衡相等，否则便存在记账错误。

在编制试算平衡表之前，先按照会计分录中涉及的会计科目，逐一开设“T”型账户，并将其增减金额按照业务发生的先后顺序，逐一过（抄）入相应的“T”型账户的借方或者贷方，在各账户发生额后画一道结算线，计算出本期借方发生额合计数和贷方发生额合计数，再画一道结算线，计算本期借方期末余额或者贷方期末余额。

按照〖例3－1〗～〖例3－5〗涉及的会计科日开设“T”型账，依次将分录中的金额逐一过入“T”型账的借方和贷方，计算出本期发生额和期末余额。由于〖例3－1〗～〖例3－5〗举例的公司是新成立企业，所以所有账户都没有期初余额。

分析：

〖例3－1〗～〖例3－5〗甲企业“T”型账如图3－20所示。

银行存款	
①2 000 000	②120 000
	③30 000
	⑤300 000
本期发生额：2 000 000	本期发生额：450 000
期末余额：1 550 000	

实收资本	
	①2 000 000
	本期发生额：2 000 000
	期末余额：2 000 000

固定资产	
②120 000	
本期发生额：120 000	
期末余额：120 000	

应付账款	
③30 000	⑤100 000
④20 000	
本期发生额：50 000	本期发生额：100 000
	期末余额：50 000

应付票据	
	④20 000
	本期发生额：20 000
	期末余额：20 000

原材料	
⑤400 000	
本期发生额：400 000	
期末余额：400 000	

图3－20 〖例3－1〗～〖例3－5〗甲企业“T”型账

根据"T"型账户的登记结果，编制"发生额及余额试算平衡表"，如表 3 - 3 所示。

表 3 - 3　　　　〖例 3 - 1〗~〖例 3 - 5〗甲企业试算平衡表　　金额单位：元

会计科目	期初余额		本期发生额		期末余额	
	借方	贷方	借方	贷方	借方	贷方
银行存款			2 000 000	450 000	1 550 000	
原材料			400 000		400 000	
固定资产			120 000		120 000	
应付账款			50 000	100 000		50 000
应付票据				20 000		20 000
实收资本				2 000 000		2 000 000
合计			2 570 000	2 570 000	2 070 000	2 070 000

需要说明的是，试算平衡只是通过借贷金额是否平衡来检查账户记录是否正确。如果借贷不平衡，则可以肯定账户的记录或计算有错误，应进一步查明原因，予以更正，直到实现平衡为止。如果借贷平衡，则一般来说记账正确，但不能肯定记账没有错误。因为有些错误并不影响借贷双方的平衡关系。例如以下几种情况错误的发生：

（1）漏记、重记某项经济业务；

（2）应借、应贷方向相反；

（3）应借、应贷科目写错，或借贷双方发生同等金额的错误，

（4）虽然存在很多错误，但是能够相互抵消。

以上错误都难以通过试算平衡检查出来。因此，为了纠正账簿记录的错误，需要对所有的会计记录进行日常或定期的复核，以保证账户记录的正确性。

【本 章 小 结】

本章围绕"账户与复式记账"这一主题展开深入的探讨。

会计科目与账户的部分，详细阐述了设置会计科目的意义。它是对会计对象的具体内容进行分类核算的项目，对于组织会计核算、提供有用的会计信息具有关键作用。设置会计科目的原则包括合法性、相关性、实用性等，遵循这些原则能够确保科目设置的合理性和有效性。会计科目依据不同的分类标准，如会计要素、经济用途等进行了分类，为不同目的的会计核算提供了多样化的选择。

对于会计账户，着重介绍了其在记录和积累会计信息方面的重要作用。账户的结构通常由增加方、减少方和余额组成，不同类型的账

户其结构有所差异。会计账户按照不同的分类方式，如所反映的经济内容、用途和结构等进行分类，帮助我们更好地理解和运用账户来反映企业的财务状况和经营成果。

在复式记账的阐述中，追溯了记账方法从单式记账到复式记账的演变历程，清晰地展现了复式记账法在反映经济业务全貌方面的显著优势。其中，重点深入剖析了借贷记账法，详细介绍了其基本内容，包括记账符号"借"和"贷"的含义、账户结构、记账规则等。并且通过实际案例展示了借贷记账法在企业各类经济业务中的应用，如资金筹集、采购、生产、销售等环节，让我们切实体会到借贷记账法能够全面、系统、清晰地反映经济业务的来龙去脉，便于进行会计核算和监督。

综上所述，通过对会计科目与账户以及复式记账的学习，为我们构建了扎实的会计基础理论知识框架，为后续更深入地学习和实践会计工作提供了有力的支撑。

【本章主要名词概念】

账户　复式记账　记账规则　会计科目　试算平衡

【复习与思考】

1. 简述账户的基本结构，重点说明借贷方分别代表的含义以及余额方向的确定规则。

2. 举例说明不同类型账户在增加和减少时，记账方向有何不同？在企业运营中，这些账户的正确记录对企业合法合规经营有何意义？

3. 账户设置的依据是什么？如何根据企业的经济业务合理设置账户？在设置账户中如何秉持诚信、客观的职业道德？

4. 阐述复式记账法的基本原理和优点，并与单式记账法对比分析。从会计信息质量角度，思考复式记账法对保障财务信息真实性和可靠性的作用，这对企业履行社会责任有何关联？

5. 若在复式记账过程中出现记账错误，有哪些常见的查找方法？结合会计人员的职业操守，谈谈如何用于承认并纠正错误。

6. 假设某企业发生了一系列经济业务，包括收到投资、购买设备、偿还债务等，请思考这些经济业务的记录对企业财务透明化的作用，以及对维护国家税收公平等社会层面的意义。

7. 试算平衡表平衡是否意味着记账一定完全正确？如果不是，请举例说明可能存在的错误。从职业道德和社会责任角度，讨论会计人员保证记账准确的重要性。

3.8　延伸阅读：会计账户与复式记账在生活中的应用

3.9　延伸阅读：粮食的记账转账方法

3.10　延伸阅读：毛泽东的账簿

第四章

企业基本经济业务的核算

【学习目标】

1. 掌握：企业基本经济业务活动中资金筹集、材料采购、产品生产、商品销售、利润形成和分配的核算方法。

2. 理解：企业经济业务与会计账务处理之间的逻辑关系，了解业务背后资金的循环与周转。

3. 运用：能熟练运用借贷记账法对制造企业的基本经济业务进行账务处理。

4. 通过本章学习，使学生建立合规思维和流程思维模式，培养学生的工匠精神并加强诚信表达的职业素养，树立纳税光荣的思想，建立正确的价值观。

【本章知识逻辑结构图】

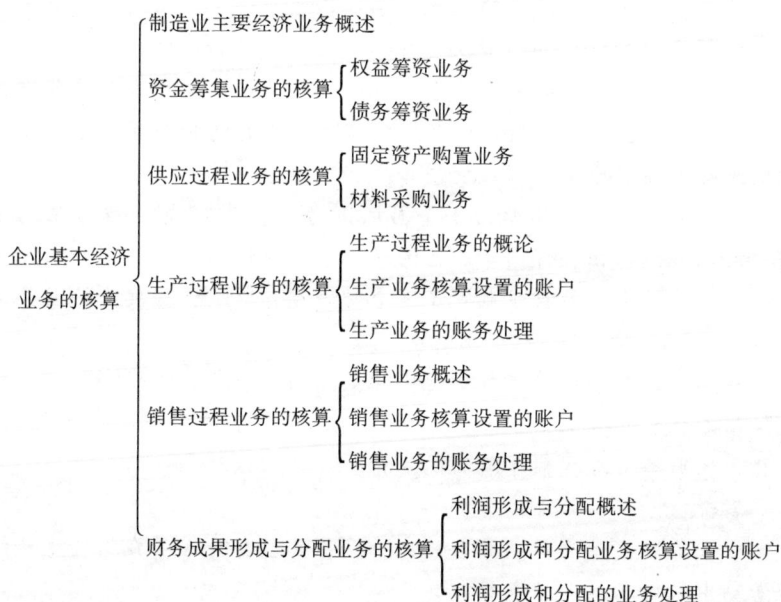

制造业主要经济业务概述

资金筹集业务的核算 { 权益筹资业务 / 债务筹资业务 }

供应过程业务的核算 { 固定资产购置业务 / 材料采购业务 }

企业基本经济业务的核算

生产过程业务的核算 { 生产过程业务的概论 / 生产业务核算设置的账户 / 生产业务的账务处理 }

销售过程业务的核算 { 销售业务概述 / 销售业务核算设置的账户 / 销售业务的账务处理 }

财务成果形成与分配业务的核算 { 利润形成与分配概述 / 利润形成和分配业务核算设置的账户 / 利润形成和分配的业务处理 }

【引 导 案 例】

会计小林的月度核算之旅

小林是一家名为"星辰制造"的小型机械制造企业的会计。

月初的第一个工作日,小林早早来到公司,准备开启新一个月的核算工作。她首先打开上个月的财务账目,开始进行结账。在这个过程中,她发现有一笔原材料采购的发票金额与入库单上的数量不符。经过与采购部门的仔细核对,原来是供应商在发票填写时出现了错误。小林及时与供应商沟通,要求对方重新开具正确的发票。

解决了这个小插曲后,小林开始投入员工工资的核算中。她从人力资源部门获取了员工的考勤记录、绩效数据和加班情况。经过一番仔细计算,确定了每位员工的应发工资、代扣的社保费用和个人所得税等。在这个过程中,有一位员工对自己的工资明细提出了疑问,小林耐心地为他解释了各项计算的依据和扣除项目。

中旬,小林迎来了最为紧张的税务申报工作。她收集了上个月的销售发票、采购发票以及各项费用支出的凭证。在计算增值税时,她需要准确区分进项税额和销项税额。同时,对于企业所得税的计算,她要仔细核对各项成本和费用的列支是否符合税法规定。在申报过程中,小林遇到了税务系统的一些技术问题,经过与税务部门的沟通和在线客服的帮助,最终成功完成了申报和缴纳。

在忙碌的税务申报期间,小林还接到了销售部门的紧急需求。销售部门签订了一笔大订单,需要提前了解公司的资金状况,以确定是否能够满足生产所需的资金投入。小林迅速整理了公司的现金流量表和资金预算,为销售部门提供了准确的财务分析和建议。

月中的时候,公司新购置了一批生产设备。小林负责对这些设备进行入账登记,并按照规定的折旧方法计算本月的折旧额。这需要她准确了解设备的原值、预计使用年限和残值率等信息。

临近月底,小林开始为下个月的财务预算做准备。她与生产部门、采购部门、销售部门等进行沟通,了解他们的工作计划和预期支出。在此基础上,她初步制定了下个月的预算草案,并提交给财务经理审核。

在这一个月的核算工作中,小林虽然面临着各种挑战和压力,但她凭借着扎实的专业知识和严谨的工作态度,顺利完成了各项任务,为公司的财务管理提供了有力的支持。

思考:

假如你要去该公司从事会计工作,你知道会计人员在这些生产经营活动中充当怎样的角色吗?

第一节　制造业主要经济业务概述

4.1　视频：制造业主要经济业务概述

一般而言，企业是指以盈利为目的，运用各种生产要素（土地、劳动力、资本、技术和企业家才能等），向市场提供商品或者服务的经济组织。企业能够将初始的投入转变为符合市场需求的有效产出，投入和产出之间的对比差异决定了企业的盈利能力和发展前景。而会计作为计量企业投入与产出进而确定企业盈利状况的有效工具，能够通过对企业过去的交易或事项的结果和未来经营的可能效果进行分析、判断和评价，进而帮助企业在激烈的市场竞争中求得发展。

制造业企业是以产品的生产和销售为主要活动内容的经济组织，是一种重要的企业组织类型。制造业企业的经济业务内容最为完整，能够系统地呈现资金筹集、供应、生产、销售和经营成果形成与分配等资金运动的全过程。企业要获得利润，需要生产出适销对路的产品，而产品的生产则必须拥有一定数量的经营资金。这些资金可以从不同的渠道取得，在不同的生产阶段以不同的形态发挥着不同的作用，而且随着生产经营过程的不断进行，经营资金的形态可以不断转化，形成经营资金的循环和周转。以下将资金的运动过程分为资金筹集、资金周转、资金退出三个阶段分别概述。

一、资金筹集

制造业要进行生产经营活动，必须拥有一定的财产物资作为物质基础，其财产物资的货币表现就是资金。

筹集资金是制造业整个资金运动的起点和基本环节。资金的筹集渠道主要有两个方面：一是接受投资者投入的资金，形成企业的资本金；二是向债权人借入的资金，形成企业的负债。资本金和借入的资金形成企业主要的资金来源，资本金可以供企业长期运用，但企业取得的收益应该与投资者共享；而负债必须按期偿还。在资金筹集过程中，会发生接受投资和借入资金的会计核算。

二、资金周转

制造业的生产经营是由供应、生产、销售三个过程构成的，而且它的主要经济业务大都发生在这三个过程中，企业资金在这个环节中周而复始地循环周转。

（一）供应过程

企业筹集到的资金首先进入供应过程。供应过程是企业为了保证生产需要的准备过程。在这个过程中，企业用货币资金购买机器设备等劳动资料形成固定资金，购买原材料等劳动对象形成储备资金。因此，款项的结算、各项成本的确定、材料验收入库等成为供应过程的主要经济业务。

（二）生产过程

生产过程是劳动者利用劳动资料对劳动对象进行加工的过程。在这一过程中，会发生原材料的耗用、工资的支付、固定资产的损耗、水电动力费等各项生产费用。因此，生产费用的发生、归集和分配，以及产品成本的计算是生产过程的主要经济业务。通过生产过程，企业的储备资金的一部分转化为生产资金，随着产品的完工、产成品验收入库，生产资金又转化为成品资金。

（三）销售过程

销售过程是将完工产品投入市场实现产品销售收入，计算并结转已销产品成本，支付广告费、业务招待费、运输费等，最终取得利润的过程。因此，产品销售收入的确认、销售货款的结算、已销产品成本的计算及结转、销售费用的支付等是销售过程的主要经济业务。通过这一过程，成品资金又转化为货币资金。

对于企业而言，生产并销售产品是其主要的经营业务，即主营业务。在主营业务之外，企业还要发生一些诸如销售材料、出租固定资产等附营业务，以及进行对外投资以获得收益的投资业务。主营业务、其他业务以及投资业务构成了企业的全部经营业务。在营业活动之外，企业还会经常发生非营业业务，从而获得营业外的收入或发生营业外的支出。企业在生产经营过程中所获得的各项收入遵循配比的要求抵偿了各项成本、费用之后的差额，形成企业的所得，即利润。企业实现的利润，通过利润分配，一部分资金要退出企业，一部分资金要以公积金等形式继续参加企业的资金周转。

企业经营资金通过这一系列变化，周而复始地循环周转即资金周转。制造业资金周转过程，也是企业获取和实现利润的过程。

三、资金退出

资金退出是指企业的经营资金完成资金循环后由于其他原因退出

企业经营，不再参与企业资金周转。在这一过程中，分派投资者利润、归还银行贷款、上缴国家税款等为会计核算的主要内容。

　　综合上述内容可以看出，企业在经营过程中发生的主要经济业务内容包括：（1）资金筹集业务；（2）供应过程业务；（3）生产过程业务；（4）销售过程业务；（5）财务成果形成与分配业务。如图4－1所示。

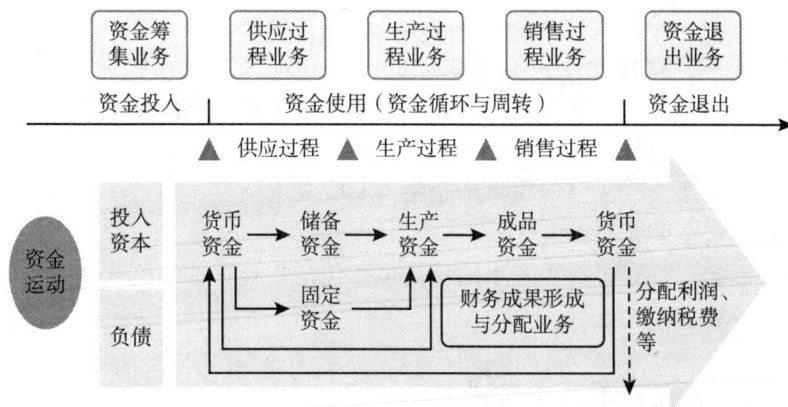

图4－1　制造业的资金运动

　　为了全面、连续、系统地反映和监督制造业企业生产经营过程中资金运动的具体内容，会计必须根据经济业务的具体内容和经营管理的要求相应地设置账户，并运用借贷记账法，对企业发生的经济业务进行相关账务处理。

　　本章以魔法杯有限公司为例，介绍企业主要经济业务的核算。基本情况如下：

　　会计主体：魔法杯有限公司（简称魔法杯公司）。

　　会计期间：20×4年1月1日至20×4年12月31日。

　　会计基础：权责发生制。

　　记账本位币：人民币。

第二节　资金筹集业务的核算

　　资金筹集是企业开展经营活动的前提，也是资金运动的起点。企业的资金来源主要有两条渠道：一是吸收投资者的投资；二是向债权人借款。吸收投资者的投资形成了投资者投入的资本，属于企业的所有者权益，也称为权益筹资；向债权人借款形成了借入资金，属于企业的负债，也称为债务筹资。因此，资金筹集业务主要是权益筹资业务的核算和债务筹资业务的核算。

一、权益筹资业务的核算

（一）权益筹资业务概述

我国《企业会计准则》规定："所有者权益的来源包括投资者投入的资本、直接计入所有者权益的利得和损失、留存收益等。"可见，投资者投入的资本是企业所有者权益的重要组成部分。投资者投入的资本既包括构成企业注册资本的金额，也包括投入资本超过注册资本的金额。构成注册资本的金额用实收资本反映，超过注册资本的金额用资本公积反映。

因此，投资者投入资本的核算主要包括实收资本的核算和资本公积的核算。

（二）权益筹资业务处理

1. "实收资本"的核算

（1）实收资本的含义。

实收资本是指企业所有者按照企业章程、合同或协议的约定，实际投入企业的资本金，即企业在设立时向工商行政管理部门登记的资本总额。在股份有限公司，实收资本表现为实际发行股票的面值，也称为"股本"。

（2）实收资本的分类。

按照投资者的不同，实收资本可分为国家资本、法人资本、个人资本和外商资本等；按照投入资本的形式不同，实收资本可以分为货币投资、实物投资和无形资产投资等。

（3）实收资本的入账价值。

不同投资者可能以不同的形式向企业投资，投入资本入账价值的确定是实收资本核算中的重要问题。具体来看，企业收到投资者货币资金投资的，应以实际收到的货币资金额入账；企业收到投资者实物资产等其他形式投资的，应以投资各方确认的价值入账。需要注意的是，对于实际收到的货币资金额或投资各方确认的资产价值超过其在注册资本中所占的份额部分，作为超面额缴入资本，记入资本公积。

（4）"实收资本"账户结构与核算。

为了核算与监督企业接受投资者投入资本的变动情况，应设置"实收资本"（在股份制企业应设置"股本"账户）进行总分类核算。

"实收资本"账户：所有者权益类账户，贷方登记接受投资或资

4.2 视频：资金筹集业务（投入资本）

4.3 这里需要注意

本公积与盈余公积转增资本的数额；借方登记企业按法定程序报经批
准减少注册资本的数额；期末余额在贷方，反映企业投资者实际投资
的数额。"实收资本"账户可以按照不同投资人设置明细账。

"实收资本"的账户结构如下：

实收资本

实收资本的减少额	实收资本的增加额
	期末余额：实收资本的实有额

企业收到所有者投入企业的资本后，应根据有关原始凭证（如
投资清单、银行通知单等）。分别不同的出资方式进行会计处理。

【例4-1】魔法杯公司为增值税一般纳税人，由甲、乙、丙3
位股东于2022年9月1日共同设立，注册资本总额为600万元，
所占份额分别为55%、30%、15%；3位股东的出资方式及出资额
如表4-1所示。

表4-1　　　　　　　　　　股东出资明细表　　　　　　　单位：万元

出资者	货币资金	实物资产	无形资产	合计
甲	330			330
乙		180（设备）		180
丙			90	90
合计				600

分析：魔法杯公司收到投资后，一方面使得公司银行存款增加
330万元，固定资产增加180万元，无形资产增加90万元，另一方
面使得股东对公司的投资增加600万元。银行存款、固定资产、无形
资产等资产的增加应分别记入"银行存款"账户、"固定资产"账
户、"无形资产"账户的借方，股东对公司投资的增加应记入"实收
资本"账户的贷方。会计分录如下：

借：银行存款　　　　　　　　　　　　　3 300 000
　　固定资产——设备　　　　　　　　　1 800 000
　　无形资产——专利权　　　　　　　　　900 000
　　　贷：实收资本——甲　　　　　　　　　　3 300 000
　　　　　　　　——乙　　　　　　　　　　1 800 000
　　　　　　　　——丙　　　　　　　　　　　900 000

2. 资本公积的核算

（1）资本公积的含义。

资本公积是指企业在筹集资本金过程中，投资者缴付的出资额超出其在注册资本中所占份额的差额以及直接计入所有者权益的利得和损失。

在企业创立时，投资者认缴的出资额与注册资本是保持一致的，不会产生资本公积。但在企业重组或有新的投资者加入时，为了维护原有投资者的权益，新加入投资者的出资额，并不一定全部作为实收资本处理。这是因为，在企业正常经营过程中投入的资金即使与企业创立时投入的资金在数量上一致，但获利能力却可能不一致，在企业进行正常的生产经营过程之后，其资本利润率通常要高于企业初创阶段。另外，企业可能有内部积累，如从净利润中提取的盈余公积、未分配利润等，新投资者加入企业后，对这些积累也要进行分享。所以，新加入的投资者往往要付出大于原始投资者的出资额。投资者缴付的出资额大于其在企业注册资本中所占份额的数额称为资本溢价，应在"资本公积"账户中进行反映。

（2）资本公积的用途。

资本公积的用途主要是转增资本，即增加实收资本（或股本）。资本公积转增资本，一方面，可以改变企业投入资本的结构，体现企业稳健、持续发展的潜力；另一方面，对股份有限公司而言，它会增加投资者持有的股份，从而提高股票的流通量，提升资本的流动性。

（3）资本公积的账户结构与核算。

公司的资本公积一般都有其特定的来源。不同来源形成的资本公积，其核算的方法不同。为了反映和监督资本公积的增减变动及其结余情况，会计上应设置"资本公积"账户，并设置"资本（或股本）溢价""其他资本公积"等明细账户。"资本公积"属于所有者权益类账户，其贷方登记从不同渠道取得的资本公积即资本公积的增加数，借方登记用资本公积转增资本等资本公积的减少数，期末余额在贷方，表示资本公积的期末结余数。

"资本公积"账户的结构如下：

资本公积

资本公积的减少额（使用数）	资本公积的增加额
	期末余额：资本公积的结余数

【例4-2】魔法杯公司成立一年后，为扩大经营规模，经批准，公司注册资本增加到800万元，并引入第三位投资者丁加入。按照投

资协议，新投资者丁需缴入资金 230 万元，同时享有该公司 25% 的股份，假设不考虑其他因素，公司收到该投资者的投资后存入银行，其他手续已办妥。

分析：这是一项增资业务，投资者丁作为新进股东，需要比原始股东付出更多的代价才能获得与原始股东一样的股份。其中属于法定份额部分 200 万元（800×25%）应计入实收资本，超过部分 30 万元（230－200）计入资本公积。

这项经济业务的发生，一方面使公司的银行存款增加 230 万元，记入"银行存款"账户的借方；另一方面使公司的实收资本和资本溢价共增加 230 万元，记入"实收资本"和"资本公积"账户的贷方。会计分录如下：

```
借：银行存款                    2 300 000
    贷：实收资本——丁            2 000 000
        资本公积——资本溢价        300 000
```

【例 4－3】2024 年 6 月 30 日，魔法杯公司经股东大会批准，将公司的资本公积 20 万元转增资本。

分析：这是一项所有者权益内部转化的业务。这项经济业务的发生，一方面使得公司的资本公积减少 200 000 元，另一方面使得公司的实收资本增加 200 000 元。资本公积的减少是所有者权益的减少，应记入"资本公积"账户的借方，实收资本的增加是所有者权益的增加，应记入"实收资本"账户的贷方。会计分录如下：

```
借：资本公积                    200 000
    贷：实收资本                  200 000
```

4.4　对于股份有限公司，股本计价的例子

二、债务筹资业务的核算

债务筹资是指企业按约定代价和用途取得资金且需要按期还本付息的一种筹资方式。企业通常向银行等金融机构借款或者通过发行债券的方式筹集资金。这里主要介绍短期借款和长期借款业务的核算。企业还可以通过专门的监管批准程序发行债券来筹集资金。企业债券的期限一般超过 1 年，属于长期负债项目。其会计核算较为复杂，本书不予专门介绍。

（1）短期借款业务的核算。

①短期借款概述。

短期借款是指企业为了满足其生产经营对资金的临时性需要而向银行或其他金融机构等借入的偿还期限在 1 年以内（含 1 年）的各种借款。

短期借款核算内容包括本金和利息计算两个部分。向金融机构或

4.5　视频：资金筹集业务（债务筹资）

其他单位借款要签订借款合同，合同主要条款是对借款金额、期限和利率的约定。对于银行借款，企业要及时正确地计算利息。

借款利息＝借款本金×利率×借款期

由于按照权责发生制核算基础的要求，应于每月月末确认当月的利息费用，因而这里的"借款期"是一个月，而利率往往都是年利率，应将其转化为月利率，方可计算出一个月的利息额，年利率除以12即为月利率。如果在月内的某一天取得的借款，则该日作为计息的起点时间，对于借款当月和还款月则应按实际经历天数计算（不足整月），此时应将月利率转化为日利率。在将月利率转化为日利率时，为简化起见，一个月一般按30天计算，一年按360天计算。

②短期借款业务账户结构及核算。

一是"短期借款"账户。"短期借款"属于负债类账户，用来核算企业短期借款的增减变动和余额。该账户的贷方登记短期借款本金的增加额，借方登记短期借款本金的减少额（偿还额）。期末余额在贷方，反映企业期末尚未归还的借款。该账户可按借款种类、贷款人和币种进行明细核算。

"短期借款"账户的结构如下：

短期借款

短期借款的偿还（减少）	短期借款的取得（增加）
	期末余额：短期借款结余额

二是"财务费用"账户。"财务费用"属于费用类账户，用来核算企业为筹集生产经营所需资金等而发生的筹资费用，包括利息支出、汇兑损益以及相关的手续费等。该账户借方登记利息费用、手续费等的增加额，贷方登记应冲减财务费用的利息收入、期末转入"本年利润"账户的财务费用净额等。期末结转后，该账户无余额。该账户可按费用项目进行明细核算。

"财务费用"账户的结构如下：

财务费用

发生的费用： 利息支出、手续费、汇兑损失	利息收入、汇兑收益 期末转入"本年利润"账户的财务费用额

三是"应付利息"账户。"应付利息"属于负债类账户，用来核算企业按照合同约定应支付的利息。该账户贷方登记应付未付利息，

借方登记已支付的利息。期末余额在贷方，反映企业应付未付的利息。该账户可按存款人或债权人进行明细核算。

"应付利息"账户的结构如下：

应付利息

以后实际支付的利息费用	预先提取计入损益的利息费用
	期末余额：已预提未支付的利息费用

【例4-4】魔法杯公司因生产经营的临时性需要，于2×24年8月31日向银行借入期限为3个月的借款500 000元，年利率6%，借款合同约定借款到期满一次还本付息，利息采用每月预提方式进行处理。

分析：该业务分取得借款、期末计提利息、到期还款三部分来处理。

①8月31日，取得借款时。

这项经济业务的发生，一方面使公司银行存款增加500 000元，记入"银行存款"账户的借方；另一方面使公司的短期负债增加500 000元，记入"短期借款"账户的贷方。会计分录如下：

借：银行存款　　　　　　　　　　　500 000
　　贷：短期借款　　　　　　　　　　　　　500 000

②9月30日、10月31日、11月30日计提利息时。

由于利息到期一次还本付息，9月30日不需要支付利息，但是根据权责发生制核算基础的要求，借款利息属于公司的一项财务费用，9月份应承担的利息应当确认为当期费用。因此一方面要确认9月份利息费用增加2 500元（500 000×6%×1/12），记入"财务费用——利息费用"账户的借方；另一方面形成企业的负债，使公司的应付未付利息增加2 500元，记入"应付利息"账户的贷方。会计分录如下：

借：财务费用——利息费用　　　　　　2 500
　　贷：应付利息　　　　　　　　　　　　　2 500

10月31日、11月30日利息的计算与计提同9月30日处理一致。即一共计提7 500元应付利息。

③11月30日，到期偿还本金及利息时。

短期借款到期还款时，支付最后到期的本金和利息，一方面使得企业的银行存款减少507 500元，另一方面使得企业的短期借款、应付利息分别减少500 000元、7 500元。银行存款的减少应记入"银行存款"账户贷方，短期借款、应付利息的减少应分别记入"短期

借款""应付利息"的借方,所以这项经济业务应编制的会计分录如下:

借:短期借款   500 000
  应付利息   7 500
 贷:银行存款   507 500

(2)长期借款业务的核算。

①长期借款概述。

长期借款是指企业向银行或其他金融机构等借入的偿还期限在1年以上(不含1年)的各种借款。

长期借款与短期借款的用途不同,企业在对其利息进行核算时也采取不同的处理方法。短期借款一般用于企业日常生产经营业务,利息费用直接计入当期损益,即短期借款利息费用化。长期借款一般用于长期工程、大型机械设备制造或者研究与开发等项目,其利息在符合资本化条件时,可以将利息费用记入"在建工程""制造费用""研发支出"等科目,即长期借款利息资本化。

②长期借款业务的账户结构与核算。

"长期借款"属于负债类账户,用来核算企业长期借款本金和利息的增减变动和余额。该账户贷方登记企业借入的长期借款本金和利息,借方登记归还的本金或者利息。期末余额在贷方,反映企业期末尚未偿还的长期借款和利息。该账户可按贷款单位和贷款种类进行二级明细核算,按本金和利息进行三级明细核算,也可直接将本金记入"长期借款——本金"账户,利息记入"长期借款——利息"账户进行明细核算。

"长期借款"账户的结构如下:

长期借款

长期借款本息的偿还(减少)	长期借款本金的取得和未付利息的计算(增加)
	期末余额:尚未偿还长期借款本息的结余

企业取得长期借款时,借记"银行存款"账户,贷记"长期借款"账户,计算利息时,如果是到期还本付息的未付利息,则借记"在建工程"或"财务费用"等账户,贷记"长期借款"账户;如果是分期付息的未付利息,则借记"在建工程"或"财务费用"等账户,贷记"应付利息"账户。偿还借款、支付利息时借记"长期借款"账户、"应付利息"账户,贷记"银行存款"账户。

【例4-5】魔法杯公司于2×23年9月1日借入期限为2年的长期借款800 000元,用于新生产线的安装。借款年利率为6%,款项已存入银行，期满后一次归还本金和利息。

分析：该业务分取得借款和计提利息两部分来进行处理。

①2×23年9月1日，取得借款时。这项经济业务的发生，一方面使公司银行存款增加800 000元，记入"银行存款"账户的借方；另一方面使公司的长期负债增加800 000元，记入"长期借款——本金"账户的贷方。会计分录如下：

借：银行存款　　　　　　　　　　　　800 000
　　贷：长期借款——本金　　　　　　　　　　800 000

②2×23年12月31日，计提当年4个月的利息。

借款利息＝800 000×6%÷12×4＝16 000（元）

这项经济业务的发生，在固定资产建造工程交付使用之前，用于工程的借款利息属于一项资本性支出，应计入固定资产的建造成本。一方面工程成本的增加是资产的增加，即这项借款资金的利息16 000元记入"在建工程"账户的借方，另一方面使得公司的长期借款利息这项负债增加16 000元，记入"长期借款——利息"账户的贷方[①]。会计分录如下：

借：在建工程　　　　　　　　　　　　16 000
　　贷：长期借款——利息　　　　　　　　　　16 000

第三节　供应过程业务的核算

企业筹资任务完成后，就可以用筹集的资金为生产经营活动的正常进行做必要的生产准备。其中较为重要的是劳动资料和劳动对象的准备。劳动资料的准备主要是指建造厂房、购置机器设备等固定资产；劳动对象的准备主要是指采购所需的原材料及辅助材料。我们也称这个过程为供应过程，是将货币资金转化为其他资产的过程。

一、固定资产购置业务的核算

（一）固定资产的概念与特征

固定资产是指企业为生产商品、提供劳务、出租或经营管理而持有的、使用寿命超过一个会计年度的有形资产，包括房屋建筑物、机

---

① 实务中如果长期借款的利息分期支付，则将长期借款应付的利息作为流动负债，记入"应付利息"的贷方。

器设备、运输车辆以及工具器具等。固定资产的金额标准由企业根据其规模和管理需要自行确定。例如，在 A 企业资产单位价值 2 000 元即可列为固定资产，但在 B 企业资产单位价值需要在 3 万元以上才列入固定资产，对同一项资产，比如汽车，在使用单位一般将其归入固定资产，在生产单位则是存货。

固定资产具有以下特征：（1）具有实物形态，是一种有形资产；（2）为生产商品、提供劳务、出租或者经营管理而持有，目的是使用；（3）使用寿命超过一个会计年度。

（二）固定资产取得成本的计算

企业可以通过外购、自行建造、投资者投入、非货币性资产交换、债务重组、企业合并和融资租赁等方式取得固定资产。取得的方式不同，固定资产成本的具体构成内容及其确定方法也不尽相同。

以外购取得方式为例，外购固定资产成本是指企业购买某项固定资产达到预定可使用状态前所发生的一切合理、必要的支出，包括购买价款、相关税费、使固定资产达到预定可使用状态前所发生的可归属于该项固定资产的运输费、装卸费、保险费、安装费和专业人员服务费等。为购买固定资产支付的增值税进项税额不计入固定资产的成本。小规模纳税人开具的增值税普通发票，因为不能从销项税额中进行抵扣，可以计入固定资产成本。除此之外，也有间接发生的，如固定资产建造过程中应予以资本化的借款利息等。

【增值税简介】

增值税是以商品（含应税劳务）在流转过程中产生的增值额作为计税依据而征收的一种流转税。在我国，商品（含应税劳务）的流转（采购、销售）以及无形资产（如土地使用权和知识产权等）的交易通常都要涉及增值税（免税的情况除外）。因此，熟练掌握增值税的基本知识是学习资产会计处理规则的前提。

4.6 视频：增值税简介

【设计原理】

"增值税"顾名思义是对增值额进行征税。从计税原理上说，增值税是对商品生产、流通、劳务服务中多个环节的新增价值或商品的附加值征收的一种流转税。实行价外税，也就是由消费者负担，有增值才征税没增值不征税。企业买卖货物时，会在增值税专用发票（如样票）上注明货物的金额和相应的税额，交易的总价款就是价税合计。例如，某公司是增值税一般纳税人（适用增值税税率为13%），在购入 100 元商品时，支付了 113 元，增值税专用发票上注明的金额为 100 元，税额（进项税额）为 13 元。将该商品以200 元卖出时收到 226 元，增值税专用发票上注明的金额为 200 元，税额（销项税额）为 26 元。其增值税应纳税额 = 销项税额 − 进项

税额 = 26 – 13 = 13（元）。也就是说，该公司的商品销售实现了增值额 100 元（200 – 100），国家对增值额只征收 13 元（100 × 13%）的增值税，即增值额乘以适用税率，这就是增值税的设计原理。

按照增值税的设计原理，企业向税务机关缴纳的增值税税额在理论上是根据其经济业务所实现的增值额乘以适用的税率计算而来的。但在实践中，由于购销之间可能存在较长的时间差，因此，不可能逐笔针对每一笔业务计算其增值额，于是，实务工作中实行的是分别汇总计算进项税额、销项税额，根据两者之差来确定增值税应纳税额的办法。进项税额是指企业在购入货物或接受劳务时支付或承担的增值税税额；销项税额，是指企业在销售商品或提供劳务时按照销售额和增值税税率计算并收取的增值税税额。这样征税设计可以避免重复征税，通过"环环增税，层层抵扣"的方法，实现量能负担、公平税负的目的。

【征税对象】

在中华人民共和国境内销售货物、服务、无形资产、不动产，提供加工、修理修配劳务，进口货物的单位和个人，为增值税纳税人。

【一般纳税人和小规模纳税人】

增值税纳税人分为一般纳税人和小规模纳税人。财政部和国家税务总局规定标准（年应征增值税销售额 500 万元及以下）的纳税人为小规模纳税人，超过规定标准的纳税人为一般纳税人。

【计税方法】

增值税的计税方法，包括一般计税方法和简易计税方法。通常来说，一般纳税人适用一般计税方法计税，小规模纳税人适用简易计税方法计税。

一般计税方法的应纳税额，是指当期销项税额抵扣当期进项税额后的余额。

$$应纳税额 = 当期销项税额 – 当期进项税额$$
$$进项税额 = 买价 × 增值税税率$$
$$销项税额 = 销售额 × 增值税税率$$

简易计税方法的应纳税额，是指按照销售额（不含税）和增值税征收率（3%，财政部和国家税务总局另有规定的除外）

$$应纳税额 = 销售额 × 征收率$$

需要注意的是，商品和服务报价一般有两种方式：一是含税价格；二是不含税价格。在增值税计算时，要将含税价格换算为不含税价格，实现价税分离。比如，含税价格是 10 000 元的商品，适用税率是 13%，其不含税价格为：8 849.6 元［10 000 ÷（1 + 13%）］，税额为 1 150.4 元，不含税价格对于购买方而言是购买成本，对于销货方而言是销售收入。本书中所有业务举例中涉及的价格都是不含税价格。

【税率】

增值税基本税率有 13%、9% 和 6% 三档。

【账户设置】

在"应交税费"一级科目下，设"应交税费——应交增值税"明细账户，核算企业应缴纳的增值税，该账户属于负债类科目，当企业销售货物时，应履行代收代缴增值税义务，向买家收取增值税销项税额时，同时对税务机关负债增加，贷记"应交税费——应交增值税（销项税额）"；而当作为消费者（买方）购入货物时，应当承担增值税，将增值税交付给销售方，即借记"应交税费——应交增值税（进项税额）"，余额在贷方表示企业未交的增值税，余额在借方表示多交的税费或者是尚未抵扣完的进项税额。由于在实务工作中各种情形非常复杂，"应交税费——应交增值税"下还设有若干专栏，本书举例只涉及一般纳税人（增值税税率为 13%）的进项税额和销项税额，其余专栏明细从略。

【账务处理】	应交税费
实际缴纳的各种税费（包括增值税进项税额）	计算出的应交而未交的税费（包括增值税销项税额）
期末余额：多交的税费	期末余额：未交的税费

【账务处理】

（1）购入商品时，取得增值税专用发票（发票联）注明的金额为 100 元，税额为 13 元，价税合计 113 元已用银行存款支付。

这项经济业务的发生，一方面使该企业的库存商品增加 100 元，记入"库存商品"账户的借方，支付的增值税 13 元，作为留待以后扣除的进项税额 13 元，记入"应交税费——应交增值税（进项税额）"的借方；另一方面使该企业的银行存款减少 113 元，记入"银行存款"账户的贷方。会计分录为：

```
借：库存商品                              100
    应交税费——应交增值税（进项税额）        13
    贷：银行存款                              113
```

（2）销售商品时，开具的增值税专用发票（记账联）注明的金额为 200 元，税额为 26 元，价税合计 226 元已存入银行。

这项经济业务的发生，一方面使该企业的银行存款增加 226 元，记入"银行存款"的借方；收入增加 200 元，记入"主营业务收入"的贷方，收取的增值税 26 元作为销项税额，记入"应交税费——应交增值税（销项税额）"的贷方。会计分录为：

借：银行存款   226

  贷：主营业务收入   200

    应交税费——应交增值税（销项税额） 26

（3）最终销售方应交的增值税为销项税额与可抵扣的进项税额抵扣后的差额。

应交增值税（13元）＝销项税额（26元）－进项税额（13元）

为了便于理解，此处将增值税缴纳的过程处理分为三步：

第一步，将增值税三级账户进项税额和销项税额结平，并将其差额转入三级账户"转出未交增值税"。会计分录如下：

借：应交税费——应交增值税（销项税额） 26

  贷：应交税费——应交增值税（进项税额） 13

     ——应交增值税（转出未交增值税） 13

第二步，将三级账户"转出未交增值税"转入"应交税费——未交增值税"二级账户，会计分录如下：

借：应交税费——应交增值税（转出未交增值税） 13

  贷：应交税费——未交增值税   13

第三步，实际缴纳时，负债减少，存款减少。会计分录如下：

借：应交税费——未交增值税   13

  贷：银行存款   13

【增值税专用发票样票】

增值税专用发票

3200012143   No.0001394

抵 扣 联   开票日期：2017/9/30

购货单位	名 称：	幸福国际贸易公司					密码区	
	纳税人识别号：	320103100071873						
	地 址、电 话：	美国加州罗斯密市安格鲁斯大道2457号 15666666666						
	开户行及账号：	美国花旗银行 6101000718737						
货物或应税劳务名称	规格型号	单位	数量	单价	金额	税率	税额	
18K金嵌宝石手链	长：17cm，重：5.5g，附送精美礼盒，每箱装20盒	盒	500	227.00	97008.55	17%	16491.45	
合 计					97008.55		16491.45	
税额合计 （大写） 壹拾壹万叁仟伍佰美元整						（小写）113500		
销货单位	名 称：	国际货运有限公司					备注	（销货单位盖发票专用章）
	纳税人识别号：							
	地 址、电 话：	1-212-1104412						
	开户行及账号：	美国花旗银行 6102010007891						
收款人：	复核：	开票人：				销货单位（章）		

由于所有资产的获得（包括投资、获赠等方式）、劳务的购入、销售等业务都涉及增值税，对于不同的应税商品和劳务，税法规定极其复杂细致。为使读者更方便地理解会计知识，除采购材料、购置固

定资产和销售商品以外，我们在下面的业务举例时不考虑增值税，并假设报价不含增值税。

4.7 视频：固
定资产购置

（三）固定资产核算设置的账户

为了核算企业购买和自行建造完成固定资产价值的变动过程及其结果，需要设置以下账户。

1. "固定资产"账户

"固定资产"属于资产类账户，用来核算企业持有的固定资产原价。该账户借方登记固定资产原价的增加，贷方登记固定资产原价的减少。期末余额在借方，反映企业期末固定资产的原价。该账户可按固定资产类别和项目进行明细核算。

"固定资产"账户的结构如下：

固定资产

固定资产取得成本的增加	固定资产原价的减少
期末余额：原价的结余	

2. "在建工程"账户

"在建工程"属于资产类账户，用来核算固定资产的建造、更新改造、安装等工程的成本。该账户借方登记企业各项在建工程的实际支出，贷方登记工程达到预定可使用状态时转出的成本等。期末余额在借方，反映企业期末尚未达到预定可使用状态的在建工程的成本。该账户可按"建筑工程""安装工程""在安装设备"以及单项工程等进行明细核算。

在建工程

工程发生的全部支出	结转完工工程成本
期末余额：未完工工程成本	

（四）固定资产业务的账户处理

企业购买的固定资产，有的购买完成之后当即可投入使用，也就是当即达到预定可使用状态，因而可以立即形成固定资产；而有的固定资产，在购买之后，还需要经过安装过程，安装之后方可投入使用，这两种情况在核算上是有区别的，所以我们在对固定资产进行核算时，一般将其区分为不需要安装固定资产和需要安装固定资产分别进行处理。

以下分别举例说明企业购买的不需要安装的和需要安装固定资产的核算内容。

1. 购入不需要安装的固定资产

【例4-6】2×24年8月25日，魔法杯公司从银河机电设备有限公司购入生产用设备一台，价款80 000元，增值税10 400元，运费1 000元（暂不考虑税费），转账付讫，设备验收后不需安装即可交由车间使用。

分析：这是一台不需要安装的设备，购买之后就意味着达到了预定可使用状态。在购买过程中发生的货款和运费支出81 000元形成固定资产的取得成本，支付的增值税10 400元属于增值税进项税额。该笔经济业务的发生，一方面使固定资产增加81 000元，记入"固定资产——设备"账户的借方，固定资产进项税额10 400元记入"应交税费——应交增值税（进项税额）"的借方；另一方面使银行存款减少91 400元，记入"银行存款"账户的贷方。会计分录如下：

借：固定资产——设备　　　　　　　　　　81 000
　　应交税费——应交增值税（进项税额）　10 400
　　贷：银行存款　　　　　　　　　　　　　　　91 400

2. 购入需要安装的固定资产

【例4-7】魔法杯公司2×24年8月31日购入一套生产线，需安装调试，生产线金额为60 000元，适用增值税税率为13%，支付包装运输费800元（增值税略），收到后投入安装，应付安装工人工资2 000元（增值税略）。

分析：这是一台需要安装的设备。设备安装调试，需要先通过"在建工程"账户归集所有安装调试成本，运行合格后再从"在建工程"账户转入"固定资产"账户。

（1）支付设备价格，一方面使"在建工程"的成本增加60 800元，记入"在建工程"账户的借方，生产线进项税额7 800元（60 000×13%），记入"应交税费——应交增值税（进项税额）"的借方；另一方面使银行存款减少68 600元，记入"银行存款"账户的贷方。会计分录如下：

借：在建工程　　　　　　　　　　　　　　60 800
　　应交税费——应交增值税（进项税额）　7 800
　　贷：银行存款　　　　　　　　　　　　　　　68 600

（2）支付安装费，一方面使在建工程的安装成本增加2 000元，记入"在建工程"账户的借方；另一方面使公司负债增加2 000元，记入"应付职工薪酬"账户的贷方。会计分录如下：

借：在建工程　　　　　　　　　　　　　　2 000
　　贷：应付职工薪酬　　　　　　　　　　　　　2 000

（3）安装调试完毕投入使用，一方面使固定资产增加 62 800 元，记入"固定资产"账户的借方；另一方面使在建工程减少 62 800 元，记入"在建工程"账户的贷方。会计分录如下：

借：固定资产　　　　　　　　　　　　　　　　62 800
　　贷：在建工程　　　　　　　　　　　　　　　　　　62 800

二、材料采购业务的核算

4.8　视频：材料采购业务

（一）材料采购业务概述

原材料是产品制造企业生产产品不可缺少的物质要素，在生产过程中，材料经过加工而改变其原来的实物形态，构成产品实体的一部分，或者实物消失而有助于产品的生产。因此，产品制造企业要有计划地采购材料，既要保证及时、按质、按量地满足生产上的需要，同时又要避免储备过多，不必要地占用资金。

材料采购业务包括材料采购成本的计算、货款支付和材料入库三项工作。

（1）材料的采购成本的构成。

材料的采购成本是指企业从材料采购到入库前所发生的全部合理的、必要的支出，包括：

①购买价格，是指购货发票所注明的货款金额；

②采购过程中发生的运杂费（包括运输费①、包装费、装卸费、保险费、仓储费等）；

③材料在运输途中发生的合理损耗②；

④入库前的挑选整理费③；

⑤按规定应计入材料采购成本中的各种税金，如进口材料支付的关税、购买材料发生的消费税，以及不能从增值税销项税额中抵扣的进项税额等。

但这里应注意的是，采购人员的差旅费以及采购机构的经费等不构成材料的采购成本，而是计入期间费用。

上述第①项直接计入所采购材料的采购成本，第②、第③、第④、第⑤项，凡是能分清是某种材料直接负担的，可以直接计入材料的采

---

① 此处运输费中不包括市内零星运杂费，但大宗物资的市内运杂费包括在采购成本中。

② 损耗分合理损耗、不合理损耗和意外损耗，只有合理损耗才计入采购成本；不合理损耗无过失人的计入管理费用，有过失人的由过失人赔偿计入其他应收款；意外损耗计入营业外支出。

③ 入库前的挑选整理费包括挑选整理过程中的人工费支出和必要的净耗费，但入库后发生的挑选整理费不包括采购成本。

购成本，不能分清的应按材料的重量等标准分配计入材料采购成本。

（2）货款支付。货款支付涉及与供应商的合同约定，一般有三种方式：一是交货时支付；二是在交货之前提前支付；三是交货后完成支付。

（3）材料验收入库。材料运抵企业后，需由仓库验收保管，并出具材料入库单，交财务部门入账。

（二）材料采购业务的账户设置

按照我国会计规范的规定，企业的原材料可以按照实际成本计价组织收发核算。也可以按照计划成本计价组织收发核算，具体采用哪一种方法，由企业根据具体情况自行决定。

当企业的经营规模较小、原材料的种类不是很多，而且原材料的收发业务的发生也不是很频繁的情况下，企业可以按照实际成本计价方法组织原材料的收发核算。实际成本计价方法进行日常的收发核算，其特点是从材料的收发凭证到材料明细分类账和总账全部按实际成本计价。以下账户设置根据实际成本设置如下。

1. "在途物资"账户

"在途物资"属于资产类账户，用来核算材料的实际采购成本。该账户的借方登记购入材料、商品等物资的买价和采购费用（实际采购成本），贷方记已验收入库材料、商品等物资应转出的实际成本。期末余额在借方，反映企业期末在途材料、商品等物资的采购成本。该账户可按物资品种进行明细核算。

"在途物资"账户的结构如下：

在途物资

购入材料的买价、各种采购费用	结转验收入库材料的实际采购成本
期末余额：在途材料成本	

对于"在途物资"账户，在具体使用时，要注意以下两个问题：

（1）企业对于购入的材料，不论是否已经付款，一般都应该先记入该账户，在材料验收入库结转成本时，再将其成本转入"原材料"账户，除非即买即入库的则可直接记入"原材料"账户。

（2）购入材料过程中发生的除买价之外的采购费用，如果能够分清是某种材料直接负担的，可直接计入该材料的采购成本，否则就应进行分配。分配时，首先根据材料的特点确定分配的标准，一般来说可以选择的分配标准有材料的重量、体积、买价等；其次计算材料采购费用分配率；最后计算各材料的采购费用负担额，即：

材料采购费用分配率 = 共同性采购费用额 ÷ 分配标准的合计数

某材料应负担的采购费用额 = 该材料的分配标准 × 材料采购费用分配率

例：某企业买了 A、B 两种材料，其中 A 材料 140 吨，B 材料 52 吨，发生了共同的运输费 480 元，则需将运输费按材料的重量为标准对甲、乙材料进行分配。

材料运费分配率 = 480 ÷ (140 + 92) = 2.5（元/吨）

A 材料应负担的运费 = 2.5 × 140 = 350（元）

B 材料应负担的运费 = 2.5 × 92 = 230（元）

2. "原材料" 账户

该账户的性质属于资产类，用来核算企业库存材料实际成本的增减变动及其结存情况。其借方登记已验收入库材料实际成本的增加，贷方登记发出材料的实际成本（即库存材料实际成本的减少），期末余额在借方，表示库存材料实际成本的期末结存余额。"原材料" 账户应按照材料的保管地点、材料的种类或类别设置明细账户，进行明细分类核算。

"原材料" 账户的结构如下：

原材料

验收入库材料实际成本的增加	库存材料实际成本的减少
期末余额：库存材料实际成本	

3. "预付账款" 账户

"预付账款" 属于资产类账户，用来核算企业因购货等业务预先支付的款项。该账户的借方登记已支付的款项，贷方登记企业收到货物后应冲减的款项。期末余额一般出现在借方，反映企业应该支付而未支付的账款余额，如果该账户期末余额出现在贷方，则表示企业尚未补付的款项。该账户可按债权人进行明细核算。

"预付账款" 账户的结构如下：

预付账款

预付供应单位款项的增加	冲销预付供应单位的款项
期末余额：尚未结算的预付款	

4. "应付账款" 账户

该账户的性质属于负债类，用来核算企业因购买原材料、商品和接受劳务供应等经营活动应支付的款项。其贷方登记应付供应单位款项（买价、税金和代垫运杂费等）的增加，借方登记应付供应单位款项的减少（即偿还）。期末余额一般在贷方，表示尚未偿还的应付款的结余额。该账户应按照供应单位的名称设置明细账户，进行明细分类核算。

"应付账款"账户的结构如下：

应付账款

应付供应单位款项的减少	应付供应单位款项的增加
	期末余额：尚未偿还的应付款

5. "应付票据"账户

该账户的性质属于负债类，用来核算企业采用商业汇票结算方式购买材料物资等而开出、承兑商业汇票的增减变动及其结余情况。其贷方登记企业开出、承兑商业汇票的增加，借方登记到期商业汇票的减少。期末余额在贷方，表示尚未到期的商业汇票的期末结余额。该账户应按照债权人设置明细账户，进行明细分类核算，同时设置"应付票据备查簿"，详细登记商业汇票的种类、号数、出票日期、到期日、票面金额、交易合同号和收款人姓名或收款单位名称以及付款日期和金额等资料。应付票据到期结清时，在备查簿中注销。

"应付票据"账户的结构如下：

应付票据

到期应付票据的减少（不论是否已经付款）	开出、承兑商业汇票的增加
	期末余额：尚未到期商业汇票的结余额

（三）材料采购业务处理

【例4-8】2024年9月20日，魔法杯公司签发一张现金支票，从公司银行存款账户提取现金20 000元，以备日常开支。

分析：这项提取现金的业务一方面使库存现金增加20 000元，记入"库存现金"账户的借方；另一方面使银行存款减少20 000元，记入"银行存款"的贷方。会计分录如下：

借：库存现金　　　　　　　　　　　20 000
　　贷：银行存款　　　　　　　　　　　　20 000

【例4-9】2024年12月1日，魔法杯公司从广东美心耗材有限公司购入316不锈钢材料3吨，每吨18 000元，共计54 000元；购入食品级PP塑料2吨，每吨13 000元，共计26 000元。适用的增值税税率为13%，316不锈钢和PP塑料的增值税分别为7 020元和

3 380 元。货款和税款已通过银行转账付讫。

分析：这项经济业务的发生，一方面使公司 316 不锈钢和 PP 塑料增加了 67 000 元，记入"在途物资"的借方，进项税额增加 10 400 元，记入"应交税费——应交增值税（进项税额）"账户的借方；另一方面使银行存款减少 90 400 元，记入"银行存款"账户的贷方。会计分录如下：

借：在途物资——316 不锈钢　　　　　　　　54 000

　　　　　　——PP 塑料　　　　　　　　　26 000

　　应交税费——应交增值税（进项税额）　　10 400

　　贷：银行存款　　　　　　　　　　　　　　　　90 400

【例 4－10】2024 年 12 月 3 日，魔法杯公司支付 316 不锈钢和 PP 塑料的运输费 18 000 元，其中通过银行转账给顺风运输服务公司支付 19 620 元，运输企业适用的增值税税率为 9%，运费按照材料的重量比例进行分配。

分析：这项经济业务的发生，一方面使杯子材料的采购成本增加 18 000 元，记入"在途物资"账户的借方，进项税额增加 1 620 元，记入"应交税费——应交增值税（进项税额）"账户的借方；另一方面使银行存款减少 19 620 元，记入"银行存款"账户的贷方。

由于运输费是两种材料的共同费用（简称运杂费），需要在两种材料之间进行分配，分配基础可以是重量、体积、长度和价格等。本例分配基础选择重量。

运杂费用分配率 = 18 000 ÷ (2＋3) = 3 600（元/吨）

316 不锈钢负担的运杂费 = 3 600 × 3 = 10 800（元）

PP 塑料负担的运杂费 = 3 600 × 2 = 7 200（元）

会计分录如下：

借：在途物资——316 不锈钢　　　　　　　　10 800

　　　　　　——PP 塑料　　　　　　　　　　7 200

　　应交税费——应交增值税（进项税额）　　　1 620

　　贷：银行存款　　　　　　　　　　　　　　　　19 620

【例 4－11】2024 年 12 月 3 日，魔法杯公司开出商业汇票 104 400 元，购买高硼硅玻璃 500 平方米，价格 230 元/平方米，共计 115 000 元，适用的增值税税率为 13%，增值税为 14 950 元。

分析：这项经济业务的发生，一方面使公司的高硼硅玻璃增加了 115 000 元，记入"在途物资"的借方，进项税额增加 14 950 元，记入"应交税费——应交增值税（进项税额）"账户的借方；另一方面使公司负债增加 129 950 元，记入"应付票据"账户的贷方。会计分录如下：

借：在途物资——高硼硅玻璃　　　　　　　　　115 000
　　应交税费——应交增值税（进项税额）　　　　14 950
　　贷：应付票据　　　　　　　　　　　　　　　　　　129 950

【例4－12】2024年12月4日，企业预付1 000元给思奇辅料厂，用于购买保温杯辅料。

分析：预付账款是购货方预先支付给供应商的购货款，以期购买其产品或服务，是购货企业的一项资产。这项经济业务的发生，一方面使企业的预付账款增加1 000元，记入"预付账款——思奇辅料厂"账户的借方；另一方面使银行存款减少1 000元，记入"银行存款"账户的贷方。会计分录如下：

借：预付账款——思奇辅料厂　　　　　　　　　1 000
　　贷：银行存款　　　　　　　　　　　　　　　　　　1 000

【例4－13】2024年12月6日，保温杯辅料运达企业，增值税专用发票上注明的价款为8 000元，增值税为1 040元，货款已用银行存款补足。

分析：该项经济业务的发生，一方面使保温杯辅料增加了8 000元，记入"在途物资——辅料"账户的借方，留待以后扣除的进项税额增加1 040元，记入"应交税费——应交增值税（进项税额）"的借方；另一方面使银行存款减少8 040元，记入"银行存款"账户的贷方，预付账款减少1 000元，记入"预付账款"的贷方。会计分录如下：

借：在途物资——辅料　　　　　　　　　　　　8 000
　　应交税费——应交增值税（进项税额）　　　　1 040
　　贷：银行存款　　　　　　　　　　　　　　　　　　8 040
　　　　预付账款　　　　　　　　　　　　　　　　　　1 000

【例4－14】12月6日，汇总并结转魔法杯公司材料采购成本。316不锈钢采购成本为64 800元（54 000＋10 800），PP塑料采购成本为33 200元（26 000＋7 200），高硼硅玻璃采购成本为115 000元，辅助材料采购成本为8 000元，4种材料均已验收入库。

分析：这是一项会计处理事项，会计人员在取得材料入库单后，将先行由"在途物资"归集的采购成本转入"原材料"账户。这笔结转事项一方面使原材料增加，记入"原材料"账户的借方；另一方面将已完成采购手续的采购成本转出，记入"在途物资"账户的贷方。会计分录如下：

借：原材料——316不锈钢　　　　　　　　　　64 800
　　　　　　——PP塑料　　　　　　　　　　　　33 200
　　　　　　——高硼硅玻璃　　　　　　　　　　115 000
　　　　　　——辅料　　　　　　　　　　　　　8 000

贷：在途物资——316 不锈钢 　　　　　　 64 800

　　　　——PP 塑料 　　　　　　　　　 33 200

　　　　——高硼硅玻璃 　　　　　　　115 000

　　　　——辅料 　　　　　　　　　　　 8 000

　　在企业材料的种类比较多、收发次数比较频繁的情况下，其核算的工作量就比较大，而且也不便于考核材料采购业务成果，分析材料采购计划的完成情况。所以在我国一些大、中型企业里，材料就可以按照计划成本计价组织收发核算。

　　材料按计划成本计价进行核算，就是材料的收、发凭证按计划成本计价，材料总账及明细账均按计划成本登记，设置"材料采购"科目核算材料的实际采购成本以及入库的计划成本，通过增设"材料成本差异"账户来核算材料实际成本与计划成本之间的差异额，并在会计期末对计划成本进行调整，以确定库存材料的实际成本和发出材料应负担的差异额，进而确定发出材料的实际成本。计划成本法的具体核算业务详见《中级财务会计学》，在此不再详述。

第四节　生产过程业务的核算

一、生产过程业务的概论

4.9　视频：生产过程业务核算

　　在购置完固定资产、原材料等劳动资料和劳动对象后，企业便可以进入生产过程。生产过程是制造业企业经营活动的中心环节。制造业企业从材料投入生产，到产品完工入库为止的过程称为生产过程。生产过程既是产品的制造过程，又是物化劳动和活劳动的耗费过程。一方面劳动者借助于劳动资料对劳动对象进行加工制造，以满足社会需要；另一方面为了制造产品，必然要发生各种耗费，如消耗的各种材料，支付员工工资，以及由于使用厂房、机器设备等固定资产所发生的折旧费等费用。所以生产过程是资源耗费过程与产品生产过程的统一。

　　生产费用按其计入产品成本的方式不同，可以分为直接费用和间接费用。直接费用是指企业生产产品过程中实际消耗的直接材料和直接人工等费用。间接费用是指企业为生产产品和提供劳务而发生的各项间接支出，通常称为制造费用。上述各个项目是生产费用按其经济用途所进行的分类，在会计上我们一般将其称为成本项目。制造企业产品的成本项目主要有：

（1）直接材料，是指构成产品实体的原材料以及有助于产品形成的主要材料、外购半成品和辅助材料等。

（2）直接人工，是指企业在生产产品和提供劳务过程中直接从事产品生产的工人工资、补贴和福利费等各种形式的报酬以及各项附加费用的职工薪酬。

（3）制造费用，是指企业为生产产品和提供劳务而发生的各项间接费用。其构成内容比较复杂，包括车间管理人员的职工薪酬、固定资产折旧费、无形资产摊销费、办公费、水电费、机物料消耗、国家规定的有关环保费用、季节性和修理期间的停工损失等。换言之，制造费用是指企业为生产多种产品而发生的间接代价。这些间接代价不能直接计入某特定产品或劳务的成本，而是需要先行归集，然后采用合理的标准分配给相应的产品项目。

二、生产业务核算设置的账户

1. "生产成本"账户

"生产成本"属于成本计算类账户，用来核算构成产品制造成本的直接材料、直接人工和制造费用。该账户的借方用来归集生产产品所发生的各项生产费用，贷方反映已完工产品成本的转出，借方余额表示尚未完工的在产品的制造成本。

"生产成本"账户的结构如下：

生产成本

发生的生产费用： 直接材料 直接人工 制造费用	结转完工验收入库产成品成本
期末余额：在产品成本	

2. "制造费用"账户

"制造费用"属于成本费用类账户，用来核算生产车间的办公费、车间管理人员的薪酬、固定资产折旧费、水电费、机物料消耗、季节性停工损失等制造费用。该账户的借方记录制造费用的增加，贷方登记转入产品成本的费用，该账户一般无余额（季节性生产企业除外），发生多少就分配多少。

制造费用是一种间接费用，所谓间接费用是指与产品生产有关，但不能直接归属于某类产品计算对象，需要先行归集，再转入产品成本的费用。当费用发生时，先通过"制造费用"账户进行归集，期末再转入"生产成本"账户，以使"生产成本"账户的借方归集生产过程中发生的全部产品制造成本。定期将借方归集的全部制造成本在完工产品和在产品之间进行分配，完工产品的制造成本从贷方转出，剩余部分便是在产品的制造成本。

"制造费用"账户的结构如下：

制造费用	
归集车间范围内发生的各项间接费用	期末分配转入"生产成本"账户的制造费用

制造费用、生产成本与库存商品账户之间的关系如图 4-2 所示。

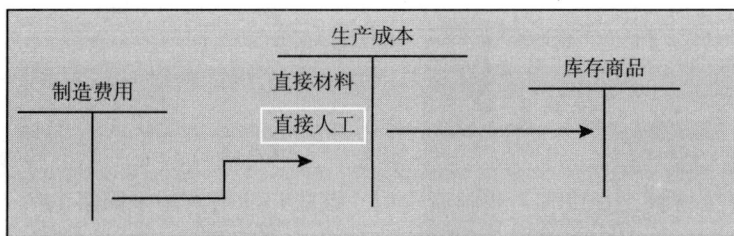

图 4-2　制造费用、生产成本与库存商品账户之间的关系

3. "应付职工薪酬"账户

"应付职工薪酬"属于负债类账户，用来核算尚未支付的已计入成本费用的职工薪酬总额。该账户的贷方反映企业应支付未支付的薪酬总额，借方登记已支付薪酬的数额，贷方余额反映尚未支付的职工薪酬。

职工薪酬是指企业支付给职工的劳动报酬，是一种活劳动的耗费，是企业的一项费用。其中，支付给与生产产品直接相关的生产工人工资记入"生产成本"账户，支付给车间管理人员工资记入"制造费用"账户，支付给行政管理人员的工资记入"管理费用"账户，支付给（专设销售机构的）销售人员的工资记入"销售费用"账户。

每期期末，需要将本期发生的职工薪酬，一方面按照职工所从事的工作（部门）不同，分别作为生产成本、管理费用或者销售费用进行处理；另一方面将尚未支付的工资贷记"应付职工薪酬"。"应付职工薪酬"账户期末有余额，意味着企业有应支付而尚未支付的职工薪酬，这构成了企业与职工之间的结算关系。

"应付职工薪酬"账户的结构如下：

应付职工薪酬

实际支付的职工薪酬	月末计算分配的职工薪酬
	期末余额：应付未付的职工薪酬

4."累计折旧"账户

"累计折旧"是固定资产的备抵账户，核算固定资产的成本已转化为费用的累计金额，冲减固定资产的价值。该账户一般只有贷方发生额和期末余额，贷方登记当期计提的折旧金额，贷方余额反映到当前为止固定资产成本已转化为费用的累计金额。只有固定资产报废（清理）或出售时才会借记（减少）"累计折旧"。

固定资产折旧费用按照使用部门进行归集。生产车间厂房、机器设备等的折旧费用记入"制造费用"账户，行政管理部门使用的固定资产的折旧费用记入"管理费用"账户，销售部门使用的固定资产的折旧记入"销售费用"账户。

"累计折旧"账户的结构如下：

累计折旧

固定资产折旧的减少（注销）	提取的固定资产折旧的增加
	期末余额：现有固定资产累计折旧额

5."库存商品"账户

"库存商品"属于资产类账户，用来核算库存商品的收发和结存情况。该账户的借方登记已完工产品的实际制造成本（或企业库存的外购商品、发出展览的商品以及寄存在外的商品等的实际成本或计划成本），贷方登记已销售产品的实际制造成本，期末借方余额反映尚未售出的库存商品的实际制造成本。为了具体核算和监督各种库存商品的增减变动及库存情况，应按库存商品的品种或类别开设库存商品明细账。

"库存商品"账户的结构如下：

库存商品

验收入库商品成本的增加	库存商品成本的减少
期末余额：结存的商品成本	

三、生产业务的账务处理

生产过程既是产品的制造过程，又是资源的耗费过程。材料的耗费、人工的耗费、制造费用的耗费构成产品的制造成本。

（一）材料费用的核算

制造业企业领用各种原材料用于生产产品及相关业务就形成了材料费用。不同的部门，其材料耗费的确认与归集也不同，应根据领料凭证区分车间、部门和用途，将发出材料的成本，分别记入"生产成本""制造费用""管理费用"等账户。对于直接用于某种产品生产的材料费用，应直接记入该产品生产成本明细账中的"直接材料"账户；对于由几种产品共同耗用、应由这些产品共同负担的材料费用，应选择适当的标准在各种产品之间进行分配之后，计入各有关成本计算对象；对于为创造生产条件等需要而间接消耗的各种材料费用，应先在"制造费用"账户中进行归集，然后再同其他间接费用一起分配计入有关产品成本中。

以下举例说明材料费用归集与分配的总分类核算过程。

【例4-15】2024年12月31日，魔法杯公司仓库发来材料耗用汇总清单，材料主要用于生产不锈钢保温杯和玻璃保温杯两种产品和车间一般耗用，汇总表如表4-2所示。

表4-2　　　　　　　　　原材料耗用汇总表　　　　　　　单位：元

2024年9月30日

项目	316不锈钢	PP塑料	高硼硅玻璃	辅助材料	合计
不锈钢保温杯	23 000	10 200		1 040	34 240
玻璃保温杯	3 600	6 800	30 000	1 500	41 900
车间一般耗用	400	1 000	800	200	2 400
合计	27 000	18 000	30 800	2 740	78 540

分析：这项经济业务的发生，一方面使生产成本增加76 140元（34 240 + 41 900），记入"生产成本"账户的借方，车间一般耗费增加2 400元，记入"制造费用"账户的借方；另一方面使企业的库存材料减少78 540元（27 000 + 18 000 + 30 800 + 2 740），记入"原材料"账户的贷方。会计分录如下：

```
借：生产成本——不锈钢保温杯              34 240
            ——玻璃保温杯                41 900
    制造费用——间接材料费                 2 400
    贷：原材料——316不锈钢                      27 000
            ——PP塑料                         18 000
            ——高硼硅玻璃                      30 800
            ——辅料                            2 740
```

（二）人工费用的核算

职工薪酬是企业为获得职工提供的服务或解除劳动关系而给予的各种形式的报酬或补偿，包括短期薪酬、离职后福利、辞退福利和其他长期职工福利等。企业提供给职工配偶、子女、受赡养人、已故员工遗属及其他受益人等的福利，也属于职工薪酬。企业为职工缴纳的社会保险费和住房公积金，以及按规定提取的工会经费和职工教育经费，应当在职工为其提供服务的会计期间，根据规定的计提基础和计提比例计算确定相应的职工薪酬金额，并确认相应负债，计入当期损益或相关资产成本。

为了核算职工薪酬的发生和分配，需要设置"应付职工薪酬"账户。"应付职工薪酬"账户属于负债类账户，用来核算企业根据有关规定应付给职工的各种薪酬，包括工资、职工福利、社会保险费、住房公积金、工会经费、职工教育经费、非货币性福利、辞退福利、股份支付等。其贷方登记本月计算的应付职工薪酬，借方登记本月实际支付的职工薪酬，期末余额在贷方，反映企业应付未付的职工薪酬。该账户可按职工薪酬种类进行明细核算。

在对企业的职工薪酬进行核算时，企业会计部门要根据职工的考勤记录和产量记录，计算每位职工应得的职工薪酬，编制工资支付明细表、工资结算汇总表，进行工资发放的核算。

为便于理解，将职工薪酬的核算总结为：第一步，将工资记入"成本费用类"账户的同时，确认一笔应付未付的负债（应付职工薪酬）；第二步，实际发放工资时冲减应付职工薪酬，减少银行存款。

【例4-16】月末，计算魔法杯公司2024年12月份应付职工薪酬，其中制造不锈钢保温杯的职工工资64 000元，制造玻璃保温杯的职工工资86 000元，车间管理人员工资12 000元，公司行政管理人员工资8 000元，共计170 000元。

分析：这项经济业务的发生，一方面使薪酬费用增加170 000元，其中，生产工人工资150 000元（64 000 + 86 000）记入"生产成本"账户的借方，车间管理人员的工资12 000元记入"制造费用"账户的借方，管理人员的工资8 000元记入"管理费用"账户的借方；另一方面应付未付职工薪酬6 170 000元记入"应付职工薪酬"账户的贷方。会计分录如下：

```
借：生产成本——不锈钢保温杯          64 000
          ——玻璃保温杯            86 000
    制造费用——间接人工费           12 000
    管理费用——工资                 8 000
    贷：应付职工薪酬                          170 000
```

【例 4 - 17】月末，按照上述工资结算金额，将工资直接转入职工的工资卡。

分析：这项经济业务的发生，一方面使公司的负债减少 170 000 元，记入"应付职工薪酬"账户的借方；另一方面使公司的银行存款减少 170 000 元，记入"银行存款"账户的贷方。会计分录如下：

借：应付职工薪酬   170 000
  贷：银行存款   170 000

(三) 制造费用的归集与分配

制造费用是产品制造企业为了生产产品和提供劳务而发生的各种间接费用。其主要内容是企业的生产部门为组织和管理生产活动以及为生产活动服务而发生的费用，如车间管理人员的工资及福利费，车间生产使用的照明费、取暖费、运输费、劳动保护费等。在生产多种产品的企业里，制造费用在发生时一般无法直接判定其应归属的成本核算对象，因而不能直接计入生产的产品成本中，必须将上述费用在发生时在"制造费用"账户中予以归集、汇总，然后选用一定的标准（如生产工人工资、生产工时等），在各种产品之间进行合理的分配，以便于准确地确定各种产品应负担的制造费用额。在制造费用的归集过程中，要按照权责发生制核算基础的要求，正确地处理跨期间的各种费用，使其分摊于应归属的会计期间。

制造费用包括的具体内容又可以分为三部分：

第一部分是间接用于产品生产的费用，如机物料消耗费用，车间生产用固定资产的折旧费、保险费，车间生产用的照明费、劳动保护费等。

第二部分是直接用于产品生产，但管理上不要求或者不便于单独核算，因而没有单独设置成本项目进行核算的某些费用，如生产工具的摊销费、设计制图费、试验费以及生产工艺用的动力费等。

第三部分是车间用于组织和管理生产的费用，如车间管理人员的工资及福利费，车间管理用的固定资产折旧费，车间管理用具的摊销费，车间管理用的水电费、办公差旅费等。

【例 4 - 18】魔法杯公司用现金 600 元购买车间的办公用品。

这项经济业务的发生，使得公司车间的办公用品费增加 600 元，同时现金减少 600 元，因此该项经济业务涉及"制造费用"和"库存现金"两个账户。其中，车间办公用品费的增加是费用的增加，应记入"制造费用"的借方，现金的减少是资产的减少，应记入"库存现金"账户的贷方。所以应编制的会计分录如下：

借：制造费用——办公费   600
  贷：库存现金   600

【例4－19】 魔法杯公司采用直线法按月计提车间用固定资产折旧 97 190 元。

分析：这项经济业务的发生，一方面使公司的折旧费用增加 97 190 元，记入"制造费用"账户的借方；另一方面使固定资产账面价值减少 97 190 元，记入"累计折旧"的贷方。会计分录如下：

借：制造费用——折旧费　　　　　　　　97 190

　　贷：累计折旧　　　　　　　　　　　　　　97 190

【例4－20】 魔法杯公司在月末将本月发生的制造费用先归集，再按生产工人工资比例分配计入不锈钢保温杯和玻璃保温杯的成本。

分析：对于这项经济业务，首先归集本月发生的制造费用额，制造费用的归集：2 400 ＋ 12 000 ＋ 600 ＋ 97 190 ＝ 112 190（元），然后按照生产工人工资比例进行分配，即：

制造费用分配率 ＝ 制造费用总额/生产工人工资总额 ＝ 112 190 ÷（64 000 ＋ 86 000）≈ 0.72

不锈钢保温杯负担的制造费用额 ＝ 64 000 × 0.72 ＝ 46 080（元）

玻璃保温杯负担的制造费用额 ＝ 112 190 － 46 080 ＝ 66 110（元）

将分配的结果计入产品成本时，一方面使产品生产费用增加 112 190 元，另一方面使制造费用减少 112 190 元，因此该项经济业务涉及"生产成本"和"制造费用"两个账户。产品生产费用的增加作为间接费用应记入"生产成本"账户的借方，制造费用的减少是费用的结转，应记入"制造费用"账户的贷方。所以这项经济业务应编制的会计分录如下：

借：生产成本——不锈钢保温杯　　　　　46 080

　　　　　　——玻璃保温杯　　　　　　66 110

　　贷：制造费用　　　　　　　　　　　　112 190

（四）完工产品生产成本的计算与结转

在将制造费用分配由各种产品成本负担之后，"生产成本"账户的借方归集了各种产品所发生的直接材料、直接工资、其他直接支出和制造费用的全部内容。在此基础上就可以进行产品成本的计算了。成本计算是会计核算的主要内容之一。产品制造完成并检验合格后，完工产品应从生产车间转运至产成品仓库。仓库在办理产品入库时需填制产成品入库单，其中一联交给财务部门作为入账凭证。财务部门在进行生产产品成本计算的同时，要编制一笔结转已完工产品成本的分录。

需要注意，"生产成本"账户归集的生产费用不一定是当期完工入库的产品成本。如果月末某种产品全部完工，该种产品成本明细账所归集的费用总额，就是该种完工产品的总成本；如果月末某种产品全部未完工，该种产品生产成本明细账所归集的费用总额就是该种产品在产品的总成本；如果月末某种产品一部分完工，一部分未完工，这时归集在产品成本明细账中的费用总额还要采取适当的分配方法在完工产品和在产品之间进行分配，然后才能计算出完工产品的总成本和单位成本。其具体的分配方式较为复杂，以后将在《成本会计》课程中介绍。完工产品成本的简单计算公式为：

$$\text{完工产品生产成本} = \text{期初在产品成本} + \text{本期发生的生产费用} - \text{期末在产品成本}$$

下面举例说明完工入库产品生产成本的核算：

【例4–21】结转魔法杯公司已完工保温杯的生产成本。假设本期生产的保温杯已全部完工入库，魔法杯公司生产完成不锈钢保温杯2 255只，生产成本为144 320元；玻璃保温杯6 467只，生产成本为194 010元。产品生产成本计算见表4–3。

表4–3　　　　　　　　　产品生产成本计算　　　　　金额单位：元

项目	生产成本		合计
	不锈钢保温杯	玻璃保温杯	
材料费用	34 240	41 900	76 140
人工成本	64 000	86 000	150 000
制造费用	46 080	66 110	112 190
总成本合计	144 320	194 010	338 330
完工成本	144 320	194 010	338 330
数量（只）	2 255	6 467	8 722
单位成本（元/只）	64	30	—

分析：这是一项会计处理事项。由表4–3可见，该企业全部完工，也就意味着生产成本账户余额为0。而完工产品完工、检验合格后，结转入库成本时，一方面使公司的库存商品成本增加，其中不锈钢保温杯成本增加144 320元，玻璃保温杯成本增加194 010元；另一方面由于结转入库商品实际成本而使生产成本中减少338 330元（144 320 + 194 010），因此该项经济业务涉及"生产成本"和"库存商品"两个账户，库存商品成本的增加是资产的增加，应记入"库存商品"账户的借方，结转入库产品成本使生产成本减少，应记入"生产成本"账户的贷方，所以该笔经济业务应编制的会计分录如下：

借：库存商品——不锈钢保温杯　　　　　　　　144 320
　　　　　　　——玻璃保温杯　　　　　　　　194 010

　　贷：生产成本——不锈钢保温杯　　　　　　144 320

　　　　　　　——玻璃保温杯　　　　　　　　194 010

第五节　销售过程业务的核算

一、销售业务概述

　　销售过程是制造业企业生产经营过程的最后一个阶段，是产品价值和使用价值的实现过程。在销售过程中，企业将产品销售给购买单位取得销售收入，并代收增值税销项税额，收回货款。同时，还要确定并结转已销产品的成本，支付为销售产品而发生的各种销售费用，如包装费、运输费、广告费、销售人员工资福利、销售机构日常运营费用等。还应当按照国家税法的相关规定，计算并缴纳各种销售税费，如消费税、城市维护建设税、教育费附加等。除了销售商品等主营业务外，还可能发生一些其他业务，如销售材料、出租包装物、出租固定资产等。因此，销售业务主要涉及收入确认、货款结算、结转已售产品成本、销售费用以及相关税费的计算和缴纳。

4.10　视频：销售过程业务核算

　　1. 收入确认

　　收入确认的关键是何时确认收入。新收入准则规定当企业履行了合同中的履约义务且客户取得商品的控制权时确认收入。收入确认标准和步骤见第二章收入确认五步法二维码扩展阅读。此外，公司为了管理需要，常常将企业经营活动区分为主营业务和附属（兼营）业务，并设置"主营业务收入"和"其他业务收入"账户进行核算。

　　2. 货款结算

　　货款结算涉及销售方式，现销直接采用"库存现金"和"银行存款"账户进行核算；赊销涉及"应收账款"和"应收票据"账户；采用预收货款销售，则需要通过"预收账款"账户进行核算。

　　3. 结转已售产品成本

　　即将已出售的产品成本作为"主营业务成本"或"其他业务成本"计入当期损益，与相关的收入进行配比，以便计算出当期利润。

　　4. 相关税费的计算

　　按国家税务部门规定的税基和税率进行计算和缴纳。增值税一般纳税人按照销售货物或服务所适用的增值税税率计算增值税销项税额。

　　5. 销售费用处理

　　推广产品发生的各项支出按照实际发生的金额直接作为当期的销

售费用处理，如支付的广告费用。

二、销售业务核算设置的账户

1. "主营业务收入"账户

"主营业务收入"属于收入类账户，用来核算企业确认的销售商品、提供劳务等主营业务的收入。该账户的贷方登记企业实现的主营业务收入，即主营业务收入的增加额；借方登记期末转入"本年利润"账户的主营业务收入（按净额结转），以及发生销售退回和销售折让时应冲减的本期主营业务收入。结转后，该账户无余额。该账户应按照主营业务的种类进行明细核算。

"主营业务收入"账户的结构如下：

<table>
<tr><td colspan="2" align="center">主营业务收入</td></tr>
<tr><td>销售退回等
期末转入"本年利润"账户的净收入</td><td>实现的主营业务收入（增加）</td></tr>
</table>

2. "主营业务成本"账户

"主营业务成本"属于费用类账户，用来核算作为主营业务成本计入当期损益的已销售产品的成本。该账户的借方登记主营业务发生的实际成本，贷方登记该账户应期末转入"本年利润"账户的主营业务成本。结转后，该账户无余额。

"主营业务成本"账户的结构如下：

<table>
<tr><td colspan="2" align="center">主营业务成本</td></tr>
<tr><td>发生的主营业务成本</td><td>期末转入"本年利润"账户的主营业务成本</td></tr>
</table>

3. "其他业务收入"账户

"其他业务收入"是收入类账户，用来核算企业确认的除主营业务活动以外的其他经营活动实现的收入，包括出租固定资产、出租无形资产、出租包装物和商品、销售材料等所取得的收入。该账户的贷方登记企业实现的其他业务收入，即其他业务收入的增加额；借方登记期末转入"本年利润"账户的其他业务收入。结转后，该账户无余额。该账户应按其他业务的种类进行明细核算。

"其他业务收入"账户的结构如下：

其他业务收入

期末转入"本年利润"账户的其他业务收入	其他业务收入的实现（增加）

4. "其他业务成本"账户

"其他业务成本"属于费用类账户，用来核算企业确认的除主营业务活动以外的其他经营活动所发生的支出，包括销售材料的成本、出租固定资产的折旧额、出租无形资产的摊销额、出租包装物的成本或摊销额等。该账户的借方登记其他业务的支出额，贷方登记期末转入"本年利润"账户的其他业务支出额。结转后，该账户无余额。该账户应按其他业务支出的种类进行明细核算。值得注意的是，在规模比较小的单位，可以不区分主营业务和其他业务，直接用"营业收入"和"营业成本"加以核算。

"其他业务成本"账户的结构如下：

其他业务成本

其他业务成本的发生（增加）	期末转入"本年利润"账户的其他业务成本

5. "应收账款"账户

"应收账款"属于资产类账户，用来核算企业因赊销商品、提供劳务等经营活动应收取的款项。该账户的借方登记企业发生的应收账款，贷方登记收回的或者注销的应收账款。该账户期末借方余额，反映企业尚未收回的应收账款。该账户应按债务人进行明细核算。

"应收账款"账户的结构如下：

应收账款

发生的应收账款（增加）	收回的应收账款（减少）
期末余额：应收未收款	期末余额：预收款

6. "应收票据"账户

"应收票据"属于资产类账户，用来核算企业因赊销商品、提供劳务等而收到的商业汇票（包括银行承兑汇票和商业承兑汇票）。该账户的借方登记企业收到的应收票据，贷方登记应收票据的收回或转让。期末余额在借方，反映企业持有的尚未到期的商业汇票金额。该账户应按债务人（开出或承兑商业汇票的单位）进行明细核算。

企业应当设置"应收票据备查簿"，逐笔登记商业汇票的种类、号数和出票日、票面金额、交易合同号，付款人、承兑人、背书人的姓名或单位名称，到期日、背书转让日、贴现日、贴现率和贴现净额以及收款日和收回金额、退票情况等资料。商业汇票到期结清票款或退票后，在备查簿中应予以注销。

"应收票据"账户的结构如下：

应收票据

本期收到的商业汇票（增加）	到期（或提前贴现）票据（减少）
期末余额：尚未收回的票据应收款	

7. "预收账款"账户

"预收账款"属于负债类账户，用来核算企业按照合同规定预先收取，但尚未交付商品或劳务的款项。该账户的贷方登记已向购货单位预收的款项，借方登记已交付商品或劳务后转为收入的预收的款项。期末余额在贷方，反映企业预收的款项。该账户应按购货单位进行明细核算。

"预收账款"账户的结构如下：

预收账款

预收货款的减少	预收货款的增加
期末余额：购货单位应补付的款项	期末余额：预收款的结余

8. "销售费用"账户

"销售费用"属于费用类账户，用来核算企业发生的各项销售费用。该账户的借方登记期末发生的各项销售费用，贷方登记期末转出的本期销售费用发生额总额。期末结转后，该账户无余额。该账户可按费用项目进行明细核算。

"销售费用"账户的结构如下：

销售费用

发生的销售费用	期末转入"本年利润"账户的销售费用额

9. "税金及附加"账户

"税金及附加"属于费用类账户，用来核算企业经营活动发生的消费税、城市维护建设税、资源税和教育费附加、房产税、车船税、土地使用税和印花税等相关税费。该账户的借方登记各种税金及附加的增加，贷方登记期末转出的本期税金及附加发生额总额。期末结转后，该账户无余额。

税金及附加	
按照计税依据计算出的消费税、城建税及教育费附加等	期末转入"本年利润"账户的税金及附加额

三、销售业务的账务处理

1. 主营业务收入与主营业务成本的核算

【例4-22】魔法杯公司销售不锈钢保温杯2 000只给培华公司，单位售价120元，合计240 000元，增值税销项税额为31 200元。收回200 000元货款已存入银行账户，剩余71 200元尚未收到。

分析：这是一笔部分现销、部分赊销的业务。产品销售是公司的主营业务。这项经济业务的发生，一方面使公司的产品实现了销售，使银行存款增加200 000元，记入"银行存款"账户的借方，应收未收的账款增加71 200元，记入"应收账款"账户的借方；另一方面使公司的收入增加240 000元，记入"主营业务收入"的贷方，销项税额增加31 200元，记入"应交税费——应交增值税（销项税额）"账户的贷方。会计分录如下：

借：银行存款　　　　　　　　　　　　　　200 000
　　应收账款——培华公司　　　　　　　　 71 200
　　　贷：主营业务收入——不锈钢保温杯　　240 000
　　　　　应交税费——应交增值税（销项税）　31 200

【例4-23】魔法杯公司将玻璃保温杯5 000只销售给凡艺公司，每只单位售价70元，货款合计350 000元，增值税销项税额为45 500元。公司收到星艺公司签发的一张不带息银行承兑汇票，面值395 500元。

分析：由于收到的是商业汇票，因此这也是一项赊销业务，这项经济业务的发生，一方面使公司应收票据增加395 500元，记入"应收票据——凡艺公司"账户的借方；另一方面使公司的收入增加350 000元，记入"主营业务收入——玻璃保温杯"的贷方，增值税销项税额增加45 500元，记入"应交税费——应交增值税（销项税额）"账户的贷方。会计分录如下：

借：应收票据——凡艺公司　　　　　　　　395 500
　　　贷：主营业务收入——玻璃保温杯　　　350 000
　　　　　应交税费——应交增值税（销项税额）　45 500

【例4-24】魔法杯公司预收培华公司货款30 000元，存入银行。

分析：这项经济业务的发生，一方面使银行存款增加30 000元，记入"银行存款"账户的借方；另一方面使公司承担了在约定时间交付商品的义务，形成企业的一项负债30 000元，记入"预收账款——培华公司"账户的贷方。会计分录如下：

借：银行存款　　　　　　　　　　　　　　30 000
　　贷：预收账款——培华公司　　　　　　　　　30 000

【例4-25】魔法杯公司向培华公司交付玻璃保温杯1 000套，单价70元，货款70 000元，增值税销项税额为9 100元，共计79 100元。扣除预收款项30 000元外，收回余款49 100元。

分析：这项经济业务的发生，一方面使银行存款增加49 100元，记入"银行存款"账户的借方，使预收货款减少了30 000元，记入"预收账款"账户的借方；另一方面使收入增加70 000元，记入"主营业务收入——玻璃保温杯"账户的贷方，销项税额增加9 100元，记入"应交税费——应交增值税（销项税额）"账户的贷方。会计分录如下：

借：银行存款　　　　　　　　　　　　　　49 100
　　预收账款　　　　　　　　　　　　　　30 000
　　贷：主营业务收入——玻璃保温杯　　　　　70 000
　　　　应交税费——应交增值税（销项税额）　　9 100

【例4-26】结转已售不锈钢保温杯2 000套的成本128 000元（2 000×64），玻璃保温杯6 000套的成本180 000元（6 000×30）。

分析：这是一项会计处理事项，公司出售产品后，在减少库存商品的同时，需要将已售出商品的成本结转至主营业务成本，与收入进行配比，以便进行利润计算。这项会计处理事项的发生，一方面使产品销售成本增加308 000元，记入"主营业务成本"账户的借方；另一方面使"库存商品"减少308 000元，记入"库存商品"账户的贷方。会计分录如下：

借：主营业务成本——不锈钢保温杯　　　128 000
　　　　　　　　　——玻璃保温杯　　　180 000
　　贷：库存商品——不锈钢保温杯　　　　　128 000
　　　　　　　　　——玻璃保温杯　　　　　180 000

2. 其他业务收入与其他业务成本的核算

企业在经营过程中，除了要发生主营业务之外，还会发生一些非经常性的、具有兼营性的其他业务。如销售材料、出租包装物、出租固定资产、出租无形资产、出租商品、用材林进行非货币性资产交换或债务重组等活动。对于不同的企业而言，主营业务和其他业务的内容划分并不是绝对的，一个企业的主营业务可能是另一个企业的其他业务，即便在一个企业里，不同期间的主营业务和其他业务的内容也不是固定不变的。其他业务收入和支出的确认原则和计量方法与主营业务基本相同，但相对而言，没有主营业务的要求严格。

实践中，一般将其他业务所取得的收入记入"其他业务收入"账户进行核算，其销售成本用"其他业务成本"账户核算。

【例 4 - 27】魔法杯公司将其购入的部分 PP 塑料转让给合作工厂，不含增值税的售价为 8 000 元，增值税销项税额为 1 040 元，转让收到的 9 040 元已存入银行账户。

分析：转售材料属于其他业务。这项经济业务的发生，一方面使该公司的银行存款增加 9 040 元，记入"银行存款"账户的借方；另一方面使该公司的其他业务收入增加 8 000 元，记入"其他业务收入"账户的贷方，销项税额增加 1 040 元，记入"应交税费——应交增值税（销项税额）"账户的贷方。会计分录如下：

借：银行存款　　　　　　　　　　　　9 040
　　贷：其他业务收入　　　　　　　　　　8 000
　　　　应交税费——应交增值税（销项税额）　1 040

【例 4 - 28】结转已售 PP 塑料的实际成本 5 590 元。

分析：这项结转事项的发生，一方面使该公司的其他业务成本增加 5 590 元，记入"其他业务成本"账户的借方；另一方面使该公司的 PP 塑料减少 5 590 元，记入"原材料"账户的贷方。会计分录如下：

借：其他业务成本　　　　　　　　　　5 590
　　贷：原材料——PP 塑料　　　　　　　5 590

3. 销售费用的核算

销售费用是指企业为了销售商品、推广其所提供的劳务所发生的各种费用。包括保险费、包装费、展览费和广告费、商品维修费、预计产品质量保证损失、运输费、装卸费等以及为销售本企业商品而专设的销售机构（含销售网点、售后服务网点等）的职工薪酬、业务费、折旧费等经营费用。

【例 4 - 29】魔法杯公司开出银行转账支票支付平台推广广告费 8 000 元（暂不考虑增值税）。

分析：广告费属于产品推销费用。这项经济业务的发生，一方面使该公司的广告费用增加 8 000 元，记入"销售费用"账户的借方；另一方面使该公司的银行存款减少 8 000 元，记入"银行存款"账户的贷方。会计分录如下：

借：销售费用——广告费　　　　　　　8 000
　　贷：银行存款　　　　　　　　　　　8 000

4. 税金及附加的核算

税金及附加是指企业经营活动发生的消费税、城市维护建设税、资源税、教育费附加及房产税、土地使用税、车船税、印花税等相关税费。下面简要介绍三种传统的税金与附加。

（1）消费税。消费税是一种间接税，是只针对特定的消费品和消费行为征收的一种流转税，一般在生产环节征收，税率实行从价定率和从量定额以及从价从量复合计征三种方法，最低为3%，最高为56%。消费税是价内税，是价格的组成部分。

（2）城市维护建设税。城市维护建设税和教育费附加的缴纳义务人是缴纳增值税、消费税的单位和个人。计税依据均为企业缴纳的增值税、消费税的合计数。城市维护建设税按纳税人所在地的不同，税率分别为7%（市区）、3%（县城、建制镇）和1%（其他）。

（3）教育费附加。教育费附加的征收比率为3%。

【例4-30】 假设魔法杯公司2×24年需要承担的城建税约为2 844元，教育费附加为1 219元。

分析：这项经济业务的发生，一方面使公司税金及附加增加14 200元，记入"税金及附加"账户的借方；另一方面使应交税费增加14 200元，分别记入"应交税费——应交教育费附加"以及"应交税费——应交城建税"账户的贷方。会计分录如下：

借：税金及附加　　　　　　　　　　　　　　4 063
　　贷：应交税费——应交教育费附加　　　　　　1 219
　　　　　　　　——应交城建税　　　　　　　　2 844

第六节　财务成果形成与分配业务的核算

一、利润形成与分配概述

经营成果是企业在一定期间所实现的利润或者亏损总额，是企业经营效果的综合反映。由于利润是一个综合指标，它综合了企业在经营过程中的所费与所得，因而对于利润的确认与计量，是以企业生产经营活动过程中所实现的收入和发生的费用的确认与计量为基础的，同时还要包括通过投资活动而获得的投资收益，以及与生产经营活动没有直接关系的营业外收支等。按照我国会计准则及会计制度的规定，制造业企业的利润一般包括营业利润和营业外收支等内容。在《基础会计》学习中，我们可以将利润的形成过程简化分步表示如下：

（1）营业毛利＝营业收入－营业成本。

（2）营业利润＝营业毛利－税金及附加－销售费用－管理费用－财务费用。

（3）利润总额（税前利润）＝营业利润＋营业外收入－营业外

支出。

（4）净利润（税后利润）＝利润总额－所得税费用。

其中，所得税费用＝利润总额（税前利润）×所得税税率。

利润实现以后，根据《中华人民共和国公司法》和公司董事会的决议（经股东大会通过）进行利润分配。一部分以利润的形式分配给投资者，作为投资者的收益；一部分以盈余公积的形式留在企业，作为企业扩大生产经营规模的资金；一部分以未分配利润的形式保留在账目上，作为增强企业抵御风险能力的资金。

二、利润形成和分配业务核算设置的账户

1. "本年利润"账户

为了核算企业一定时期内财务成果的具体形成情况，在会计上需要设置"本年利润"账户。该账户的性质是所有者权益类，属于一个暂时性的计算损益的账户，用来核算企业一定时期内净利润的形成或亏损的发生情况。期末，将各种收入类账户的贷方发生额从其借方转入"本年利润"账户的贷方；将各种费用类账户的借方发生额从其贷方转入"本年利润"账户的借方；将本期转入的收入类和费用类账户的发生额进行比较，若为贷方余额，表示本期实现的利润；若为借方余额，表示本期发生的亏损。年度终了，将"本年利润"账户的贷方余额或借方余额全部转入"利润分配——未分配利润"账户，结转后"本年利润"账户期末余额为零。

"本年利润"账户的结构如下：

本年利润

期末转入的各项费用：	期末转入的各项收入
主营业务成本	主营业务收入
税金及附加	其他业务收入
其他业务成本	投资净收益
管理费用	营业外收入
财务费用	
销售费用	
投资净损失	
营业外支出	
所得税费用	
期末余额：累计亏损	期末余额：累计净利润

2. "所得税费用"账户

所得税费用是企业按照国家税法的有关规定，对企业某一经营年度实现的经营所得和其他所得，按照规定的所得税税率计算缴纳的一种税款。

为了核算所得税费用的发生情况，在会计上需要设置"所得税费用"账户。该账户的性质是损益类，用来核算企业按照有关规定应在当期损益中扣除的所得税费用的计算及其结转情况。企业所得税税率通常为25%。其借方登记按照应纳税所得额计算出的所得税费用额，贷方登记期末转入"本年利润"账户的所得税费用额。经过结转之后，该账户期末没有余额。

"所得税费用"账户的结构如下：

所得税费用	
计算出的所得税费用额	期末转入"本年利润"账户的所得税费用额

3. "利润分配"账户

该账户的性质是所有者权益类，属于混合性质的账户，用来核算企业实现利润的分配情况或亏损的弥补情况。在盈利的情况下，该账户的贷方登记从"本年利润"账户借方转入的利润金额，借方登记企业提取的盈余公积和已分配的利润。在亏损的情况下，该账户的借方登记从"本年利润"账户的贷方转入的亏损金额。若是期末贷方有余额，表示企业留存的可供分配的利润金额；若是期末借方有余额，表示尚未弥补的亏损金额。

"利润分配"账户一般应设置以下几个主要的明细账户：

"盈余公积补亏""提取法定盈余公积""提取任意盈余公积""应付现金股利或利润""转作资本（或股本）的股利""未分配利润"等。

年末，应将"利润分配"账户下的其他明细账户的余额转入"未分配利润"明细账户，经过结转后，除"未分配利润"明细账户有余额外，其他各个明细账户均无余额。

"利润分配"账户的结构如下：

利润分配	
年末从"本年利润"账户转入的全年亏损 　实际分配的利润额： 　　提取法定盈余公积 　　应付现金股利 　　转作资本的股利 　　年末转入的亏损	盈余公积补亏 年末从"本年利润"账户转入的全年净利润
年内余额：已分配利润额 年末余额：未弥补亏损额	期末余额：未分配利润

4. "盈余公积"账户

该账户的性质是所有者权益类，用来核算企业从税后利润中提取的盈余公积金，包括法定盈余公积、任意盈余公积的增减变动及其结余情况。其贷方登记提取的盈余公积金，即盈余公积金的增加，借方登记实际使用的盈余公积金，即盈余公积金的减少。期末余额在贷方，表示结余的盈余公积金。"盈余公积"应设置下列明细账户："法定盈余公积""任意盈余公积"等。

"盈余公积"账户的结构如下：

盈余公积

实际使用的盈余公积金（减少）	年末提取的盈余公积金（增加）
	期末余额：结余的盈余公积金

5. "应付股利"账户

该账户的性质是负债类，用来核算企业按照股东大会或类似权力机构决议分配给投资者股利（现金股利）或利润的增减变动及其结余情况。贷方登记应付给投资人现金股利或利润的增加，借方登记实际支付给投资者的现金股利或利润，即应付股利的减少。期末余额在贷方，表示尚未支付现金股利或利润。这里需要注意的是企业分配给投资人的股票股利不在本账户核算。股份制公司的股利用"应付股利"核算，如果是非股份制公司分配利润则用"应付利润"科目核算，结构和用法与应付股利相似。

"应付股利"账户的结构如下：

应付股利（应付利润）

实际支付的利润或股利	应付未付的利润或股利
	期末余额：尚未支付的利润和股利

三、利润形成和分配的业务处理

前面主要介绍了主营业务和其他业务形成的利润，利润的形成还包括以下三个部分：（1）期间费用的核算；（2）投资收益的核算；（3）营业外收支的核算，由于投资收益涉及金融资产的内容，故在《初级财务会计学》中不再详述，将在《中级财务会计》中详细学习。

4.11 视频：财务成果形成业务

（一）期间费用的核算

期间费用的核算包括财务费用、销售费用和管理费用。财务费用和销售费用前面已有举例，现重点介绍管理费用的核算。

管理费用是指企业为组织和管理企业生产经营活动所发生的各种费用，通常包括筹建期间的开办费、董事会和行政管理部门在企业的经营管理中发生的或者应由企业统一负担的公司经费（包括行政管理部门职工薪酬、物料消耗、低值易耗品摊销、办公费和差旅费等）、工会经费、董事会费（包括董事会成员津贴、会议费和差旅费等）、聘请中介机构费、咨询费（含顾问费）、诉讼费、业务招待费、技术转让费、矿产资源补偿费、研究费用和排污费等。

企业设"管理费用"账户进行核算。"管理费用"属于损益类账户，用来核算管理费用的发生和结转情况。该账户借方登记发生的各项管理费用，贷方登记期末转入"本年利润"账户的管理费用金额。期末结转后，该账户无余额。该账户可按费用项目进行明细核算。

【例4-31】魔法杯公司以银行存款支付公司管理部门的日常办公费1 800元。

分析：这项经济业务的发生，一方面使公司的办公成本增加1 800元，记入"管理费用——办公费"账户的借方；另一方面使公司的银行存款减少1 800元，记入"银行存款"账户的贷方。会计分录如下：

借：管理费用——办公费 1 800
　　贷：银行存款 1 800

【例4-32】魔法杯公司采用直线法分摊本期无形资产的成本7 500元。

分析：这项经济业务的发生，一方面使公司承担的无形资产费用增加7 500元，记入"管理费用——推销员"账户的借方；另一方面使累计摊销增加7 500元，记入"累计摊销"账户的贷方。会计分录如下：

借：管理费用——摊销费 7 500
　　贷：累计摊销 7 500

【例4-33】魔法杯公司技术科刘爽出差预借差旅费5 000元，已用现金支付。

分析：该项经济业务的发生，一方面使公司对刘爽的应收款增加，记入"其他应收款——刘爽"账户的借方；另一方面使公司的库存现金减少，记入"库存现金"的贷方。会计分录如下：

借：其他应收款——刘爽 5 000
　　贷：库存现金 5 000

【例4-34】魔法杯公司的技术科人员刘爽出差归来报销差旅费4 800元，原借款5 000元，余额已退回现金。

分析：差旅费属于企业的期间费用，在"管理费用"账户核算。这项经济业务的发生，一方面使公司的管理费用增加4 800元，记入

"管理费用——差旅费"账户的借方，库存现金增加200元（5 000 –
4 800），记入"库存现金"账户的借方；另一方面使公司的其他应收
款这项债权减少5 000元，记入"其他应收款——刘爽"账户的贷
方。所以这项经济业务应编制的会计分录如下：

　　借：管理费用——差旅费　　　　　　　　　　4 800
　　　　库存现金　　　　　　　　　　　　　　　　200
　　　　贷：其他应收款——刘爽　　　　　　　　　　5 000

　　【例4 – 35】12月31日，魔法杯公司摊销开业时已预付2年租金
中属于当年的管理部门房租费用50 000元。

　　分析：行政管理部门房租属于企业的管理费用，按照权责发生制
的核算基础，属于当期的费用才能计入费用。由于这笔费用以前付款
时已经记入"长期待摊费用"账户，长期待摊费用属于资产类科目，
因此现在摊销应冲减"长期待摊费用"记入该账户的贷方，同时当
期确认"管理费用"的增加。

　　借：管理费用——房租　　　　　　　　　　　50 000
　　　　贷：长期待摊费用　　　　　　　　　　　　　50 000

（二）营业外收入与营业外支出的核算

　　企业除了日常经营活动产生的收入以外，还有一部分是非日常活动
带来的收入。比如企业报废固定资产取得的收入、罚没收入、获得政府
补助、获得捐赠、流动资产盘盈等情形下所取得的净收入（或净损失）。
为了与日常活动带来的收入相区别，会计将其称为营业外收入。

　　有营业外收入，就会有营业外支出，当然营业外收入与营业外支
出之间不像收入与费用之间存在因果关系，换句话说，一项营业外支
出不是为了获得相应的营业外收入。

　　营业外收入与营业外支出的核算需要设置如下账户：

　　（1）"营业外收入"账户。"营业外收入"是一种损益类账户，
用于核算非日常活动产生的利得，包括变卖固定资产的利得、转让无
形资产的利得、罚没收入、捐赠利得等。该账户的贷方登记取得的营
业外收入，即营业外收入的增加额；借方登记会计期末转入"本年
利润"账户的营业外收入本期发生额总额。期末结转后，该账户无
余额。该账户应按营业外收入项目进行明细核算。

　　（2）"营业外支出"账户。"营业外支出"是损益类账户，用来
核算非日常活动发生的损失，包括报废固定资产的亏损、罚款支出、
捐赠支出、资产盘亏损失等。借方登记营业外支出的发生，即营业外
支出的增加额；贷方登记期末转入"本年利润"账户的营业外支出
本期发生额总额。期末结转后，该账户无余额。该账户应按支出项目
进行明细核算。

【例 4 - 36】 魔法杯公司收到供货单位的违约罚款 20 000 元，存入银行。

分析：罚款收入属于企业的营业外收入。这项经济业务的发生，一方面使该公司的银行存款增加 20 000 元，记入"银行存款"账户的借方；另一方面使该公司获得的违约罚款所得增加 20 000 元，记入"营业外收入——罚款所得"账户的贷方。会计分录如下：

借：银行存款   20 000

    贷：营业外收入——罚款所得   20 000

【例 4 - 37】 魔法杯公司签发银行转账支票一张，向市精准扶贫办公室捐款 10 000 元。

分析：这项经济业务的发生，一方面使该公司的捐赠扶贫支出增加 10 000 元，记入"营业外支出——捐赠支出"账户的借方；另一方面使该公司的银行存款减少 10 000 元，记入"银行存款"账户的贷方。会计分录如下：

借：营业外支出——捐赠支出   10 000

    贷：银行存款   10 000

（三）利润总额的计算和结转

企业期末计算利润时，一方面将"主营业务收入""其他业务收入""营业外收入""投资收益净额"等账户的贷方发生额合计数，从其借方转入"本年利润"账户的贷方；另一方面将"主营业务成本""其他业务成本""税金及附加""管理费用""财务费用""销售费用""营业外支出"等账户的借方发生额合计数，从其贷方转入"本年利润"账户的借方，这个过程就是会计学所称的"结转本年利润"。

1. 结转损益类账户

【例 4 - 38】 依据〖例 4 - 1〗~〖例 4 - 37〗，魔法杯公司 2×24 年各损益类账户发生额如表 4 - 4 所示。将各损益类账户发生额结转到"本年利润"账户。

表 4 - 4   损益类账户发生额   单位：元

账户名称	借方发生额	贷方发生额	账户名称	借方发生额	贷方发生额
主营业务收入		660 000	销售费用	8 000	
主营业务成本	308 000		管理费用	64 100	
税金及附加	4 063		财务费用	7 500	
其他业务收入		8 000	营业外收入		20 000
其他业务成本	5 590		营业外支出	10 000	

分析：这是一项结转事项。结转（平）损益类账户的含义是清空收入、费用类账户，使其余额为零。从收入类账户的贷方发生额的相反方向转出，即可将收入类账户余额变为零。从费用类账户的借方发生额的相反方向转出，即可将费用类账户余额变为零。其账务处理如下：

（1）结转收入类账户。

借：主营业务收入　　　　　　　　　　　660 000
　　其他业务收入　　　　　　　　　　　　8 000
　　营业外收入　　　　　　　　　　　　20 000
　　　贷：本年利润　　　　　　　　　　　　　688 000

（2）结转费用类账户。

借：本年利润　　　　　　　　　　　　407 253
　　　贷：主营业务成本　　　　　　　　　　　308 000
　　　　　其他业务成本　　　　　　　　　　　　5 590
　　　　　税金及附加　　　　　　　　　　　　　4 063
　　　　　营业外支出　　　　　　　　　　　　10 000
　　　　　管理费用　　　　　　　　　　　　　64 100
　　　　　财务费用　　　　　　　　　　　　　　7 500
　　　　　销售费用　　　　　　　　　　　　　　8 000

2. 所得税费用的核算

"所得税费用"账户是费用类账户，用来核算所得税费用的发生和结转情况。该账户的借方登记企业应计入当期损益的所得税费用；贷方登记企业期末转入"本年利润"账户的所得税费用。期末结转后，该账户无余额。所得税费用的核算比较复杂，本书采用简易方式计算所得税费用，公式为：

$$所得税 = 应纳税所得额 \times 所得税税率$$

【例 4 - 39】魔法杯公司 2024 年应纳税所得额为 280 747 元（688 000 - 407 253），适用的所得税税率为 25%。

分析：

（1）计算所得税时。

此处不考虑调整项目，假设利润总额为应纳税所得额。

所得税 = 280 747 × 25% = 70 186.75（元）

这项经济业务的发生，一方面使公司的所得税费用增加 70 186.75 元，记入"所得税费用"账户的借方；另一方面使公司的应交所得税增加 70 186.75 元，记入"应交税费——应交所得税"账户的贷方。会计分录如下：

借：所得税费用　　　　　　　　　　　70 186.75
　　　贷：应交税费——应交所得税　　　　　　70 186.75

（2）实际缴纳税款时。

这项经济业务的发生，一方面使公司的应交税费减少70 186.75元，记入"应交税费——应交所得税"账户的借方；另一方面使该公司的银行存款减少70 186.75元，记入"银行存款"账户的贷方。会计分录如下：

借：应交税费——应交所得税　　　　　　70 186.75
　　贷：银行存款　　　　　　　　　　　　　　70 186.75

（3）所得税费用的结转。

益华公司将所得税费用70 186.75元结转至"本年利润"账户。

这是一项结转事项。将所得税费用结转至本年利润，以清空所得税费用账户。这项结转事项一方面使公司的本年利润减少70 186.75元，记入"本年利润"账户的借方；另一方面使公司的所得税费用减少70 186.75元，记入"所得税费用"账户的贷方。会计分录如下：

借：本年利润　　　　　　　　　　　　　70 186.75
　　贷：所得税费用　　　　　　　　　　　　　70 186.75

3. 净利润的计算和结转

在结转所得税费用之后，如果"本年利润"账户贷方发生额合计数大于借方发生额合计数，则该差额为净利润；反之，则为净亏损。

企业设"利润分配"账户核算企业利润的分配（或亏损的弥补）情况，并反映历年分配（或弥补）后的余额。该账户属于所有者权益类账户，借方登记实际分配的利润额，包括提取的盈余公积和分配给投资者的利润，以及年末从"本年利润"账户转入的全年发生的净亏损；贷方登记用盈余公积弥补的亏损额等其他转入数，以及年末从"本年利润"账户转入的全年实现的净利润。年末，应将"利润分配"账户下的其他明细账户的余额转入"未分配利润"明细账户，结转后，除"未分配利润"明细账户可能有余额外，其他各个明细账户均无余额。

"未分配利润"明细账户的贷方余额为历年累积的未分配利润（即可供以后年度分配的利润），借方余额为历年累积的未弥补亏损（即留待以后年度弥补的亏损）。该账户应当分别"提取法定盈余公积""提取任意盈余公积""应付利润""盈余公积补亏""未分配利润"等设置明细账，进行明细分类核算。

若当年实现了净利润，则按"本年利润"账户贷方发生额与借方发生额的差额借记"本年利润"账户，贷记"利润分配——未分配利润"账户。这样就使得"本年利润"账户的借方发生额与贷方发生额相等，达到了把该账户"清空"或"结平"的目的。若为净亏损，则作相反的会计分录。

净利润结转后，"本年利润"账户无余额。

【例4-40】益华公司结转2024年度形成的净利润210 560.25元（利润总额280 747-所得税70 186.75）

分析：这是一项结转事项。结转本年净利润时，一方面使公司的本年利润减少210 560.25元，记入"本年利润"账户的借方；另一方面使公司的未分配利润增加210 560.25元，即可供分配的利润增加了，记入"利润分配——未分配利润"账户的贷方。会计分录如下：

借：本年利润　　　　　　　　　　　　210 560.25
　　贷：利润分配——未分配利润　　　　210 560.25

4. 利润分配的核算

利润分配是指企业根据国家有关规定和企业章程、投资者协议等，对企业当年可供分配利润指定其特定用途和分配给投资者的行为。

企业向投资者分配利润，应按一定的顺序进行。按照我国《会计法》的有关规定，利润分配应按下列顺序进行：

（1）计算可供分配的利润。企业在利润分配前，应根据本年净利润（或亏损）与年初未分配利润（或亏损）、其他转入的金额（如盈余公积弥补的亏损）等项目，计算可供分配的利润，即：

$$\text{可供分配的利润} = \text{净利润（或亏损）} + \text{年初未分配利润} - \text{弥补以前年度的亏损} + \text{其他转入的金额}$$

如果可供分配的利润为负数（即累计亏损），则不能进行分配；如果可供分配的利润为正数（即累计盈利），则可进行分配。

（2）提取法定盈余公积。按照《公司法》的有关规定，公司应当按照当年税后利润（抵减年初累计亏损后）的10%提取法定盈余公积，提取的法定盈余公积累计额超过注册资本50%以上的，可以不再提取。

（3）提取任意盈余公积。公司提取法定盈余公积后，经股东会或者股东大会决议，还可以从税后利润中提取任意盈余公积。

（4）向投资者分配利润（或股利）。企业可供分配的利润扣除提取的盈余公积后，形成可供投资者分配的利润，即：

可供投资者分配的利润 = 可供分配的利润 - 提取的盈余公积

企业可采用现金股利、股票股利和财产股利等形式向投资者分配利润（或股利）。企业也可以直接按当年净利润的一定比例进行利润分配。

以下承接〖例4-40〗进行举例核算：

第一，提取盈余公积的核算。

4.12 视频：财务成果的分配

企业设"盈余公积"账户核算企业从税后利润中提取的盈余公积。该账户属于所有者权益类账户，贷方登记提取的盈余公积（即盈余公积的增加额），借方登记盈余公积的减少额。期末余额在贷方，反映企业结余的盈余公积。该账户设置"法定盈余公积"和"任意盈余公积"明细账，进行明细分类核算。

企业提取法定盈余公积时，借记"利润分配——提取法定盈余公积"，贷记"盈余公积——法定盈余公积"；提取任意盈余公积，借记"利润分配——提取任意盈余公积"，贷记"盈余公积——任意盈余公积"。

【例 4 - 41】益华公司 2024 年实现税后利润 210 560.25 元，按 10% 的比例提取法定盈余公积金，按 15% 的比例提取任意盈余公积金（计算结果取整数）。

分析：这项经济业务的发生，一方面使公司可供分配的利润减少 210 560.25 × (10% + 15%) = 52 640 元，记入"利润分配——提取盈余公积"账户的借方；另一方面使公司的盈余公积增加 52 640 元，记入"盈余公积"账户的贷方。会计分录如下：

借：利润分配——提取法定盈余公积　　　　21 056
　　　　　　——提取任意盈余公积　　　　31 584
　　贷：盈余公积——法定盈余公积　　　　　　　21 056
　　　　　　——任意盈余公积　　　　　　　　　31 584

第二，向投资者分配利润的核算。

企业设"应付利润"账户，该账户属于负债类账户，核算企业分配的现金利润。该账户的贷方登记应付给投资者的利润，即应付利润的增加额；借方登记实际支付给投资者的利润，即应付利润的减少额。期末余额在贷方，反映企业应付未付的现金利润。该账户应按投资者进行明细核算。

企业根据股东会审议批准的利润分配方案，按应支付的现金股利，借记"利润分配——应付股东利润"，贷记"应付利润"。

【例 4 - 42】魔法杯公司 2024 年经股东会议决议，向股东分配现金利润 100 000 元。

分析：决议通过时，这项经济业务的发生，使公司未分配利润减少 100 000 元（即所有者权益减少 100 000 元），记入"利润分配——应付股东利润"账户的借方。会计分录如下：

借：利润分配——应付股东利润　　　　　100 000
　　贷：应付利润　　　　　　　　　　　　　　100 000

【例 4 - 43】魔法杯公司在宣告分派利润的第二天，支付上述股东利润。

分析：这项经济业务的发生，一方面使该公司的应付利润减少

100 000元，记入"应付利润"账户的借方；另一方面使该公司的银行存款减少100 000元，记入"银行存款"账户的贷方。会计分录如下：

借：应付利润　　　　　　　　　　　　　　　100 000
　　贷：银行存款　　　　　　　　　　　　　　　100 000

【例4-44】将"利润分配"除"未分配利润"以外的明细账结平，其中，计提的法定盈余公积21 056元，计提的任意盈余公积31 584元，应付股东利润100 000元。

分析：这项结转业务的发生，一方面使公司未分配利润减少，记入"利润分配——未分配利润"账户的借方；另一方面按其明细账的相反方向进行对冲，记入"利润分配——提取法定盈余公积""利润分配——提取任意盈余公积""利润分配——应付股东利润"账户的贷方。会计分录如下：

借：利润分配——未分配利润　　　　　　　152 640
　　贷：利润分配——提取法定盈余公积　　　　 21 056
　　　　——提取任意盈余公积　　　　　　　 31 584
　　　　——应付股东利润　　　　　　　　　100 000

【本 章 小 结】

本章着重探讨了借贷记账法在企业主要经济业务中的运用及核算。

制造业主要经济业务概述部分，为我们勾勒出了企业经济活动的整体轮廓，清晰地展示了企业从资金筹集开始，历经供应、生产、销售等过程，最终形成财务成果并进行分配的完整业务流程。

在资金筹集阶段，深入且细致地讲解了企业通过各种途径获取资金的核算方法。当所有者投入资本时，明确了如何根据投入资本的形式和相关规定进行准确的账务处理，以反映所有者权益的增加。对于借入资金，详细说明了不同类型借款的利息计算和账务处理方式，使我们清晰了解企业负债的形成和变化。

供应过程中，全面阐述了企业在采购原材料等物资时所面临的各种情况的核算。不仅包括原材料采购成本的精确计算，还涵盖了与供应商之间的账款结算方式，如现购、赊购以及预付款等情况的账务处理，让我们对企业在供应环节的资金流动和资产变化有了准确的把握。

生产过程无疑是核心重点之一。这部分内容广泛涵盖了直接材料、直接人工和制造费用的归集与分配方法。通过一系列严谨的计算和账务处理，清晰展示了如何将各项生产耗费合理地分配到产品中去，进而准确计算产品成本，并完成产品成本从生产成本到库存商品

的结转过程，让我们深刻理解了企业生产成本的构成和产品价值的形成机制。

销售过程的核算重点关注了销售收入的确认时点和原则，以及如何根据销售方式和结算条件进行准确的账务处理。同时，详细说明了销售成本的结转方法和销售费用的核算范围及账务处理，使我们能够全面掌握企业在销售环节的收入实现和利润贡献情况。

财务成果的形成与分配过程是企业经济活动的重要收尾环节。在这一部分，精确地展示了利润的计算方法，包括各项收入、费用的汇总和核算。对于所得税的核算，清晰阐述了应纳税所得额的计算和税务处理的账务操作。而在净利润分配方面，详细说明了提取盈余公积、向投资者分配利润等各种分配方式的账务处理规则，使我们对企业利润的最终归属和去向有了清晰的认识。

综上所述，通过对制造业企业各个环节经济业务的全面且深入的核算讲解，系统、完整且详尽地展现了借贷记账法在企业复杂经济活动中的具体应用，使我们不仅能够从理论上理解企业经济活动的财务逻辑，更能在实践中熟练运用借贷记账法进行准确的账务处理，为企业的财务管理和决策提供有力的支持。

【本章主要名词概念】

经济业务　资金筹集　利润形成与分配　借贷记账法

【复习与思考】

1. 企业在筹集资金时，会计如何进行债务和股权资金的区分？请结合社会主义市场经济的原则，讨论企业如何通过会计核算体现对投资者的责任和诚信。

2. 在供应过程中，企业如何通过会计核算来控制成本？请结合节约资源和保护环境的思政要求，探讨会计核算在促进资源节约型、环境友好型企业建设中的作用。

3. 生产过程中的成本核算对提高产品质量有何影响？请结合工匠精神，讨论会计核算如何帮助企业提升产品竞争力和市场信誉。

4. 在销售过程中，会计如何确认收入？请结合社会主义核心价值观中的"诚信"原则，讨论企业如何通过会计核算确保收入确认的准确性和公正性。

5. 企业财务成果的形成与分配过程中，会计核算如何体现社会主义的公平正义？请讨论会计信息在确保企业利润合理分配中的作用。

6. 企业在进行经济业务核算时，应遵循哪些基本会计原则？请举例说明这些原则如何在具体的经济业务中得到体现。

第五章

会 计 凭 证

【学习目标】

1. 掌握：原始凭证与记账凭证的填制与审核。

2. 理解：会计凭证的概念与作用，原始凭证与记账凭证的种类以及会计凭证的传递与保管。

3. 运用：能熟练填制与审核原始凭证与记账凭证，为下一步登记会计账簿做好准备。

4. 通过本章学习，培养学生缜密的逻辑思维、实事求是的精神以及严谨的工作态度。

【本章知识逻辑结构图】

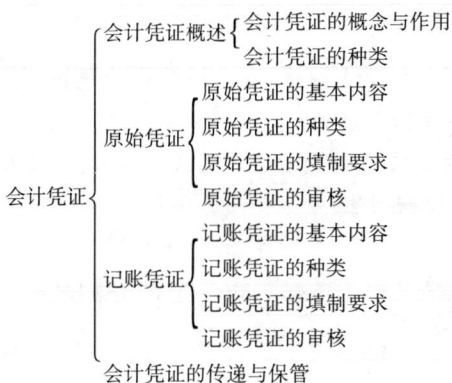

```
                    ┌ 会计凭证概述 { 会计凭证的概念与作用
                    │                会计凭证的种类
                    │              ┌ 原始凭证的基本内容
                    │              │ 原始凭证的种类
                    │   原始凭证  ┤ 原始凭证的填制要求
                    │              └ 原始凭证的审核
          会计凭证 ┤              ┌ 记账凭证的基本内容
                    │              │ 记账凭证的种类
                    │   记账凭证  ┤ 记账凭证的填制要求
                    │              └ 记账凭证的审核
                    └ 会计凭证的传递与保管
```

【引导案例】

小明的会计凭证之旅

小明大学毕业后，进入了一家名为"梦想制造"的玩具生产公司担任会计助理。

"梦想制造"公司一直以生产高品质、富有创意的玩具而在市场上颇有名气。然而，最近公司的财务状况出现了一些混乱。老板决定让小明协助资深会计李姐梳理财务流程，重点是规范会计凭证的处理。

一天，销售部门的小王急匆匆地跑来，说他们刚刚与一家大型商场达成了一笔重要的玩具销售订单。商场要求尽快发货，但需要先开具发票。小明知道，这意味着要根据销售合同和出货单来开具增值税专用发票，并制作相关的会计凭证。

没过几天，采购部门的老张拿着一堆供应商的发票和入库单来找小明，说新采购的一批原材料已经入库，需要入账并支付款项。小明仔细核对了发票、入库单和采购合同，然后填写了付款凭证。

又有一次，公司组织了一场员工技能培训，培训费用的发票和相关的报销单据交到了小明手中。他认真整理这些凭证，确保费用的归属和核算准确无误。

在月底结账的时候，小明发现有一笔上个月的水电费支出还没有入账，但是相关的缴费通知单却找不到了。他赶紧与后勤部门沟通，最终找到了通知单，及时补作了会计凭证。

经过一段时间的努力，在李姐的指导下，小明逐渐熟练掌握了会计凭证的处理，公司的财务流程也越来越规范，财务状况也变得清晰明了。老板对小明的工作非常满意，小明也在这个过程中收获了满满的成就感，更加坚定了在会计领域发展的信心。

思考：

1. 小明在处理销售发票的会计凭证时，可能会面临哪些潜在的错误或风险？

2. 对于采购部门老张拿来的原材料采购凭证，小明应该如何进一步核实其真实性和准确性？

3. 在处理员工技能培训费用的报销凭证时，小明需要重点关注哪些方面以确保合规性？

4. 当找不到上个月的水电费缴费通知单时，小明除了与后勤部门沟通，还可以采取什么措施来解决这个问题？

5. 结合整个案例，说说规范的会计凭证处理对"梦想制造"公司的重要性体现在哪些方面？

6. 如果公司决定更换会计软件来管理会计凭证，小明需要做哪些准备工作？

7. 从案例中可以看出，会计凭证的及时处理对公司的财务决策有怎样的影响？

8. 小明在处理这些会计凭证的过程中，如何保证与其他部门的有效沟通和协作？

第一节　会计凭证概述

一、会计凭证的概念与作用

（一）会计凭证的概念

会计凭证是记录经济业务事项发生或完成情况的书面证明，也是登记会计账簿的依据。合理取得、正确填制和审核会计凭证是会计核算的基本技能之一，也是会计核算工作起点。

（二）会计凭证的作用

会计凭证的作用体现为以下四个方面。

1. 提供原始资料和有用的会计信息

任何一项经济业务，有关部门和人员都要按照规定及时填制或取得会计凭证，所以会计凭证成为取得数据资料的手段。同时会计人员可以根据会计凭证，对日常大量、分散的各种经济业务，进行整理、分类、汇总，并经过会计处理，为经济管理提供真实、可靠的会计信息。

2. 监督和控制经济活动的合理性和合法性

会计凭证记录和反映了经济业务活动的发生、进程和完成情况等具体内容，通过对会计凭证的严格审核，可以检查各项经济业务是否符合有关法律、法规和制度的规定，是否符合企业业务经营、财务收支的方针和计划、预算的规定，以确保经济业务的合理、合法和有效性。

3. 提供记账依据

按照会计工作的基本要求，每一项经济业务，都要取得或填制合法的会计凭证，否则，任何一项经济业务都不能登记到账簿中去。所以说会计凭证是记账的依据，即通过会计凭证的填制、审核，为会计记账提供真实、可靠的依据，适时地记录经济业务。

4. 能够明确和加强经济责任

每一张会计凭证，都要由经济业务的经办人员签名或盖章。这就要求有关部门和有关人员对经济活动的真实性、准确性、合法性负责。一旦发生差错和纠纷，可以借助会计凭证分清经济责任，从而加强各经办单位及人员的岗位责任。另外，通过会计凭证所反映的经济业务，可以检查经管人员受托责任的完成情况，并作为考核、奖罚的依据。

二、会计凭证的种类

会计凭证按照填制程序和用途可分为原始凭证和记账凭证。

（一）原始凭证

原始凭证是指在经济业务发生或完成时取得或填制的，用以记录或证明经济业务的发生或完成情况的原始凭据。

凡是不能证明经济业务已经发生或完成的凭证文件，如派工单、购货合同、费用预算、购货申请单、银行对账单等，都不属于原始凭证，不能作为记账的原始依据。原始凭证的主要作用在于准确、及时、完整地反映经济业务的历史面貌，并据以检查有关业务的真实性、合法性和合理性。

（二）记账凭证

记账凭证，又称记账凭单，是指会计人员根据审核无误的原始凭证，按照经济业务的内容加以归类，并据以确定会计分录后所填制的会计凭证，作为登记会计账簿的直接依据。

记账凭证是介于原始凭证与账簿之间的中间环节，将原始凭证中的一般数据转化为会计语言，是登记明细分类账和总分类账户的直接依据。其主要作用在于根据原始凭证反映的经济内容进行归类整理，确定会计分录，减少记账差错，便于对账和查账，从而提高记账工作的质量和会计核算的效率，有利于正确、及时地编制财务会计报告。

会计凭证还可以按照使用介质的不同，分为纸质会计凭证和电子会计凭证。随着国家相关部门（财政、税务等）大力推进会计凭证电子化入账、报销、归档工作，尤其是电子发票与财政支付、单位财务核算系统的衔接，会计凭证电子化将是一种趋势。不管是纸质会计凭证还是电子会计凭证，其功能和作用是一样的，只是载体不同。本书按纸质会计凭证进行讲解。

5.1　原始凭证样票

第二节　原始凭证

一、原始凭证的基本内容

由于经济业务的多样性以及经营管理的要求不同，原始凭证的内容和格式也千差万别。但无论哪种原始凭证，都必须做到所记载的经济业务清晰、经济责任明确。因此，各种原始凭证都必须具备下列基本内容：

（1）原始凭证的名称和编号；

（2）填制原始凭证的日期；

（3）接受原始凭证的单位名称；

（4）经济业务内容（含数量、单价、金额等）；

（5）填制单位签章；

（6）有关人员签章。

上述基本内容应齐全完整，否则就不能成为具有法律效力的书面证明。

二、原始凭证的种类

原始凭证按照不同的标准可以划分为不同的类别。归纳起来有三种分类标准。

（一）按取得来源分类

原始凭证按取得来源可分为外来原始凭证和自制原始凭证。

1. 外来原始凭证

外来原始凭证是指在经济业务发生或完成时，从其他单位或个人取得的用以证明其支出发生的凭证，包括发票（纸质发票和电子发票）、财政票据、完税凭证、收款凭证、分割单、机票、火车票、餐费收据等。

图 5-1 为销货单位开给购货单位的普通发票，图 5-2 为销货单位开给购货单位的增值税专用发票。

5.2 增值税专用发票的联次

图 5-1 增值税普通发票票样

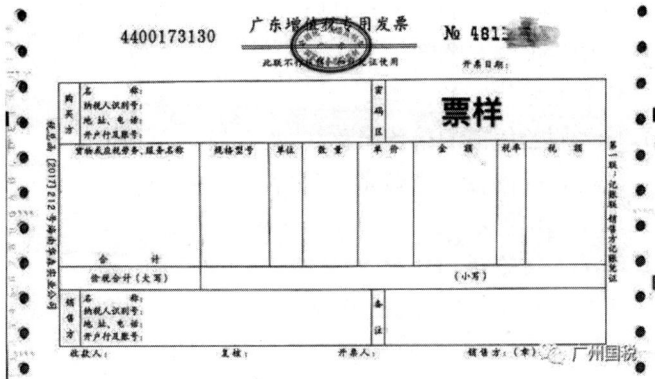

图5-2 增值税专用发票票样

2. 自制原始凭证

自制原始凭证是指由本单位有关部门和人员在执行或完成某项经济业务时，自制用于成本、费用、损失和其他收（支）核算的会计原始凭证。如仅供本单位内部使用的费用报销单（见图5-3）、差旅费报销单（见图5-4）、领料单（见图5-5）等。

图5-3 费用报销单

图5-4 差旅费报销单

领 料 单　　　　　　（领料部门留存）

领料单位：　　　　　　　　　　　　　　凭证编号：

用途：　　　　　　　　年　月　日　　　发料仓库：

材料编号	材料名称	规格	计量单位	数量		单位成本	金额	备注
				请领	实发			

发料人：　　　　　　领料单位负责人：　　　　　领料人：

图 5 - 5　领料单

（二）按照填制手续和内容分类

原始凭证按照填制手续和内容可分为一次凭证、累计凭证和汇总凭证。这主要是针对自制原始凭证而言的。

1. 一次凭证

一次凭证是指一次填制完成，只记录一笔经济业务且仅一次有效的原始凭证。如：现金收据、领料单、收料单、借款单、发票等。外来原始凭证一般都属于一次凭证。

2. 累计凭证

累计凭证是指在一定时期内多次记录发生的同类型经济业务且多次有效的原始凭证。其特点是：在一张凭证内可以连续登记相同性质的经济业务，随时结出累计数及结余数，并按照费用限额进行费用控制，期末按实际发生额记账。累计凭证是多次有效的原始凭证，主要适用于某些经常重复发生的经济业务。

限额领料单是典型的累计凭证，如图 5 - 6 所示。在有效期内（一般为一个月），只要领用数量不超过限额就可以连续使用。在实践工作中，材料的定额标准一般由单位的计划管理部门和会计部门共同确定。

3. 汇总凭证

汇总凭证是指对一定时期内反映经济业务内容相同的若干张原始凭证，按照一定标准综合填制的凭证。对于一些经常重复发生的同类型经济业务，可以编制汇总凭证，并以此作为记账的原始依据。汇总凭证合并了同类型经济业务，简化了记账工作量。常见的有发出材料汇总表（见图 5 - 7）、工资结算汇总表、差旅费报销等。

限额领料单　　　1　（领料部门）

领料部门：　　　　　　　　　　　　　　　　　　　　　　　　　　　　　　　　　　第　号：

用　途：　　　　　　　　　　　　　　年　月　日　　　　　　　　发料仓库：

材料编号	材料名称规格	计量单位	计划投产量	单位消耗定额	领用限额	实发																			
						数量	单价							金额											
							百	十	万	百	十	元	角	分	千	百	十	万	千	百	十	元	角	分

日期	领用			退料			限额结余数量
	数量	领料人	发料人	数量	退料人	收料人	

生产计划部门　　　　　　　　　供销部门　　　　　　　　　仓库

图 5 - 6　限额领料单

发 出 材 料 汇 总 表

年　月　日　　　　　　　　　　　　　　　　　　　　单位：元

领料部门\材料名称 应借科目	原材料及主要材料		辅助材料	燃料	周转材料		合计
	甲材料	乙材料					
加权平均单价							
生产成本 A 产品							
生产成本 B 产品							
生产成本 C 产品							
小 计							
制造费用 生产车间 一车间							
制造费用 生产车间 二车间							
制造费用 生产车间 三车间							
管理费用 行政部							
销售费用 销售部							
其他业务支出 出租							
合 计							

图 5 - 7　发出材料汇总表

（三）按照格式分类

原始凭证按照格式的不同可分为通用凭证和专用凭证。

1. 通用凭证

通用凭证是指由有关部门统一印制、在一定范围内使用的具有统一格式和使用方法的原始凭证。其适用范围可以是某一地区、某一行业，也可以全国通用。如由国家税务总局统一规范的发票、由中国人民银行制作的银行转账结算凭证，在全国通用，银行电汇凭证如图 5 - 8 所示。

2. 专用凭证

专用凭证是指由单位自行印制、仅在本单位内部使用的原始凭证。如：领料单、差旅费报销单、工资费用分配表等。大部分自制原始凭证属于专用凭证。

<u>　　　　　</u>银行　<u>电汇凭证</u>　（回单）

□普通 □加急	委托日期	年 月 日												
汇款人	全称		收款人	全称										
	账号			账号										
	汇出地点	省 市/县		汇入地点	省 市/县									
	汇出行名称			汇入行名称										
金额	人民币				亿	千	百	万	十	万	千	十	元	角	分
	（大写）													
		支付密码												
汇出行签章		附加信息及用途：												
		复核　　　　记账												

此联汇出行给汇款人的回单

图 5-8　银行电汇凭证

三、原始凭证的填制要求

1. 原始凭证的填制必须符合的要求

（1）记录真实；（2）内容完整；（3）手续完备；（4）书写清楚、规范；（5）连续编号；（6）不得涂改、刮擦、挖补；（7）填制及时。

2. 自制原始凭证的填制要求

不同的自制原始凭证，填制要求也有所不同。

（1）一次凭证的填制。一次凭证应在经济业务发生或完成时，由相关业务人员一次填制完成。该凭证往往只能反映一项经济业务，或者同时反映若干项同一业务。

（2）累计凭证的填制。累计凭证应在每次经济业务完成后，由相关人员在同一张凭证上重复填制完成。该凭证能在一定时期内不断重复地反映同类经济业务的完成情况。

（3）汇总凭证的填制。汇总凭证应由相关人员在汇总一定时期内反映同类经济业务的原始凭证后填制完成。该凭证只能将类型相同的经济业务进行汇总，不能汇总两类或两类以上的经济业务。

3. 外来原始凭证的填制要求

外来原始凭证应在企业与外单位发生经济业务时，由外单位的相关人员填制完成。外来原始凭证一般由税务局等业务部门统一印制，或经税务部门批准由经营单位印制，在填制时加盖出具凭证单位公章方为有效。若是电子发票，可以电子签写或打印机套打。

盖章有效是中国古老的传统文化，上至皇帝的玉玺，下到百姓的人名章，无不彰显了"中华文明的精神标识和文化精髓"。

5.3　中国的印章文化

5.4　会计凭证金额的填写注意事项

129

四、原始凭证的审核

(一) 总体审核原则

一切原始凭证在按规定程序办理签字、领导审批手续后,都要由会计人员进行审核,审核合格的才能凭以记账。对原始凭证进行审核,是确保会计资料质量的重要措施之一,也是会计机构、会计人员的重要职责。对原始凭证的审核应从以下几方面进行:

(1) 真实性审核。主要是对凭证所记载各项内容真实可靠性的审核,特别是对经济业务内容、数据、时间、双方单位的真实可靠性的审核。

(2) 合法性审核。主要审核所记载经济业务是否符合政策法规、制度(包括传递程序、签字和审批制度),以及凭证本身的合法性、合规性。

(3) 合理性审核。即经济业务是否符合计划安排和效益要求。

(4) 完整性审核。即凭证的基本内容是否齐全。

(5) 正确性审核。即书写、计算、改错是否正确。

(6) 及时性审核。主要审核凭证填制时间、传递是否及时正常,特别要注意银行结算票据的结算时效、债权凭证的法律时效。

(二) 审核原始凭证注意事项

在实际工作中,应特别注意以下细节审核问题:

从外单位取得的原始凭证,必须盖有单位的工作;从个人取得的原始凭证,必须有填制人员的签名或者盖章。自制原始凭证必须有经办单位领导或者其指定人员的签名或者盖章。对外开出的原始凭证,必须加盖本单位公章。

凡填有大写和小写金额的原始凭证,大写与小写金额必须相符。购买实物的原始凭证,必须有验收证明。支付款项的原始凭证,必须有收款单位和收款人的收款证明。

一式几联的原始凭证,应当注明各联的用途,只能以一联作为报销凭证。一式几联的发票和收据,必须用双面复写纸(发票和收据本身具备复写纸功能的除外)套写,并连续编号。作废时应当加盖"作废"戳记,连同存根一起保存,不得撕毁。

发生销货退回的,除填制退货发票外,还必须有退货验收证明;退款时,必须取得对方的收款收据或者汇款银行的凭证,不得以退货发票代替收据。

职工因公出差借款凭据,必须附在记账凭证之后。收回借款时,应当另开收据或者退还借据副本，不得退还原借款收据。

经上级有关部门批准的经济业务，应当将批准文件作为原始凭证附件。如果批准文件需要单独归档，则应当在凭证上注明批准机关名称、日期和文件字号。

（三）原始凭证审核结果处理

原始凭证的审核关系会计信息的真实可靠，又是会计监督过程的关键环节，关系社会经济的有序运行。保证审核质量是法律赋予会计人员的权利和责任。因此，会计人员必须坚持原则、坚持制度，认真审查每一项应审核内容，正确处理不合格凭证。经审核后的原始凭证，应根据以下不同情况处理：

（1）对于审核无误的原始凭证，应及时据以编制记账凭证并入账。

（2）对于不真实、不合法的原始凭证，不予受理。对弄虚作假、严重违法的原始凭证，在不予受理的同时，应当予以扣留，并及时向单位领导人报告，请求查明原因，追究当事人的责任。

第三节 记账凭证

一、记账凭证的基本内容

记账凭证作为登记账簿的依据，因其所反映经济业务的内容不同，各单位规模大小及其对会计核算繁简程度的要求不同，其格式也有所不同。但为了满足记账的基本要求，记账凭证应具备以下基本内容：

（1）记账凭证的名称和编号；

（2）记账凭证的填制日期；

（3）经济业务的内容摘要；

（4）记账符号、会计科目的名称和金额；

（5）所附原始凭证的张数；

（6）记账（过账）记号；

（7）会计主管、记账、审核、出纳、制单等有关人员的签章。

5.5 视频：记账凭证的分类、填制与审核

二、记账凭证的种类

记账凭证可按不同标准分类，按照用途可分为专用记账凭证和通

用记账凭证；按照填列方式可分为单式记账凭证和复式记账凭证。

（一）按凭证的用途分类

会计机构、会计人员要根据审核无误的原始凭证填制记账凭证。记账凭证可以使用专用记账凭证，也可以使用通用记账凭证。

1. 专用记账凭证

专用记账凭证是指分类反映经济业务的记账凭证。按其反映经济业务的内容，可分为收款凭证、付款凭证和转账凭证。

（1）收款凭证。

收款凭证是指用于记录现金和银行存款收款业务的记账凭证。一般包括库存现金收款凭证和银行存款收款凭证。收款凭证是根据有关库存现金和银行存款收入业务的原始凭证填制的，是登记库存现金和银行存款日记账以及有关明细账和总账等账簿的依据。此凭证已经在左上角锁定借方科目，在实务工作中，会计人员只需打“√”即可选定借方科目，且只需要填写应贷记的科目，如图 5－9 所示。

收　款　凭　证

借方科目:　　　　年　　月　　日　　　　字第　　号

摘　要	贷方科目		金额										记账
	总账科目	明细科目	千	百	十	万	千	百	十	元	角	分	
合计													

附单　　张

会计主管　　记账　　出纳　　审核　　制证

图 5－9　收款凭证

（2）付款凭证。

付款凭证是指用于记录现金和银行存款付款业务的记账凭证。一般包括库存现金付款凭证和银行存款付款凭证。付款凭证是根据有关库存现金和银行存款支付业务的原始凭证填制的，是登记库存现金和银行存款日记账以及有关明细账和总账等账簿的依据。此凭证已经在左上角锁定贷方科目，会计人员只需打“√”即可选定贷方科目，且只需要填写应借记的科目，如图 5－10 所示。

（3）转账凭证。

转账凭证是指不涉及现金和银行存款的记账凭证。转账凭证是根据不涉及货币资金收付活动的转账业务原始凭证填制的，是登记有关明细账和总账等账簿的依据。会计人员填写应借记和应贷记的会计科目，如图 5－11 所示。

付　款　凭　证

贷方科目：			年　月　日						字第　号					
摘　要	借方科目		金额											记账
	总账科目	明细科目	千	百	十	万	千	百	十	元	角	分		
														附单
														张
合计														
会计主管		记账	出纳		审核				制证					

图 5 – 10　付款凭证

转　账　凭　证

			年　月　日										字第　号										
摘　要	总账科目	明细科目	借方金额										贷方金额										记账
			千	百	十	万	千	百	十	元	角	分	千	百	十	万	千	百	十	元	角	分	
																							附单
																							张
合计																							
会计主管		记账	出纳		审核					制证													

图 5 – 11　转账凭证

　　为了便于识别，实际工作中，常用不同颜色对收款凭证（红色）、付款凭证（蓝色）和转账凭证（黑色）加以区分。

　　把记账凭证划分为收款凭证、付款凭证和转账凭证三种，主要适用于那些规模比较大、收付款业务较多的单位。对于规模小、业务比较简单、收付款业务较少的单位，还可以采用通用记账凭证来记录所有经济业务，不再区分收付转凭证。

　　2. 通用记账凭证

　　通用记账凭证是指用来反映所有经济业务的记账凭证，为各类经济业务所共同使用，其格式与转账凭证相同，会计人员填写应借和应贷的会计科目，如图 5 – 12 所示。

（二）按填制方法的不同分类

　　记账凭证按其填制方法的不同，可以分为单式记账凭证和复式记账凭证。

记 账 凭 证																				
			年 月 日											字第 号						
摘 要	总账科目	明细科目	借方金额								贷方金额									记账
			千	百	十	万	千	百	十	元	角	分	千	百	十	万	千	百	十	元	角	分	
																				附 单 张
合计																				
会计主管	记账	出纳	审核				制证													

图 5 - 12　通用记账凭证

1. 单式记账凭证

单式记账凭证是指每一张记账凭证只填列经济业务事项所涉及的一个会计科目及其金额的记账凭证，填列借方科目的称为借项记账凭证，填列贷方科目的称为贷项记账凭证，如图 5 - 13 所示。这种单式记账凭证反映的内容单一，便于分工记账，便于汇总每个科目的发生额，但填制工作量大，不能在一张凭证上反映出经济业务的全貌，不便于检验会计分录的正确性，实际工作中应用较少。

单式记账凭证（借项记账凭证）

2006 年 2 月 15 日　　　凭证编号 $9\frac{1}{3}$ 号

摘　　　要	总账科目	明细科目	账页	金　额	附 件 1 张
购甲材料	物资采购	甲材料		1 000	
对应总账科目：银行存款					

图 5 - 13　单式记账凭证列示

2. 复式记账凭证

复式记账凭证是将每一笔经济业务所涉及的全部科目及其发生额均在同一张记账凭证中反映的一种凭证。实际工作中应用最普遍的就是复式记账凭证。上述收款凭证、付款凭证和转账凭证以及通用记账凭证均为复式记账凭证。复式记账凭证能全面反映账户之间的对应关系，可以减少所填凭证的梳理，有利于检查会计分录的正确性，但不便于汇总每一个科目的发生额。

三、记账凭证的填制要求

（一）记账凭证填制的总体要求

记账凭证根据审核无误的原始凭证或原始凭证汇总表填制。记账凭证填制正确与否，直接影响整个会计系统最终提供信息的质量。与原始凭证的填制相同，记账凭证也有记录真实、内容完整、手续齐全、填制及时等要求。

（二）"收、付、转"记账凭证的填制要求

1. 收款凭证的填制要求

收款凭证左上角的"借方科目"按收款的方式填写"库存现金"或"银行存款"；日期填写的是填制本凭证的日期；右上角填写填制收款凭证的顺序号；"摘要"填写对所记录的经济业务的简要说明；"贷方科目"填写与收入"库存现金"或"银行存款"相对应的会计科目；"记账"是指该凭证已登记账簿的标记，防止经济业务重记或漏记；"金额"是指该项经济业务的发生额；该凭证右边"附件×张"是指本记账凭证所附原始凭证的张数；凭证下方分别由有关人员签章，以明确经济责任。如图 5 - 14 所示。

收 款 凭 证

借方科目：银行存款	2024 年 10 月 18 日							银收字第 001 号					
摘 要	贷方科目		金额										记账
	总账科目	明细科目	千	百	十	万	千	百	十	元	角	分	
收到A公司投入资本	实收资本	A公司		1	0	0	0	0	0	0	0	0	
合计			￥	1	0	0	0	0	0	0	0	0	
会计主管	记账	出纳	审核							制证：张三			

附单 1 张

图 5 - 14　收款凭证的填列

2. 付款凭证的填制要求

付款凭证是根据审核无误的有关库存现金和银行存款的付款业务的原始凭证填制的。付款凭证的填制方法与收款凭证基本相同，不同的是在付款凭证的左上角应填列贷方科目，即"库存现金"或"银行存款"科目，"借方科目"栏应填写与"库存现金"或"银行存款"相对应的一级科目和明细科目。

对于涉及"库存现金"和"银行存款"之间的相互划转业务，为了避免重复记账，一般只填制付款凭证，不再填制收款凭证。出纳人员在办理收款或付款业务后，应在原始凭证上加盖"收讫"或"付讫"的戳记，以免重收重付。

3. 转账凭证的填制要求

转账凭证通常是根据有关转账业务的原始凭证填制的。转账凭证中"总账科目"和"明细科目"栏填写应借、应贷的总账科目和明细科目，借方科目应记金额在同一行的"借方金额"栏填列，贷方

科目应记金额在同一行的"贷方金额"栏填列,"借方金额"栏合计数与"贷方金额"栏合计数应相等。

此外,某些既涉及收款业务,又涉及转账业务的综合性业务,可分开填制不同类型的记账凭证。如图 5 – 15 所示。

转 账 凭 证

2024 年 9 月 30 日 　　　　　转字第 39 号

摘要	总账科目	明细科目	借方金额 千百十万千百十元角分	贷方金额 千百十万千百十元角分	记账	附单
完工产品入库	库存商品	A产品	2 3 0 0 0 0 0 0			附单
		B产品	6 0 0 0 0 0 0			
	生产成本	A产品		2 3 0 0 0 0 0 0		1
		B产品		6 0 0 0 0 0 0		张
合计			¥ 2 9 0 0 0 0 0 0	¥ 2 9 0 0 0 0 0 0		
会计主管　　记账　　出纳　　审核				制证:张三		

图 5 – 15 转账凭证的填列

(三)记账凭证的填制要求细则

《会计基础工作规范》规定了记账凭证填制的基本要求。

填制记账凭证时,应当对记账凭证进行连续编号。一笔经济业务需要填制两张以上记账凭证的,可以采用分数编号法编号。例如,第 5 笔业务需要编制 3 张凭证,可依次编号为 5/1,5/2 和 5/3,分数前的"5"表示业务序号为第 5 笔业务,分母表示该笔业务需要编制 3 张记账凭证,分子"1""2""3"分别代表 3 张凭证中的第 1 张记账凭证、第 2 张记账凭证和第 3 张记账凭证。

记账凭证可以根据每一张原始凭证填制,或者根据若干张同类原始凭证汇总填制,也可以根据原始凭证汇总表填制,但不得将不同内容和类别的原始凭证汇总填制在一张记账凭证上。

除结账和更正错误的记账凭证可以不附原始凭证外,其他记账凭证必须附有原始凭证。如果一张原始凭证涉及几张记账凭证,可以把原始凭证附在一张主要的记账凭证后面,并在其他记账凭证上注明附有该原始凭证的记账凭证的编号或者附原始凭证复印件。

一张原始凭证所列支出需要几个单位共同负担的,应当将其他单位负担的部分,开给对方原始凭证分割单进行结算。原始凭证分割单必须具备原始凭证的基本内容:凭证名称、填制凭证日期、填制凭证单位名称或者填制人姓名、经办人的签名或者盖章、接受凭证单位名称、经济业务内容、数量、单价、金额和费用分摊情况等。原始凭证分割单如图 5 – 16 所示。

记账凭证填制完经济业务事项后,如有空行,应当自金额栏最后一笔金额数字下的空行处至合计数上的空行处划线注销。付款凭证如图 5 – 17 所示。

原始凭证分割单					
凭证名称	填制日期	填制单位	业务内容		金额
分割票据单位				分摊的费用	
受票单位			分割票据单位盖章		
经办人			经办人		
备注					

图 5－16　原始凭证分割单

1

付款凭证　　付字第 1 号

贷方科目：银行存款　　2010 年 12 月 1 日　　附件 4 张

对方单位	摘要	借方科目		金额	记账符号
		总账科目	明细科目		
宇光公司	采购A材料	材料采购	A材料	400 000.00	
		应交税费	增值税（进项）	66 810.00	
银行结算方式票号：			合计	466 810.00	

会计主管：赵红　记账：李江　稽核：钱华　出纳：孙丽　制证：张凯

2

图 5－17　付款凭证填写示例

四、记账凭证的审核

为了保证会计信息的质量，在记账之前应由有关稽核人员对记账凭证进行严格审核（见图 5－18）。

审核的内容主要包括：

（1）真实性审核。审核记账凭证是否附有原始凭证，原始凭证是否齐全，记账凭证摘要与原始凭证是否相符；发票是否为本年度的，发票抬头是否符合要求。

（2）技术性审核。审核会计科目名称是否规范，科目级次是否完整，借贷方向是否正确，账户对应关系是否反映经济业务的来龙去脉，金额是否准确，书写是否正确。如图 5－18 所示。

（3）完整性审核。审核记账凭证中规定项目是否填列齐全，相关人员是否已签名或盖章。

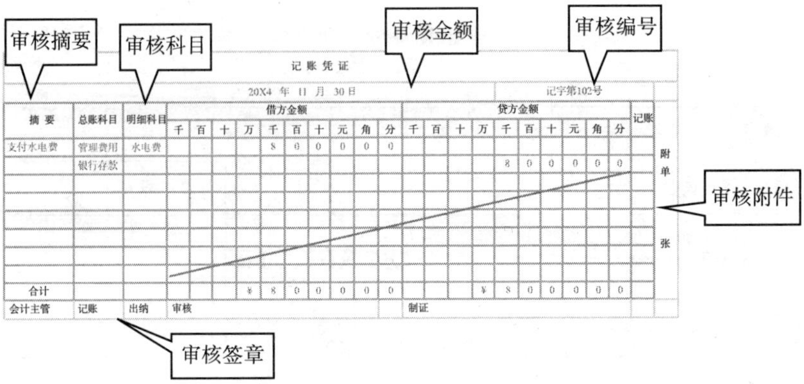

图 5 – 18　记账凭证的审核

第四节　会计凭证的传递与保管

一、会计凭证的传递

会计凭证的传递是指从会计凭证的取得或填制时起至归档保管过程中，在单位内部有关部门和人员之间的传送程序。会计凭证的传递应当满足内部控制制度的要求，使传递程序合理有效，确保会计凭证的安全和完整。在各个环节都应指定专人办理交接手续，做到责任分明，手续完备、严密，同时尽量节约传递时间，减少传递的工作量。各单位应根据具体情况确定每一种会计凭证的传递程序和方法。

会计凭证的传递具体包括传递程序和传递时间。各单位应根据经济业务特点、内部机构设置、人员分工和管理要求，具体规定各种凭证的传递程序，恰当地规定各种会计凭证的联数和所流经的必要环节，做到既能让有关部门和人员利用凭证了解或处理经济业务情况，又可以避免不必要环节，确定凭证的传递时间，防止不必要的时间耽搁，及时提供会计信息。

二、会计凭证的保管

会计凭证的保管是指会计凭证记账后的整理、装订、归档和存查工作。会计凭证作为记账的依据，是重要的会计档案和经济资料。任何单位在完成经济业务手续和记账后，必须将会计凭证按规定立卷归档，形成会计档案资料，妥善保管，以便日后随时查阅。

会计凭证保管的要求如下:

(1) 会计凭证应定期装订成册,防止散失。会计部门在依据会计凭证记账后,应定期(每天、每旬或每月)对各种会计凭证进行分类整理,将各种记账凭证按照编号顺序,连同所附的原始凭证一起加具封面和封底,装订成册,并在装订线上加贴封签,由装订人员在装订线封签处签名或盖章。

从外单位取得的原始凭证遗失时,应取得原签发单位盖有公章的证明,并注明原始凭证的号码、金额、内容等,由经办单位会计机构负责人(会计主管人员)和单位负责人批准后,才能代作原始凭证。若确实无法取得证明的,如车票丢失,则应由当事人写明详细情况,由经办单位会计机构负责人(会计主管人员)和单位负责人批准后,代作原始凭证。

(2) 会计凭证封面应注明单位名称、凭证种类、凭证张数、起止号数、年度、月份、会计主管人员和装订人员等有关事项,会计主管人员和保管人员应在封面上签章。

(3) 会计凭证应加贴封条,防止抽换凭证。原始凭证不得外借,其他单位如有特殊原因确实需要使用时,经本单位会计机构负责人、会计主管人员批准,可以复制。向外单位提供的原始凭证复制件,应在专设的登记簿上登记,并由提供人员和收取人员共同签名、盖章。

(4) 原始凭证较多时,可单独装订,但应在凭证封面注明所属记账凭证的日期、编号和种类,同时在所属的记账凭证上注明"附件另订"及原始凭证的名称和编号,以便查阅。

对各种重要的原始凭证,如押金收据、提货单等,以及各种需要随时查阅和退回的单据,应另编目录,单独保管,并在有关的记账凭证和原始凭证上分别注明日期和编号。

(5) 每年装订成册的会计凭证,在年度终了时可暂由单位会计机构保管一年,期满后应当移交本单位档案机构统一保管;未设立档案机构的,应在会计机构内部指定专人保管。出纳人员不得兼管会计档案。

(6) 严格遵守会计凭证的保管期限要求,期满前不得任意销毁。

【本 章 小 结】

本章全面且深入地探讨了会计凭证相关的内容。

在会计凭证概述部分,清晰地阐述了会计凭证的定义,强调其作为记录经济业务、明确经济责任的书面证明,在会计核算中具有不可或缺的作用。它不仅是记账的依据,还能起到监督经济活动、加强经济责任制的重要作用。同时,详细介绍了会计凭证按照填制程序和用途的不同,分为原始凭证和记账凭证两大类,让我们对会计凭证的整体框架有了清晰的认知。

原始凭证环节，深入剖析了原始凭证的概念，明确其是在经济业务发生或完成时取得或填制的。对于原始凭证的种类，如按来源分为自制原始凭证和外来原始凭证，按填制手续和内容分为一次凭证、累计凭证和汇总凭证等，进行了详细的分类讲解。在基本内容方面，涵盖了原始凭证应具备的各项要素，如凭证的名称、填制日期、填制单位、接受单位、经济业务内容等。在填制要求上，着重强调了原始凭证的填制必须真实可靠、内容完整、书写规范、手续完备、编号连续等，以确保原始凭证能够真实、准确地反映经济业务的实际情况。

记账凭证部分，详细阐述了记账凭证的概念，即根据审核无误的原始凭证进行编制，用于确定会计分录。在种类方面，介绍了收款凭证、付款凭证和转账凭证等不同类型，以及通用记账凭证的应用。对于记账凭证的内容，包括记账凭证的日期、凭证编号、经济业务摘要、会计科目、金额、所附原始凭证张数、填制人员签名等进行了逐一说明。在填制方法上，强调了记账凭证的填制必须依据审核无误的原始凭证，会计科目使用正确，金额计算准确，摘要简明扼要等要求。

在会计凭证的传递与保管部分，细致说明了会计凭证在企业内部各部门和人员之间传递的程序和时间。合理规划传递流程能够提高会计信息的及时性和准确性，保证会计工作的高效进行。在保管方面，强调了会计凭证保管的要求，如要定期装订成册、加具封面、归档保管等，同时明确了保管期限，根据凭证的重要性和法规要求设定不同的保管时长。妥善的保管工作有助于保证会计资料的完整性和安全性，为日后的查阅、审计和监督提供可靠的依据。

综上所述，通过对会计凭证各个方面的详细学习和探讨，我们深入理解了会计凭证在会计工作中的关键地位和重要作用，掌握了其填制、传递和保管的具体要求和方法，为规范、准确地进行会计核算和财务管理工作奠定了坚实的基础。

【本章主要名词概念】

会计凭证　原始凭证　记账凭证

【复习与思考】

1. 会计凭证是记录经济业务的原始依据，它在企业诚信建设中扮演什么角色？

2. 会计凭证的编制和审核过程中，如何体现对国家法律法规的遵守？

3. 在反腐倡廉的背景下，会计凭证如何帮助企业发现和预防腐

5.6　会计凭证在个人生活中的应用详解

5.7　单位在虚开发票违法行为中的归责依据

5.8　至正开放麦

5.9　装订会计凭证的一般步骤

败行为？

4. 会计凭证是企业内部控制的重要组成部分。请讨论会计凭证在企业内部控制体系中的功能，以及它如何帮助企业提高管理效率和防范风险。

5. 会计凭证如何帮助企业在履行社会责任时提供准确的信息？请探讨会计凭证在企业社会责任报告编制中的重要性。

6. 随着数字经济的发展，会计凭证的电子化和自动化对企业会计工作有何影响？请讨论会计凭证在提高企业会计工作效率和准确性中的潜力。

第六章
会 计 账 簿

【学 习 目 标】

1. 掌握会计账簿的概念、种类和基本内容。
2. 掌握库存现金日记账和银行存款日记账的登记。
3. 掌握总分类账和明细分类账的登记。
4. 掌握对账、结账及错账更正的方法。
5. 了解会计账簿更换和保管的有关规定。
6. 培养学生诚实守信、客观公正的职业道德，以及强烈的责任感和社会责任感。

【本章知识逻辑结构图】

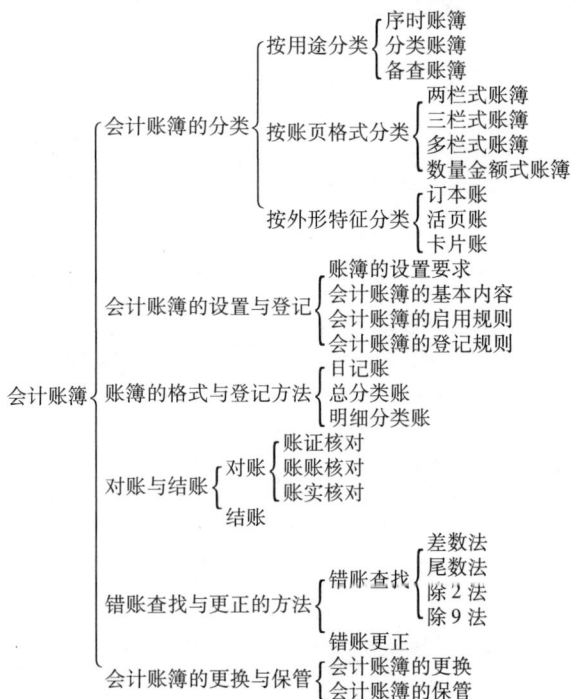

会计账簿
- 会计账簿的分类
  - 按用途分类
    - 序时账簿
    - 分类账簿
    - 备查账簿
  - 按账页格式分类
    - 两栏式账簿
    - 三栏式账簿
    - 多栏式账簿
    - 数量金额式账簿
  - 按外形特征分类
    - 订本账
    - 活页账
    - 卡片账
- 会计账簿的设置与登记
  - 账簿的设置要求
  - 会计账簿的基本内容
  - 会计账簿的启用规则
  - 会计账簿的登记规则
- 账簿的格式与登记方法
  - 日记账
  - 总分类账
  - 明细分类账
- 对账与结账
  - 对账
    - 账证核对
    - 账账核对
    - 账实核对
  - 结账
- 错账查找与更正的方法
  - 错账查找
    - 差数法
    - 尾数法
    - 除2法
    - 除9法
  - 错账更正
- 会计账簿的更换与保管
  - 会计账簿的更换
  - 会计账簿的保管

【引 导 案 例】

张明是一名会计学大四学生，在他实习时，舅舅何强邀请他到服装厂做财务工作。何强曾是服装批发商，转行自办工厂，接手旧设备，资金部分为自筹，一部分向亲友借贷。工厂运营数月，由张明的舅妈负责日常现金收支管理，账目混乱，盈利模糊。

张明接手后，面对堆积的单据，运用会计知识，逐一分类整理，构建会计体系。他发现原材料出入库记录缺失，就深入仓库盘点，估算用量。针对旧设备，预估剩余寿命5年，合理折旧；土地使用权按剩余年限摊销。面对复杂借贷，张明细心核算各笔利息，确保成本精确。

半月后，张明终于把工厂所有账目建立起来，并编制了资产负债表与利润表，显示工厂半年内实现盈利30万元。何强看到报表后很高兴，但觉得不太对，问张明公司有盈利为什么公司账户不见钱？张明解释：利润基于权责发生，银行存款为实际收支。他建议加强库存管理，建立详尽账目，确保每笔交易有迹可循。

何强对张明赞不绝口，采纳其建议，服装厂财务管理自此步入正轨。此案例再次证明，专业会计知识对中小企业财务管理至关重要，及时整顿能显著提升运营效率与透明度。

第一节　会计账簿概述

一、会计账簿的概念

会计账簿（简称"账簿"）是指由一定格式账页所组成，以经过审核的会计凭证为依据，全面、系统、连续地记录各经济业务事项的簿籍。

账簿从外表形式上看，是由具有专门格式而又相互联结在一起的若干账页组成的；从记录内容看，是对所有的经济业务和事项，按照账户进行归类并序时地进行记录的簿籍。

在会计核算工作中，通过会计凭证的填制与审核，可以反映和监督每项经济业务的发生和完成情况并如实、准确地记录，明确经济责任。然而，由于会计凭证数量庞大、信息分散，难以全面且完整地反映企业的财务状况，不便于信息的整理和报告。因此，为了有效管理和监控单位的经济活动及其财务收支情况，各单位应根据国家统一的会计制度和自身业务的需要，设置并登记会计账簿，系统地归纳和管理会计信息。

二、会计账簿的意义

设置和登记会计账簿，是加工整理、积累、贮存会计资料的一种重要方法，是编制会计报表的基础，也是连接会计凭证与会计报表的关键环节。在会计核算中，它对于加强经营管理，提高经济效益具有重要意义。设置和登记账簿的作用，可概括为以下几方面：

1. 提供系统完整的会计信息

设置和登记账簿是经济信息加工整理和会计核算的专门方法，对于加强企业经济管理具有重要作用。账簿能够为企业的经济管理提供系统、完整的会计信息。通过对经济业务的序时或分类核算，账簿将分散、孤立的凭证核算资料系统化，全面、准确地提供企业财务状况、成本费用和经营成果的总括与明细核算资料，从而反映企业经济活动的全貌，为企业加强经济核算、提升经营管理水平提供有力的信息支持。

2. 考核企业经营成果、分析企业经济活动

账簿记录了企业一定时期经济活动的完整运行状况，能够全面、系统地展现企业财务状况和经营成果。结合相关资料进行经济活动分析，评价企业经营情况，有助于监督和促进企业遵纪守法，提高经济效益。

3. 编制会计报表的资料来源

企业定期编制的会计报表中的数据，均源自账簿的记录。账簿通过对经济业务的分类登记，积累了会计资料。经过计算和整理，成为编制会计报表的基础。因此，账簿的设置和登记是否准确、真实、完整，将直接影响财务报告信息披露的质量。

三、会计账簿的分类

在会计核算中，账簿的种类多种多样。为了便于使用和理解，必须对账簿进行分类。一般来说，账簿可以根据其用途、账页格式及外形特征进行划分。

（一）按用途分类

按其用途不同，会计账簿可以分为序时账簿、分类账簿和备查账簿三类。

1. 序时账簿

序时账簿，又称日记账，是按经济业务发生或完成时间的先后顺

6.1 视频：账簿的定义与分类

序逐日逐笔登记的账簿。这种账簿通常按记账凭证编号的先后顺序逐日登记，因此又称为日记账。日记账的特点是按照时间顺序和逐笔登记的方式记录业务。常见的序时账簿有两种：一种是登记全部经济业务的发生情况的普通日记账；另一种是记录某一类经济业务的发生情况的特种日记账。由于实际经济业务的复杂性，普通日记账应用较少，而特种日记账应用较为广泛。为了加强货币资金的监督与管理，各单位应设置专门记录现金收付业务及其结存情况的现金日记账和记录银行存款收付业务及其结存情况的银行存款日记账。在我国，多数单位通常设置现金日记账和银行存款日记账，而不设转账日记账。

2. 分类账簿

分类账簿是对全部经济业务事项按照会计要素的具体类别而设置的分类账户进行登记的账簿。根据分类的概括程度不同，分类账簿分为总分类账簿和明细分类账簿两种。按照总分类账户分类登记经济业务事项的是总分类账簿，简称总账，其提供全面的经济业务信息；按照明细分类账户分类登记经济业务事项的是明细分类账簿，简称明细账，其详细记录某类经济业务的增减变化及其结果，对总账起到补充说明的作用。明细分类账是对总分类账的补充和具体化，并受总分类账的控制和统驭。分类账簿所提供的会计信息，是编制会计报表的主要依据。

分类账簿与序时账簿的作用不同。序时账簿能提供连续系统性的信息，反映企业资金运动的全貌；而分类账簿则是根据经营与决策的需要而设置的账户，归集并汇总各类信息，反映资金运动的各种状态、形式及其构成。在账簿组织中，分类账簿占有特别重要的地位。因为只有通过分类账簿，才能把数据按账户形成不同的信息，满足编制会计报表的需要。

3. 备查账簿

备查账簿简称备查簿，是对某些未能在序时账簿和分类账簿中记录的经济业务进行补充登记的账簿。主要用于记录一些特殊事项或需要特别说明的内容，例如固定资产卡片、合同台账等。备查账簿可以为某项经济业务的内容提供必要的参考资料，加强企业对使用和保管的属于他人的财产物资的监督。例如，租入固定资产登记簿、受托加工材料登记簿、代销商品登记簿等。备查账簿可以由各单位根据需要进行设置。

相较于序时账簿和分类账簿，备查账簿具有两个显著的不同点：一是其登记依据可能不需要记账凭证，甚至不需要一般意义上的原始凭证；二是其格式和登记方法不同，主要栏目不记录金额，更注重用文字表述某项经济业务的发生情况。

（二）按账页格式分类

按账页格式的不同，会计账簿可以分为两栏式、三栏式、多栏式和数量金额式四种。

1. 两栏式账簿

两栏式账簿是指只有借方和贷方两个基本金额栏目的账簿。普通日记账和转账日记账一般采用两栏式账页格式。

2. 三栏式账簿

三栏式账簿是设有借方、贷方和余额三个基本栏目的账簿。各种日记账、总分类账以及资本、债权、债务明细账都可采用三栏式账页格式。三栏式账簿又分为设对方科目和不设对方科目两种。区别是在摘要栏和借方科目栏之间是否有"对方科目"栏。有"对方科目"栏的，称为设对方科目的三栏式账簿；不设"对方科目"栏的，称为不设对方科目的三栏式账簿。

3. 多栏式账簿

多栏式账簿是在账簿的两个基本栏目借方和贷方按需要分设若干专栏的账簿。如多栏式日记账、多栏式明细账。其专栏设置在借方还是贷方，或者两方同时设专栏，以及专栏的数量等，均应根据实际需要而定。收入、费用、成本、利润明细账一般均采用这种格式的账簿。

4. 数量金额式账簿

数量金额式账簿的借方、贷方和余额三个栏目内，都分设数量、单价和金额三小栏，以便反映财产物资的实物数量和价值量。如原材料、库存商品等明细账一般都采用数量金额式账簿。

（三）按外形特征分类

账簿按其外形特征不同可分为订本账、活页账和卡片账三种。

1. 订本账

订本账是启用之前就已将账页装订在一起，并对账页进行了连续编号的账簿。订本账的优点是能避免账页散失和防止抽换账页；其缺点是不能准确为各账户预留账页。这种账簿一般适用于总分类账、现金日记账、银行存款日记账。

2. 活页账

活页账是在账簿登记完毕之前并不固定地装订在一起，而是装在活页账夹中。当账簿登记完毕之后（通常是一个会计年度结束之后），才将账页予以装订，加具封面，并给各账页连续编号。这类账簿的优点是记账时可以根据实际需要，随时将空白账页装入账簿，或抽去不需用的账页，便于分工记账；其缺点是如果管理不善，可能会造成账页散失或故意抽换账页。通常各种明细分类账一般采用活页账形式。

3. 卡片账

卡片账是将账户所需格式印刷在硬卡上。严格来说，卡片账也是一种活页账，只不过它不是装在活页账夹中。在我国，单位一般只对固定资产的核算采用卡片账形式，也有少数企业在材料核算中使用材料卡片（见表6–1）。

表6–1　　　　　　　　　　固定资产卡片

卡片编号				日期	
固定资产编号		固定资产名称			
类别编号		类别名称			
规格型号		部门名称			
增加方式		存放地点			
使用状况		使用年限		开始使用日期	
原值		净残值率		净残值	
折旧方法		已计提月数		尚未使用月数	
已提累计折旧额		尚可计提折旧额		折旧费用类别	
折旧额计算					
年份	年折旧额	年折旧率	月折旧额	月折旧率	累计折旧额	折余价值

会计账簿的总体分类情况如图6–1所示。

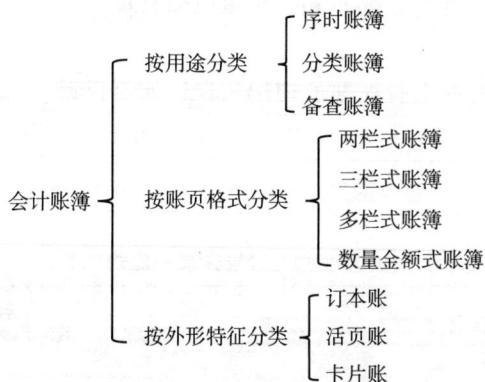

图6–1　会计账簿分类

6.2　如何识别会计账簿造假的迹象

6.3 视频：账簿的设置与登记

第二节　会计账簿的设置与登记

账簿是会计信息的主要载体。由于账簿类型多样，内容与格式各有不同，每个会计主体应根据自身的业务特性和信息需求合理设置账簿，并依法启用、登记及妥善保管会计账簿。

一、账簿的设置要求

企业应根据本单位经济业务的特点和经营管理的需要，设置一定种类和数量的账簿。一般来说，账簿应当符合以下要求：

（1）账簿的设置应确保能够全面、系统地记录和监督各项经济活动，为经济管理提供充分的评价依据。

（2）账簿的设置应兼顾分工的明确性和岗位责任制的强化，同时考虑人力资源和物质资源的合理利用，力求防止工作的重复和遗漏。

（3）账簿的格式应简洁、实用，确保会计记录的连续性和完整性，同时避免不必要的复杂化，以便于记录、查询、纠正错误和保存。

二、会计账簿的基本内容

在实际工作中，由于各种会计账簿所记录的经济业务不同，账簿格式也是多种多样的，但各种账簿一般都应具备以下基本内容：

（1）封面。

封面主要标明填写的账簿名称，如总分类账、各种分类账、现金日记账、银行存款日记账等和记账单位的名称。

（2）扉页。

扉页主要标明会计账簿的使用信息，如科目索引、账簿启用和经管人员一览表（活页账、卡片账在装订成册后，填列账簿启用和经管人员一览表，其格式如表6-2所示）。

表6-2　　　　　　　　账簿启用与经管人员一览表

单位名称	
账簿名称	
册次及起止页数	

续表

启用日期	年　　月　　日			
停用日期	年　　月　　日			
经管人员姓名	接管日期	交出日期	经管人员盖章	会计主管人员盖章
备注			单位公章	
			财务专用章	

（3）账页。

账页是账簿用来记录经济业务事项的载体，包括账户的名称、登记账户的日期、记账凭证种类和编号、摘要栏、金额栏、总页次、分户页次等基本内容等。

三、会计账簿的启用规则

（一）手工账簿的启用

（1）启用会计账簿时，应当在账簿封面上写明账簿名称和记账单位名称。

（2）在账簿扉页上应当附账簿启用和经管人员一览表。此启用表内应详尽载明单位名称、账簿名称、账簿编号、账簿页数、启用日期、记账人员以及会计主管人员的姓名，并加盖相关人员的签章和单位公章。当更换记账人员时，应当办理交接手续，且在交接记录中填写交接日期和交接人员的姓名，并进行签章。

（3）启用订本账时，应当从第一页到最后一页按顺序编定页码，不得跳页、缺号。

（4）使用活页账时，应当将空白账页按会计科目顺序编号，并装订成册，装订后按实际使用的账页顺序编定页码。另在第一页前面加账户目录，记明每个账户的名称和页次。

（5）年度启用新账簿时，应将上年的年末余额结转到新账的第一行，并在摘要栏注明"上年结转"。

（二）财务系统账簿的启用

财务系统账簿的启用涉及设置会计年度和期间、配置会计科目体系、录入期初余额，包括总账、明细账和日记账。根据企业内部控制要求设置不同用户的操作权限，确保数据安全；在正式启用前，进行系统功能测试，核对数据的准确性和完整性；启用后，进行日常会计处理，如凭证录入和报表生成，并定期进行数据备份与恢复，以防止数据丢失或损坏，同时定期维护和更新系统，确保其稳定性和安全性。

四、会计账簿的登记规则

第一，为了保证账簿记录的准确完整，登记会计账簿必须以审核无误的会计凭证为依据，应当将会计凭证日期、编号、业务内容摘要、金额和其他有关资料逐项记入账内，做到数字准确、摘要清楚、登记及时、字迹工整。

第二，标记记账凭证。登记完毕后，要在记账凭证上签名或者盖章，并注明已经登账的符号，如划"√"，表示已经记账，以免重记或漏记。

第三，数字和文字书写留有空格。书写文字和数字时不要写满格，一般应占格距的1/2，便于发生错账时进行更正。

第四，正常记账使用蓝黑墨水或者碳素墨水，不得使用圆珠笔（银行的复写账簿除外）或者铅笔书写。

第五，特殊记账使用红色墨水。下列情况，可以用红色墨水记账：①按照红字冲账的记账凭证，冲销错误记录；②在不设借贷等栏的多栏式账页中，登记减少数；③在三栏式账户的余额栏前，如未印明余额方向的，在余额栏内登记负数余额；④根据国家统一会计制度的规定可以用红字登记的其他会计记录。

第六，连续登记。各种账簿按页次顺序连续登记，不得跳行、隔页。如果发生跳行、隔页，应当将空行、空页画线注销，或者注明"此行空白""此页空白"字样，并由记账人员签名或者盖章。

第七，结出余额登记。凡需要结出余额的账户，结出余额后，应当在"借或贷"等栏内写明"借"或"贷"字样，表明余额的方向。没有余额的账户，应当在"借或贷"等栏内写"平"字，并在余额栏内用"0"表示。

第八，结转下页登记。每一账页登记完毕结转下页时，应当结出本页合计数及余额，写在本页最后一行和下页第一行有关栏内，并在摘要栏内注明"过次页"和"承前页"字样。需要注意的是，对需要结计本月累计发生额的账户，结"过次页"的本页合计数应当为自本月月初起至本页末止的发生额合计数；对需要结计本年累计发生额的账户，结记"过次页"的本页合计数应当为自年初起至本页末止的累计数。

第九，不得刮擦、涂改。账簿记录发生错误时，不得涂改、挖补、刮擦或者用药水消除字迹，不得重新抄写，必须根据错误的具体情况，采用正确的方法予以更正。

第三节　账簿的格式与登记方法

一、日记账的格式和登记方法

日记账是依据经济业务发生或完成的时间先后顺序，逐日逐笔进行登记的账簿。设置日记账的目的在于让经济业务的时间顺序清晰地反映在账簿记录中。日记账按其所核算与监督经济业务的范围，可以划分为普通日记账和特种日记账。在我国，多数企业通常仅设置库存现金日记账以及银行存款日记账。在我国，大多数企业一般只设库存现金日记账和银行存款日记账。

（一）普通日记账的格式

普通日记账一般只设置借方和贷方两个金额栏，以便分别记录各项经济业务所确定的账户名称及借方和贷方的金额，也称为两栏式日记账或叫分录簿，其格式如表6-3所示。

表6-3　　　　　　　普通日记账　　　　　　第　页

2025年		凭证字号	摘要	对应账户	借方	贷方	过账
月	日						
2	1	记01	购入材料	原材料	100 000		
2	1	记01	增值税	应交税费	13 000		
2	1	记01	应付账款	××公司		113 000	
			……				

（二）特种日记账的格式

特种日记账是用来核算和监督某一类经济业务的发生和完成情况的账簿。各单位一般应设置特种日记账，常见的特种日记账有现金日记账、银行存款日记账和转账日记账等。这里只介绍现金日记账与银行存款日记账的设置和格式。

（三）库存现金日记账的格式和登记方法

1. 库存现金日记账的格式

库存现金日记账是用来核算与监督库存现金每日的收付和结转情况的账簿，其格式主要有三栏式和多栏式两种，库存现金日记账必须采用订本式账簿。

（1）三栏式库存现金日记账。

三栏式库存现金日记账设借方、贷方和余额三个基本的金额栏目，一般将其分为收入、支出和结余三个基本栏目。在摘要栏与金额栏之间会插入"对方科目"栏，以便记录时标明现金收入和支出的用途科目。三栏式库存现金日记账的格式如表6-4所示。

表6-4　　　　　　　　库存现金日记账（三栏式）　　　　　　　第　页

2025 年		凭证号数	摘要	对方账户	收入	付出	结余
月	日						
3	1		期初余额				10 000
	3	记09	从银行提取现金	银行存款	20 000		30 000
	9	记12	支付工人劳务费	管理费用		1 500	28 500
	12	记15	购买办公用品	管理费用		2 000	26 500
			……				

（2）多栏式库存现金日记账。

多栏式库存现金日记账是在三栏式库存现金日记账基础上发展起来的，日记账的借方（收入）和贷方（支出）金额栏都按对方科目设专栏，也就是按收入的来源和支出的用途设专栏。多栏式库存现金日记账的格式如表6-5所示。

表6-5　　　　　　　　库存现金日记账（多栏式）　　　　　　　第　页

2025 年		凭证字号	摘要	收入（应贷科目）				支出（应借科目）				结余
月	日			银行存款	主营业务收入	…	合计	其他应收款	管理费用	…	合计	
1	1		上年结转									3 500
1	2	记01	付快递费						20		20	3 480
1	3	记12	提现	20 000			20 000					23 480
1	4	记21	李伟预借差旅费					8 000			8 000	15 480
1	6	记45	收到销售商品款		950		950					16 430
			……									

（3）现金日记账的登记方法。

①日期栏：是指记账凭证的日期，应与库存现金实际收付日期一致。

②凭证栏：是指登记入账的收付款凭证的种类和号，如："库存现金收（付）款凭证"，简写为"现收（付）"；"银行存款收（付）款凭证"，简写为"银收（付）"，凭证栏还应登记凭证的编号数，以便于查账和核对。

③摘要栏：摘要说明登记入账的经济业务的内容，文字要简练，但要能说明问题。

④对方科目栏：是指库存现金收入的来源科目或支出的用途科目。如银行提取现金，其来源科目（即对方科目）为"银行存款"。其作用在于了解经济业务的来龙去脉。

⑤收入、支出栏（或借方、贷方）：是指库存现金实际收付的金额。每日终了，应分别计算库存现金收入和付出的合计数，结出余额，同时将余额与出纳员的库存现金核对，即通常说的"日清"。如账款不符应查明原因，并记录备案。月终同样要计算库存现金收付和结存的合计数，通常称为"月结"。

⑥在财务系统中登记现金日记账时，要确保数据的准确性和及时性，以便为企业的财务管理提供准确、可靠的信息。

2. 银行存款日记账的格式和登记方法

（1）银行存款日记账的格式。

银行存款日记账是用来序时反映企业银行存款的增加、减少和结存情况的账簿。银行日记账应按企业在银行开立账户和币种分别设置，每个银行账户设置一本日记账。由出纳人员根据银行存款的收付业务记录的记账凭证，按时间先后顺序逐日逐笔进行登记。

银行存款日记账的格式与库存现金日记账格式相同，可以采用三栏式，也可以采用多栏式。多栏式可以将收入和支出的核算在一本账上进行，也可以分设"银行存款收入日记账"和"银行存款支出日记账"。三栏式银行存款日记账的格式如表6-6所示。

表6-6　　　　　　　**银行存款日记账（三栏式）**　　　　　第　页

2025年		凭证号数	摘要	对方账户	收入	付出	结余
月	日						
3	1		月初余额				85 000
	5	记09	从银行提取现金	库存现金		20 000	65 000
	9	记10	支付上月水电费	管理费用		15 000	50 000
	13	记15	收到客户货款	应收账款	100 000		150 000
			......				

（2）银行存款日记账的登记方法。

银行存款日记账的登记方法也与库存现金日记账的登记方法基本相同。其登记方法如下：

①日期栏：是指记账凭证的日期。

②凭证栏：是指登记入账的收付款凭证的种类和编号（与库存现金日记账的登记方法一致）。

③对方科目：是指银行存款收入的来源科目或支出的用途科目。如开出支票一张支付购料款，其支出的用途科目（即对方科目）为"材料采购"科目，其作用在于了解经济业务的来龙去脉。

④摘要栏：摘要说明登记入账的经济业务的内容。文字要简练，但能概括说明问题。

⑤收入、支出栏：是指银行存款实际收付的金额。每日终了，应分别计算银行存款收入和支出的合计数，结算出余额，做到日清；月终应计算出银行存款全月收入、支出的合计数，做到月结。

在实际工作中，无论是设置三栏式还是多栏式，一般还应在银行存款日记账的适当位置增加一栏"结算凭证"，以便记账时标明每笔业务的结算凭证及编号，便于与银行核对账目。

二、总分类账的格式和登记方法

（一）总分类账的格式

总分类账简称总账，它是按照总分类账户分类登记以提供总括会计信息的账簿。总账中的账页是按总账科目（一级科目）设置的总分类账户。总分类账最常用的格式为三栏式，设有借方、贷方和余额三个基本金额栏目，如表 6 - 7 所示。

表 6 - 7　　　　　　　　　　　总分类账

会计科目：原材料　　　　　　　　　　　　　　　　　　　　　　第　页

2025 年		凭证号数	摘要	借方	贷方	借或贷	余额
月	日						
3	1		月初余额			借	450 000
3	10	科汇 01	本月 1～10 日发生额	525 000	685 000	借	290 000
3	20	科汇 02	本月 11～20 日发生额	483 000	550 000	借	223 000
3	31	科汇 03	本月 21～31 日发生额	515 500	568 500	借	170 000
			本月合计	1 523 500	1 803 500	借	

（二）总分类账的登记方法

总分类账的登记方法因登记的依据不同而有所不同。经济业务少的小型单位的总分类账可以根据记账凭证逐笔登记；经济业务多的大中型单位的总分类账可以根据记账凭证汇总表（又称科目汇总表）或汇总记账凭证等定期登记。

三、明细分类账的格式和登记方法

（一）明细分类账的格式

明细分类账是根据二级账户或明细账户开设账页，分类、连续登记经济业务事项以提供明细核算资料的账簿。明细分类账是对总分类账的明细记录，是根据总分类账的核算内容，按照业务发生的具体单位或具体项目而设置的，用于分类登记某一类经济业务事项，提供有关明细核算资料。其主要格式主要有三栏式、多栏式、数量金额式和横线登记式。

1. 三栏式明细账

三栏式明细账主要适用于只进行金额核算而不需要进行数量核算的资本、债权、债务账户的明细分类核算。如"应收账款""应付账款""短期借款""应付职工薪酬""长期待摊费用"等。三栏式明细账的格式如表6-8所示。

表6-8　　　　　　　　　**应付账款　明细分类账**

二级科目或明细科目：A公司　　　　　　　　　　　　　　　　第　页

2025 年		凭证号数	摘要	借方	贷方	借或贷	结余
月	日						
3	1		期初余额			贷	45 000
	5	记05	偿还前期货款	35 000		贷	10 000
	9	记10	购买材料，货款未付		20 000	贷	30 000
			......				

2. 多栏式明细账

多栏式明细账是根据经济业务的特点和经营管理的需要，在同一张账页上，将归属于同一总账科目下的所有相关明细科目及项目进行汇总和集中登记。根据登记经济业务的不同，多栏式明细分类账可以为借方多栏式、贷方多栏式和借贷多栏式。

（1）借方多栏式明细分类账适用于借方需要设置多个明细科目或明细项目的账户，如"生产成本""管理费用""制造费用""财务费用""其他业务成本""营业外支出"等账户的明细分类核算。需要注意的是，借方多栏式明细分类账的借方发生额用蓝字或黑字登记，贷方发生额用红字登记，如表6-9所示。

表6-9　　　　　　　　　制造费用　明细分类账　　　　　　　　第　页

2025 年		凭证号码	摘要	借方					合计	余额
月	日			职工薪酬	折旧费	机物料消耗	办公费	水电费		
4	5	（略）	分配工资	3 500					3 500	3 500
4	8		领用材料			500			500	4 000
4	10		支付办公费				350		350	4 350
4	15		支付水电费					400	400	4 750
4	30		计提折旧		2 000				2 000	6 750
4	31		转入生产成本	3 500	2 000	500	350	400	6 750	0

注：框里面的数字表示红字，即表示负数。

（2）贷方多栏式明细分类账适用于贷方需要设置多个明细科目或明细项目的账户，如"主营业务收入""其他业务收入""营业外支出"等账户的明细分类核算。贷方多栏式明细分类账的贷方发生额用蓝字或黑字登记，借方发生额用红字登记。

（3）借贷多栏式明细分类账是指按照借方和贷方科目分别设置若干个专栏进行登记的明细分类账。它适用于借方和贷方需要设置多个明细科目或明细科目项目的账户，如"本年利润""应交税费——应交增值税"等账户的明细分类核算，其格式如表6-10所示。

3. 数量金额式明细分类账

数量金额式明细分类账的账页分为"收入""发出""结存"三大栏，在每栏内分设"数量""单价""金额"三小栏。它主要适用于既要进行金额核算又要进行数量核算的账户，如"原材料""库存商品""委托加工物资"等各种财产物资的明细分类核算，其格式如表6-11所示。

表6-10　　　　　　　**应交税费——应交增值税　明细账**　　　　　　第　页

2025年		凭证号码	摘要	借方					贷方				借或贷	余额
月	日			合计	进项税额	已交税金	转出未交增值税	…	合计	销项税额	出口退税	…		
4	6		购材料	26 000	26 000								借	26 000
4	9		销售						39 000	39 000			贷	13 000
4	12		销售						7 800	7 800			贷	20 800
4	18	（略）	购材料	19 500	19 500								贷	1 300
4	25		销售						32 500	32 500			贷	33 800
4	28		购材料	13 000	13 000								贷	20 800
4	30		转出未交增值税				20 800						平	0

表6-11　　　　　　　　**原材料　明细分类账**

会计科目：钢材　　　　　　　　　　　　　　　　　　　　　　　　第　页

类别：钢材　　品名及规格：普通圆钢　　　计量单位：千克　存放地点：2号库

2025年		凭证号码	摘要	收入			发出			结存		
月	日			数量	单价	金额	数量	单价	金额	数量	单价	金额
4	1		月初结存							1 000	100	100 000
4	2	（略）	购入	2 000	100	200 000				3 000	1000	300 000
4	3		领用				500	100	50 000	2 500	100	250 000

4. 横线登记式明细分类账

横线登记式账页是采用横线登记，即将每一相关的业务登记在一行，从而可依据每一行各个栏目的登记是否齐全来判断该项业务的进展情况。这种格式适用于登记材料采购、在途物资、应收票据和一次性备用金业务。"在途物资"明细账一般采用这种格式的账簿，其格式如表6-12所示。

表6-12　　　　　　　　**其他应收款　明细分类账**

明细科目：备用金　　　　　　　　　　　　　　　　　　　　　　第1页

2025年		凭证号码	摘要	借方			2025年		凭证号码	摘要	贷方			余额
月	日			原借	补付	合计	月	日			报销	退还	合计	
3	3	记6	李伟借款	3 000		3 000					5 800			
3	10	记65	刘三借款	5 000		5 000	3	13	记96	报销	4 500	500	5 000	0

157

（二）明细分类账的登记方法

不同类型经济业务的明细分类账，可依照管理需求，以记账凭证、原始凭证或者汇总凭证为依据，逐日逐笔或者定期汇总进行登记。一般而言，固定资产、债权和债务等明细分类账应当逐笔登记；种类繁多、收发频繁的库存商品、原材料等明细分类账既能够逐笔登记，也可以定期汇总登记；有关收入、费用、成本等明细分类账既可以逐日汇总登记，也可以定期汇总登记。

需注意的是，对于仅设借方的多栏式明细分类账，在月末时要用红笔登记借方发生额一次转出的数额。对于仅设贷方的多栏式明细分类账，月末要用红笔登记贷方发生额一次转出的数额。

四、总分类账户与明细分类账户的平行登记

（一）总分类账户与明细分类账户的关系

总分类账户是所属明细分类账户的统驭账户，对所属明细分类账户起着控制作用；明细分类账户则是总分类账户的从属账户，对其所隶属的总分类账户起着辅助作用。总分类账户及其所属明细分类账户的核算对象是相同的，它们所提供的核算资料互相补充，只有把二者结合起来，才能既总括又详细地反映同一核算内容。因此，总分类账户和明细分类账户必须平行登记。

（二）总分类账户与明细分类账户平行登记的要点

总分类账户与其所属明细分类账户的平行登记是指对所发生的每项经济业务都要以会计凭证为依据，一方面记入有关总分类账户，另一方面记入所属明细分类账户的方法。总分类账户与明细分类账户平行登记的要点包括：

1. 依据相同

对发生的每一笔经济业务，都要依据同一份原始凭证或记账凭证，既登记有关总分类账户，又登记其所属明细分类账户。

2. 方向相同

将经济业务记入总分类账户和其所属的明细分类账户时，记账的方向必须相同。即在总分类账户中记入借方（贷方），在其所属的明细分类账户中也应记入借方（贷方）。

3. 期间一致

对每项经济业务在记入总分类账户和其所属明细分类账户过程中，可以有先后，但必须在同一个会计期间记入总分类账户和所属明

细分类账户。

4. 金额相等

每项经济业务记入总分类账户的金额必须与记入其所属的明细分类账户的金额合计数相等。具体包括：

总分数账户本期借方发生额＝其所属明细分类账户本期借方发生额合计

总分数账户本期贷方发生额＝其所属明细分类账户本期贷方发生额合计

总分类账户期初余额＝其所属明细分类账户期初余额合计

总分类账户期末余额＝其所属明细分类账户期末余额合计

第四节　对账与结账

6.4　视频：对账
与结账

一、对账

（一）对账的概念

对账是指定期对各类账簿记录进行核对，做到账证相符、账账相符和账实相符。

（二）对账的内容

对账主要包括账证核对、账账核对和账实核对。

1. 账证核对

账证核对指的是将会计账簿记录与原始凭证、记账凭证在时间、凭证字号、内容、金额上进行比对，查看是否一致，同时确认记账方向是否相符。通常情况下，账证核对主要涵盖以下方面：现金、银行存款日记账应当与收、付款凭证相核对；总账要与记账凭证进行核对；明细账则需与记账凭证、原始凭证或者原始凭证汇总表加以核对。

2. 账账核对

账账核对是一项关键性的会计工作，旨在确保不同会计账簿之间的相关记录保持一致性。这一过程主要包括以下几个方面：

（1）总分类账簿之间的核对。

总分类账各账户的借方期末余额合计数与贷方期末余额合计数是否相等，以确保总账内部的平衡性。

（2）总分类账簿与所属明细分类账簿核对。

总分类账各账户的借、贷方本期发生额和期末余额与其所属明细分类账户的借、贷方本期发生额和期末余额之和进行核对，验证总账与明细账之间的一致性，确保会计信息的准确性。

（3）总分类账簿与序时账簿核对。

总分类账中"库存现金"和"银行存款"账户的期末余额应分别与库存现金日记账和银行存款日记账的期末余额应核对相符。

（4）明细分类账簿之间的核对。

会计部门登记的财产物资的明细分类账期末余额与财产物资保管或使用部门所登记的进销存账期末余额进行核对，确保财产物资在企业内部各部门间的流转和记录准确无误。

3. 账实相符

账实核对是指各项财产物资、债权债务等账面余额与实有数额之间的核对。账实核对的内容主要包括：

（1）库存现金日记账账面余额与现金实际库存数逐日核对是否相符。

（2）银行存款日记账账面余额与银行对账单的余额定期核对是否相符。

（3）各项财产物资明细账账面余额与财产物资的实有数额定期核对是否相符。

（4）有关债权债务明细账账面余额与对方单位的债权债务账面记录核对是否相符。

账实不符的成因复杂多样，主要包括以下几个方面：

第一，财产物资在保管期间可能因自然因素导致损耗，使得实际存量与账面记录产生差异。

第二，在财产收发过程中，若计量或检验环节存在偏差，便可能引发多收、少收等错误，进一步加剧账实不符的情况。

第三，管理不善与制度执行不严格，往往导致财产物资遭受损坏、丢失甚至被盗，这也是账实不符的重要原因之一。

此外，账簿记录过程中的疏忽，如重记、漏记或错记等错误，同样会导致账实不符。同时，由于财务凭证传递的时效性，有时会出现未达账项，即一方已入账而另一方尚未入账的情况，这也会造成结算双方账实不符的假象。最后，不可预测的意外灾害等外部因素，也可能对财产造成重大影响，进而反映在账实不符上。

鉴于上述原因，企业应当重视并加强财产清查工作。通过定期、全面的财产清查，可以及时发现并纠正账实不符的问题，从而弥补管理漏洞，确保会计信息的真实性和可靠性。同时，财产清查还有助于企业优化管理流程，提升管理效率，进而推动企业管理水平的整体提升。

二、结账

（一）结账的概念

结账是一项将账簿记录定期结算清楚的账务工作。在一定时期结束时（如月末、季末或年末），为了编制财务报表，需要进行结账，具体包括月结、季结和年结。结账的内容通常包括两个方面：一是结清各种损益类账户，并据以计算确定本期利润；二是结出各资产、负债和所有者权益账户的本期发生额合计和期末余额。

（二）结账的程序

（1）结账前，将本期发生的经济业务全部登记入账，并保证其正确性。对于发现的错误，应采用适当的方法进行更正。

（2）在本期经济业务全面入账的基础上，根据权责发生制的要求，调整有关账项，合理确定应计入本期的收入和费用。

①应计收入和应计费用的调整。

应计收入是指那些已在本期实现、因款项未收而未登记入账的收入。企业发生的应计收入，主要是本期已经发生且符合收入确认标准，但尚未收到相应款项的销售商品或提供劳务收入。对于这类调整事项，应确认为本期收入，借记"应收账款"等账户，贷记"主营业务收入"等账户；待以后收妥款项时，借记"库存现金""银行存款"等账户，贷记"应收账款"等账户。应计费用是指已经发生但尚未支付的费用。企业发生的应计费用，本期已经受益，如应付未付的借款利息等。由于这些费用已经发生，应当在本期确认为费用，借记"管理费用""财务费用"等账户，贷记"应付利息"等账户；待以后支付款项时，借记"应付利息"等账户，贷记"银行存款""库存现金"等账户。

②收入分摊和成本分摊的调整。

收入分摊是指企业已经收取有关款项，但未完成或未全部完成销售商品或提供劳务，需在期末按本期已完成的比例，分摊确认本期已实现收入的金额，并调整以前预收款项时形成的负债。如企业销售商品预收定金、提供劳务预收佣金。在收到预收款项时，应借记"银行存款"等账户、贷记"预收账款"等账户；在以后根据销售商品或提供劳务确认当期收入时，进行期末账项调整，借记"预收账款"等账户，贷记"主营业务收入"等账户。

成本分摊是指为了正确计算各个会计期间的盈亏，将已经发生且能使若干个会计期间受益的支出在其受益的会计期间进行合理分配。

161

如企业已经支出，但应由本期和以后各期负担的预付款项，应借记"其他应付款"等账户，贷记"银行存款"等账户；在会计期末进行账项调整时，借记"管理费用"等账户，贷记"其他应付款"等账户。

（3）将各损益类账户余额全部转入"本年利润"账户，结平所有损益类账户。

（4）结出资产、负债和所有者权益账户的本期发生额和余额，并转入下期。

上述工作完成后，就可以根据总分类账和明细分类账的本期发生额和期末余额，分别进行试算平衡。

（三）结账的方法

结账时，应当根据不同账户的记录，分别采用不同的方法：

（1）对于不需按月结计本期发生额的账户（如各项债权、债务明细账和各项财产物资明细账等），每次记账后，都要随时结出余额，每月最后一笔余额即月末余额。月末结账时，只需要在最后一笔经济业务事项记录下通栏划单红线，不需要再结计一次余额。

（2）现金日记账、银行存款日记账和需要按月结计发生额的收入、费用等明细账，月末结账时，要结出本月发生额和月末余额，在摘要栏内注明"本月合计"字样，并在下面通栏划单红线。

（3）需要结计本年累计发生额的某些明细账（如收入明细账、费用明细账等），每月结账时，应在"本月合计"行下结出自年初起至本月月末止的累计发生额，登记在月份发生额下面，在摘要栏内注明"本年累计"字样，并在下面通栏划单红线。12 月末的"本年累计"就是全年累计发生额，全年累计发生额下面应通栏划双红线。

（4）总账账户平时只需结计月末余额，不需要结计本月发生额。年终结账时，为了反映全年各会计要素增减变动的全貌、便于核对账目，要将所有总账账户结计全年发生额和年末余额，在摘要栏内注明"本年合计"字样，并在合计数下通栏划红双线。

（5）年度终了结账时，有余额的账户要将其余额结转到下一会计年度，并在摘要栏内注明"结转下年"字样；在下一会计年度新建有关会计账簿的第一行余额栏内填写上年结转的余额，并在摘要栏内注明"上年结转"字样。结转下年时，既不需要编制记账凭证，也不必将余额再记入本年账户的借方或贷方，使本年有余额的账户的余额变为零，而是使有余额的账户的余额如实反映在账户中，以免混淆有余额账户和无余额账户。

6.5 延伸阅读：会计账簿造假的主要手段有哪些

第五节 错账查找与更正的方法

一、错账查找方法

在记账过程中，可能会发生各种各样的差错，产生错账，如重记、漏记、数字颠倒、数字错位、数字记错、科目记错、借贷方向记反等，从而影响会计信息的准确性，应及时找出差错，并予以更正。错账查找的方法主要有：

1. 差数法

差数法是指按照错账的差数查找错账的方法。在记账过程中只登记了会计分录的借方或贷方，漏记了另一方，从而形成试算平衡中借方合计与贷方合计不等。如借方金额遗漏，会使该金额在贷方超出；贷方金额遗漏，会使该金额在借方超出。对于这样的差错，可由会计人员通过回忆和与相关金额的记账核对来查找。

2. 尾数法

尾数法是指对于发生的差错只查找末位数，以提高查错效率的方法。这种方法适合于借贷方金额其他位数都一致，而只有末位数出现差错的情况。

3. 除 2 法

除 2 法是指以差数除以 2 来查找错账的方法。当某个借方金额错记入贷方（或相反）时，出现错账的差数表现为错误的 2 倍，将此差数用 2 去除，得出的商即是反向的金额。例如，应记入"原材料"科目借方的 1 000 元误记入贷方，则该科目的期末余额将小于总分类科目期末余额 2 000 元，被 2 除的商 1 000 元即为借贷方向反向的金额。同理，如果借方总额大于贷方 400 元，即应查找有无 200 元的贷方金额误记入借方。

4. 除 9 法

除 9 法是指以差数除以 9 来查找错账的方法，适用于以下三种情况：

（1）将数字写小。例如将 500 写成 50，错误数字小于正确数字 9 倍。查找的方法是：以差数除以 9 得出的商即为写错的数字，商乘以 10 即为正确的数字。上例差数 450（即 500～50）除以 9，商 50 即为错数，扩大 10 倍后即可得出正确的数字 500；

（2）将数字写大。例如将 60 写成 600，错误数字大于正确数字 9

倍。查找的方法是：以差数除以 9 得出的商为正确的数字，商乘以 10 后所得的积为错误数字。上例差数 540 除以 9 以后，所得的商 60 为正确数字，60 乘以 10（即 600）为错误数字；

（3）邻数颠倒。邻数颠倒是指在记账时，把相邻的两个数互换了位置。如将 1 506 错记为 1 056。其查找方法：将差数除以 9，得出的商连续加 11，直到找出颠倒的数字为止。

6.6 视频：错账的更正方法

二、错账更正方法

账簿记录应保持整齐清洁，因此记账时应力求正确和清楚，避免差错。如果账簿记录发生错误，必须按照规定的方法予以更正，不得涂改、挖补、刮擦或者用药水消除字迹，不得重新抄写。错账的更正方法一般有划线更正法、红字更正法和补充登记法等。

（一）划线更正法

在结账前发现账簿记录有文字或数字错误，而记账凭证没有错误，可以采用划线更正法。更正时，可在错误的文字或数字上划一条红线，在红线的上方填写正确的文字或数字，并由记账人员及会计机构负责人（会计主管人员）在更正处盖章，以明确责任。但应注意，更正时不得只划销错误数字，应将全部数字划销，并保持原有数字清晰可辨，以便审查。对于文字错误，可只划去错误的部分。

【例 5-1】会计人员在记账中，将"1 465"元误记为"7 465"元。

更正方法为：应将错误数字"7 465"全部用红线注销后，再写上正确的数字"1 465"，而不是只删改一个"7"字。

（二）红字更正法

红字更正法是指用红字冲销原有错误的账户记录或凭证记录，以更正或调整账簿记录的一种方法。红字更正法一般有两种情形：

（1）记账后在当年内发现记账凭证中应借、应贷会计科目有错误，可以采用红字更正法。更正的方法是：用红字填写一张与原记账凭证完全相同的记账凭证，在摘要栏内写明"注销某月某日某号凭证"，并据以用红字登记入账，以示注销原记账凭证，然后用蓝字填写一张正确的记账凭证，并据以记账。

【例 5-2】A 车间领用甲材料 2 000 元用于一般消耗。填制记账凭证时，误将借方科目写成"生产成术"，并已登记入账。原错误记账凭证为：

借：生产成本　　　　　　　　　　　　　　　　　2 000
　　贷：原材料　　　　　　　　　　　　　　　　　　2 000

更正时，用红字填制一张与错误记账凭证内容完全相同的记账凭证，以冲销原错误记录。会计分录如下：

借：生产成本 $\boxed{2\ 000}$

贷：原材料 $\boxed{2\ 000}$

然后，用蓝字填一张正确的记账凭证，并登记入账。会计分录如下：

借：制造费用 2 000

贷：原材料 2 000

（2）会计科目无误而所记金额大于应记金额而造成的记账错误，可以采用红字更正法。更正方法是：记账凭证会计科目无误而所记金额大于应记金额时，按多记的金额用红字填制一张与原记账凭证应借、应贷科目完全相同的记账凭证，以冲销多记的金额，在摘要栏内写明"冲销某月某日第×号记账凭证多记金额"，以冲销多记的金额，并据以用红字登记入账。

【例5-3】某企业以银行存款归还银行短期贷款 50 000 元。误作下列记账凭证，并已登记入账。

借：短期贷款 500 000

贷：银行存款 500 000

发现错误后，应将多记的金额用红字填制与上述科目相同的会计分录。会计分录如下：

借：短期贷款 $\boxed{450\ 000}$

贷：银行存款 $\boxed{450\ 000}$

（三）补充登记法

补充登记法是在记账后发现记账凭证填写的应借、应贷会计科目无误，只是所记金额小于应记金额时，所采用的一种更正方法。更正的方法是：按少记的金额用蓝字填制一张与原记账凭证应借、应贷科目完全相同的记账凭证，在摘要栏内写明"补记某月某日第×号记账凭证少记金额"，以补充少记的金额，并据以用蓝字登记入账。

【例5-4】企业接受外单位投入资本 2 500 000 元，已存入银行。在填制记账凭证时，误将该金额写成 2 300 000 元，并已登记入账。

借：银行存款 2 300 000

贷：实收资本 2 300 000

发现错误后，应将少记的金额用蓝字编制一张与原记账凭证应借、应贷科目完全相同的记账凭证，登记入账。会计分录如下：

借：银行存款 200 000

贷：实收资本　　　　　　　　　　　　　　　　200 000

此外，根据《会计法》第十五条规定，使用电子计算机进行会计核算的，其会计账簿的登记、更正，应当符合国家统一的会计制度的规定。

6.7　思政导读：会计账簿造假会对企业和社会造成哪些危害

第六节　会计账簿的更换与保管

一、会计账簿的更换

会计账簿的更换通常在新会计年度建账时进行。总账、日记账和多数明细账应每年更换一次。在更换新账时，应将各账户的余额结转到新账簿每一行的余额栏内，并注明方向，同时在摘要栏内注明"上年结转"字样。通常变动不大的明细账可以连续使用，不需每年更换，如，备查账簿可以连续使用。

二、会计账簿的保管

年度终了，各种账户在结转下年、建立新账后，一般应将旧账集中统一管理。会计账簿暂由本单位财务会计部门保管一年。期满后，由本单位财务会计部门编造清册移交本单位的档案部门保管。

各种账簿应当按年度分类归档，编造目录，妥善保管。既保证在需要时迅速查阅，又保证各种账簿的安全和完整。保管期满后，还要按照规定的审批程序经批准后方可销毁。

【本 章 小 结】

会计账簿简称账簿，是由具有一定格式、相互联系的若干账页组成，以会计凭证为依据，全面、连续、系统、分类地记录每一项经济业务活动的会计簿籍。设置与登记账簿不仅是会计核算的专业核心环节，更是编制会计报表的基础。

会计账簿有多种不同用途和形式，按照其用途的不同，账簿可以分为日记账簿、分类账簿和备查账簿；按照其外表形式，账簿可以分为订本式账簿、活页式账簿和卡片式账簿。

企业应设立库存现金和银行存款特种日记账，专门记载库存现金和银行存款的收支业务。同时，还需设置总分类账簿和明细分类账簿，以提供总括性会计资料和详细会计资料，满足不同核算需求。总分类账簿一般采用三栏式账页，而明细分类账簿的账页格式可根据内容选择三栏式、数量金额式、多栏式和平行式等。为了保证账簿记录的正确性、完整性和合法性，启用和登记账簿都应该遵循相应的规则，并定期进行对账，以达到账证相符、账账相符、账实相符和账表相符的目的。

账簿是重要的经济档案，如果账簿记录发生了错误，必须根据具体情况，采用适当的方法予以更正。常用的错账更正方法有划线更正法、红字更正法和补充登记法三种。然后，根据正确的账簿记录定期结账。结算各种账簿的本期发生额和期末余额，据以编制会计报表。

【本章主要名词概念】

会计账簿　账簿记账规则　账簿核对　账实核对　账账核对　账簿格式　平行登记

【复习与思考】

1. 什么是会计账簿？会计账簿如何分类？

2. 什么是特种日记账？

3. 简述总分类账与明细分类账的关系。

4. 什么是总分类账与明细分类账的平行登记？

5. 错账的纠正方法有哪几种？分别适用于什么情况？

6. 什么是对账？对账的具体内容有哪些？

7. 结合社会主义核心价值观，阐述会计人员在登记会计账簿时应遵循的职业操守有哪些？

8. 在会计账簿工作中，如何体现诚信为本、操守为重的职业道德要求？

9. 思考在会计账簿工作中，如何通过提高会计人员的法治意识，进一步强化会计法律法规的执行力度。

10. 结合当前国家反腐倡廉的政策，思考会计账簿在防范和揭露经济犯罪中的作用。

11. 考虑到会计账簿在反映企业经济活动中的重要性，思考如何通过会计账簿管理提升企业的社会形象和信誉。

6.8　重要术语

6.9　会计账簿在我们生活中的应用

6.10　红色馆藏背后的故事

6.11　红色百宝第74集

6.12　装订会计账簿的一般步骤

第七章
财产清查

【学习目标】

1. 理解财产清查的意义和种类。

2. 掌握实物资产、货币资金和债权、债务的清查方法。

3. 掌握财产物资盘存制度。

4. 掌握银行存款余额调节表的编制方法。

5. 掌握财产清查结果的账务处理。

6. 培养学生遵纪守法、诚实守信的品质,强调会计职业道德在财产清查工作中的重要性。

7. 引导学生树立正确的人生观、价值观,自觉抵制不正当行为,维护企业财产安全。

8. 培养学生的团队协作精神,提高沟通与协作能力。

9. 激发学生的爱国情怀,使其关注国家经济发展,为实现中华民族伟大复兴贡献力量。

【本章知识逻辑结构图】

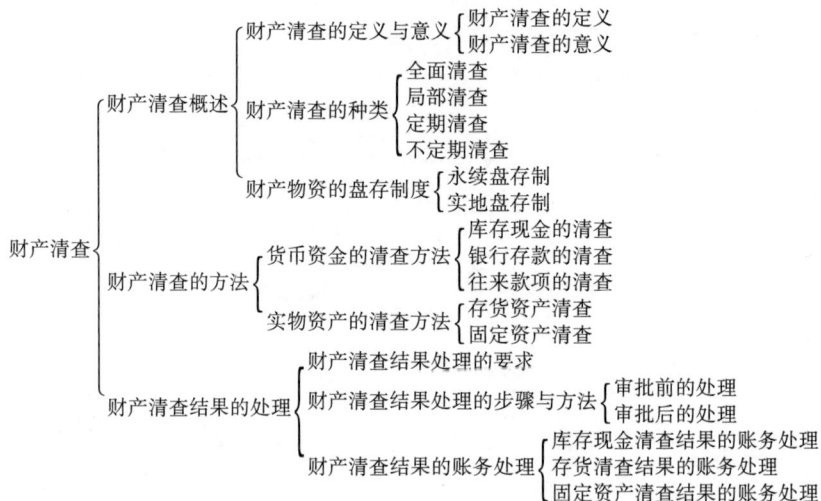

```
                        ┌ 财产清查的定义与意义 ┌ 财产清查的定义
                        │                      └ 财产清查的意义
            ┌ 财产清查概述 ┤                      ┌ 全面清查
            │              │ 财产清查的种类       │ 局部清查
            │              │                      │ 定期清查
            │              │                      └ 不定期清查
            │              └ 财产物资的盘存制度   ┌ 永续盘存制
            │                                     └ 实地盘存制
            │                                     ┌ 库存现金的清查
            │              ┌ 货币资金的清查方法   │ 银行存款的清查
财产清查 ┤ 财产清查的方法 ┤                      └ 往来款项的清查
            │              └ 实物资产的清查方法   ┌ 存货资产清查
            │                                     └ 固定资产清查
            │              ┌ 财产清查结果处理的要求
            │              │ 财产清查结果处理的步骤与方法 ┌ 审批前的处理
            └ 财产清查结果的处理 ┤                        └ 审批后的处理
                           │                      ┌ 库存现金清查结果的账务处理
                           └ 财产清查结果的账务处理 │ 存货清查结果的账务处理
                                                  └ 固定资产清查结果的账务处理
```

【引 导 案 例】

据中国裁判文书网报道：碧桂园山东区一名内部员工利用财务系统内部监管的漏洞，挪用公款 4 800 余万元。员工李某年仅 27 岁，大学专科文化，2018 年 12 月至 2020 年 4 月，担任珠海碧优管理咨询服务公司济南大区的出纳，为山东泰安碧桂园提供财务核算服务。在此期间，李某利用职务之便（自己手握 4 个网银 U 盾，自由转账），通过不断虚假申请，虚假上报，篡改信息等手段将「泰安市碧桂园、碧桂园地产集团有限公司」两个账户资金 4 800 余万元转到自己的个人账户。截至案发，李某已将挪用资金挥霍一空，主要用于以下支出：主播打赏 2 303 万元；游戏充值 1 511 万元；娱乐消费；借款给他人等 961 万元；其他支出 49 万元。类似案件说明，执行财产清查制度对于保全企业的财产安全是非常重要的。

第一节 财产清查概述

一、财产清查的定义与意义

（一）财产清查的定义

财产清查，是指通过对货币资金、实物资产的盘点与对银行存款、债权债务的核对来确定各项物资、货币资金、债权债务的实存数，并查明实存数与账存数是否相符的一种专门方法。

7.1 视频：财产清查定义及分类

（二）财产清查的意义

按照《会计法》的规定，每一个单位发生的日常经济业务、事项，都需要通过填制和审核会计凭证、登记账簿、试算平衡对账等一系列严密的会计处理方法，以保证账证相符和账账相符。从理论上来讲，各项财产的账存数与实存数应该是相符的。但在实际工作中，会有很原因使财产物资的账存数与实存数发生差异，造成不实。导致账实不符的常见原因有：

第一，收发物资过程中，由于计量、检验不准确产生的误差。

第二，财产物资在运输、保管、收发过程中，在数量上发生自然增减变化。

第三，由于管理不善或工作人员失职，造成财产损失、变质或短缺。

第四，由贪污、盗窃、营私舞弊造成的损失。

第五，未达账项，即票据传递时间差导致暂时性的账实不符。

第六，因自然灾害造成的非常损失等，都会影响账实的一致性。

因此，为了保证会计资料的真实、完整，必须在账簿记录的基础上，运用财产清查的手段，对各种财产物资进行定期或不定期的核对和盘点，具有十分重要的意义。财产清查的意义可概括如下：

第一，保证账实相符，提高会计资料的准确性。

通过财产清查，确定各项财产物资的实存数，并与其账存数进行核对，发现实存数与账存数存在差异，需查明原因，根据不同情况及时调整账簿记录，使账面数额与实存数额相符，以保证会计核算资料的真实、正确，为编制财务报表和进行管理提供可靠的会计信息。

第二，切实保障各项财产物资的安全完整。

通过财产清查，可以查明账实是否相符，财产物资有无短缺或毁损，发现问题及时采取相应措施，堵塞漏洞，建立健全财产物资的管理制度，确保各项财产物资的安全完整。

第三，加速资金周转，提高资金使用效益。

通过财产清查，不仅要对财产物资进行账实核对，还要查明各项财产物资的储存和使用情况，根据实际情况，建立合理的储备定额制度，对于超储积压、闲置不用或不合理应用的财产物资及时处理，从而促进财产物资的有效使用，充分利用各财产物资，加速资金周转，提高资金使用效益。

第四，确保财经纪律和结算制度的有效执行。

在财产清查中，对于债权债务等往来结算账款，要与对方逐一核对清楚。通过核对，可查明企业与银行及其他单位或个人的款项往来，是否符合结算制度和合同规定；查明单位有关业务人员是否遵守财经纪律和结算纪律，有无贪污盗窃、挪用公款等情况；查明资金使用是否合理，是否符合党和国家的方针政策和法规。对于各种应收、应付账款应及时结算，避免长期拖欠和长期挂账，从而促使企业自觉遵守财经法纪，自觉维护商业信用；使工作人员更加自觉遵纪守法，自觉维护和遵守财经纪律。

二、财产清查的种类

（一）按照清查对象与清查范围的不同分类

财产清查分为全面清查与局部清查两种。

1. 全面清查

全面清查就是企业对所有财产物资进行的全面盘点和核对。企业实施全面清查的内容，主要包括：

（1）库存现金、银行存款、其他货币资金等货币资金及各种有价证券。

（2）固定资产、原材料、在产品、半成品、产成品及其他物资。

（3）在途的各种材料物资、委托加工物资。

（4）各种往来结算款项、预算缴拨款项。

（5）各项其他单位加工或保管的材料、商品及物资。

全面清查的内容多，范围广，一般出现以下情况时，需要进行全面清查：

（1）年终决算前，为保证年终决算会计资料的真实正确，需进行一次全面清查。

（2）单位撤销、分立、合并或改变隶属关系时，要进行全面清查。

（3）中外合资、国内联营时，要进行全面清查。

（4）开展清产核资时，要进行全面清查。

（5）单位主要负责人调离工作岗位，需要进行全面清查。

2. 局部清查

局部清查是根据需要对一部分财产所进行的清查。局部清查的范围小、内容少，但专业性较强，一般有以下几种情况：

（1）对于库存现金，应由出纳人员在每日终了时清点核对。

（2）对于银行存款和银行借款，应由出纳人员每月同银行核对一次。

（3）对于存货，除年度清查外，还应有计划地每月重点抽查；对于贵重物资，每月都应清查盘点一次。

（4）对于各种往来款项，每年至少核对一至两次；有问题的要及时核对，及时解决。

（二）按照清查时间的不同分类

财产清查分为定期清查与不定期清查两种。

1. 定期清查

定期清查就是按预先安排的时间对财产进行清查，一般在年度、季度、月份、每日结账时进行。例如，每日结账时，要对库存现金进行账实核对；每月结账时，要对银行存款日记账进行对账；年底决算前，要进行全面清查等。

定期清查可以是全面清查，也可以是局部清查。

2. 不定期清查

不定期清查是指事先并未规定时间，而是根据实际需要所进行的临时性清查。如更换财产物资和现金保管人员时，要对有关人员所保管的财产物资和现金进行清查，以分清经济责任；发生非常灾害和意外损失时，要对受灾损失的有关财产进行清查，以查明损失情况；上级主管、财政和银行等部门要对本单位进行会计检查时，应按检查的要求和范围进行清查，以验证会计资料的准确性；进行临时性的清产核资工作时，要对本单位的财产进行清查，以摸清家底等。

不定期清查可以是全面清查，也可以是局部清查，应依实际需要而定。

三、财产物资的盘存制度

财产物资的盘存制度有永续盘存制和实地盘存制两种。

（一）永续盘存制

永续盘存制，也称账面盘存制，是指在日常核算中，对各项财产物资按规格、品种逐一设置明细分类账，逐笔或逐日登记收入和发出数量，并且随时结出结存数量的一种盘存制度。这一方法通常也称为"以耗计存"或"以销计存"，即：

期末结存数＝期初账面结存数＋本期增加数－本期减少数

采用永续盘存制的缺点主要是日常核算的工作量较大。其优点主要在于：对财产物资的收发情况都进行详细的账簿记录，能随时反映各项财产物资的收入、发出和结存动态，有利于企业适时安排采购和控制库存。此外，通过盘点、核对账实，可以及时发现非常损失，保护财产的安全和完整。这种盘存制度为各企业单位广泛采用。

（二）实地盘存制

实地盘存制，也称定期盘存制，是指平时在账簿中只登记增加数，不登记减少数，期末对各项财产物资进行实地盘点确定期末实际结存数，并倒挤出本期减少数的一种盘存制度。这种盘存制度通常也称为"以存计耗"或"以存计销"。即：

本期减少数＝期初账面结存数＋本期增加数－期末结存数

实地盘存制的主要优点在于：平时可以只记录增加数，不记录减少数，月末根据实地盘点，汇总计算发出部分的成本，一次登记总账，从而大大简化了记账工作。

实地盘存制的主要缺点在于：（1）平时只记录增加数，不记录减少数，不能随时反映各项财产物资的收入、发出和结存动态。（2）以存计耗或以存计销，掩盖了非正常损耗等情况，在很大程度上削弱了企业对财产物资的控制，不利于企业对各项财产物资的管理。（3）不能随时结转销售或耗用成本，只能定期一次结转，影响会计核算的及时性。因此，非特殊原因，一般情况下不宜采用这种盘存制度。

需要注意的是，在两种盘存制度下，都需要对存货进行盘点，但其目的和时间要求不同。在实地盘存制下，每月月末均需要进行盘点，其主要目的是通过盘点确认期末实存数并且倒算出本期减少数。在永续盘存制下，不必每月月末进行盘点，但应当定期进行盘点，其主要目的是通过盘点确定实存数，并将实存数与账面数进行核对，以确定账实是否相符。

第二节　财产清查的方法

一、财产清查的准备工作

财产清查是一项复杂的工作、其工作内容涉及面广，涉及的人员多，为了有效完成这项工作，在财产清查之前，应该充分做好组织上和物质上的准备工作。

（一）组织准备

为了有计划地开展清查工作，在财产清查前，应在财务总监或总会计师及有关主管厂长的领导下，成立由财务部门牵头，有设备、技术、生产、行政及有关部门参加的财产清查领导小组，负责财产清查的领导和组织工作，其具体任务主要有：

（1）在财产清查前，根据清查的目的和管理制度或有关部门的要求，拟定财产清查工作的详细计划，确定财产清查的对象和范围，安排清查工作的详细步骤，配备财产清查的具体人员等。

（2）在财产清查过程中，及时了解掌握清查工作进度，检查和督促清查工作，并研究财产清查工作中出现的问题。

（3）在财产清查工作结束后，写出财产清查工作的书面报告。

（二）业务准备

为了财产清查工作的顺利进行，会计部门和有关业务部门要做好各项业务准备工作。业务准备工作主要有以下几项：

（1）会计部门应在进行财产清查之前，为账实核对提供正确的账簿资料，并将有关账簿登记齐全，结出余额。

（2）财产物资保管和使用部门应登记好所经管的财产物资明细

7.2　"90 后"
会计的豪车梦

173

账，并整理好实物，贴上标签，标明品种、规格和数量，以便于盘点核对。

（3）准备好各种计量器具和登记用的清单、表册，例如"盘存单""实存账存对照表"等。

二、财产清查的方法

（一）货币资金的清查方法

1. 库存现金的清查

库存现金的清查是采用实地盘点法确定库存现金的实存数，然后与库存现金日记账的账面余额相核对，确定账实是否相符。

对库存现金进行盘点时，出纳人员必须在场，有关业务必须在库存现金日记账中全部登记完毕。盘点时，一方面要注意账实是否相符，另一方面还要检查现金管理制度的遵守情况，如库存现金有无超过限额，有无白条抵库、挪用舞弊等情况。盘点完毕后，应填制"库存现金盘点报告表"，并由盘点人员和出纳员共同签字或盖章；"库存现金盘点报告表"既具有现金实存账存比照表的作用，也是用于调整账簿记录的原始凭证。其一般格式如表 7 - 1 所示。

表 7 - 1 现金盘点报告表

单位名称： 年 月 日

实存金额	账存金额	实存与账存对比		备注
		盘盈	盘亏	

盘点人： 出纳员：

2. 银行存款的清查

银行存款的清查是采用与开户银行核对账目的方法进行的，即将本单位银行存款日记账的账簿记录与开户银行转来的对账单逐笔进行核对，来查明银行存款的实有数额。银行存款的清查一般在月末进行。

（1）银行存款日记账与银行对账单不一致的原因。

将截止到清查日所有银行存款的收付业务都登记入账后，对发生的错账、漏账应及时查清更正，再与银行的对账单逐笔核对。如果二者余额相符，通常说明没有错误；如果二者余额不相符，那么可能是

7.3 视频：银行存款的清查

企业或银行一方或双方记账过程有错误或者存在未达账项。

未达账项，是指企业和银行之间由于同一笔收付业务记账时间不一致而发生的一方已经入账，而另一方尚未入账的事项。未达账项有以下四种情况：

①企业已收款入账，而银行未收款未记账的款项。

②企业已付款入账，而银行未付款未记账的款项。

③银行已收款入账，而企业未收款未记账的款项。

④银行已付款入账，而企业未付款未记账的款项。

上述任何一种未达账项的存在，都会使企业银行存款日记账的余额与银行开出的对账单的余额不符。所以，在与银行对账时首先应查明是否存在未达账项，如果存在未达账项，就应该编制"银行存款余额调节表"，据以调节双方的账面余额，确定企业银行存款实有数。

（2）银行存款清查的步骤。

银行存款的清查按以下四个步骤进行。

①将本单位银行存款日记账与银行对账单，以结算凭证的种类、号码和金额为依据，逐日逐笔核对。凡双方都有记录的，用铅笔在金额旁打上记号"√"。

②找出未达账项（即银行存款日记账和银行对账单中没有打"√"的款项）。

③将日记账和对账单的月末余额及找出的未达账项填入"银行存款余额调节表"，并计算出调整后的余额。

④将调整平衡的"银行存款余额调节表"，经主管会计签章后，呈报开户银行。

凡有几个银行户头以及开设有外币存款户头的单位，应分别按存款户头开设"银行存款日记账"。每月月底，应分别将各户头的"银行存款日记账"与各户头的"银行对账单"核对，并分别编制各户头的"银行存款余额调节表"。

银行存款余额调节表的编制，是以双方账面余额为基础，各自分别加上对方已收款入账而己方尚未入账的数额，减去对方已付款入账而己方尚未入账的数额。

其计算公式如下：

企业银行存款日记账余额＋银行已收企业未收款－银行已付企业未付款＝银行对账单存款余额＋企业已收银行未收款－企业已付银行未付款

下面举例说明"银行存款余额调节表"的编制方法。

【例7-1】甲公司2024年5月31日银行存款日记账的账面余额为85 500元，银行对账单上的余额为199 350元，经逐笔核对，发现有下列未达账项：

（1）5月29日，甲公司为采购原材料开出转账支票一张计150 000元，公司已登记入账，银行尚未入账。

（2）5月30日，甲公司销售产品收到转账支票一张计123 000元，将支票存入银行，而银行尚未入账。

（3）5月30日，银行收到购货方汇来的货款100 900元，银行已经登记入账，企业尚未收到银行的收款通知，未入账。

（4）5月31日，银行代企业支付电费13 250元，银行已登记入账，企业尚未收到银行的付款通知，尚未入账。

（5）5月31日，银行代企业支付水费800元，银行已登记入账，企业尚未收到银行的付款通知，尚未入账。

根据上述未达账项编制"银行存款余额调节表"，如表7-2所示。

表7-2　　　　　　　　银行存款余额调节表

2024年5月31日　　　　　　　　单位：元

项目	金额	项目	金额
银行存款日记账余额	85 500	银行对账单余额	199 500
加：银行已收，企业未收	100 900	加：企业已收，银行未收	123 000
减：银行已付，企业未付	14 050	减：企业已付，银行未付	150 000
调节后余额	172 350	调节后余额	172 350

3. 银行余额调节表的作用

（1）银行存款余额调节表是一种对账记录或对账工具，不能作为调整账面记录的依据，即不能根据银行存款余额调节表中的未达账项来调整银行存款账面记录，未达账项只有在收到有关凭证后才能进行有关的账务处理。

（2）调节后的余额如果相等，通常说明企业和银行的账面记录一般没有错误，该余额通常为企业可以动用的银行存款实有数。

（3）调节后的余额如果不相等，通常说明一方或双方记账有误，需进一步追查，查明原因后予以更正和处理。

（二）实物资产的清查方法

实物资产主要包括固定资产、存货等。实物资产的清查就是对实物资产在数量和质量上所进展的清查。常用的清查方法主要有实地盘点法和技术推算法。

176

1. 实地盘点法

实地盘点法是通过实地逐一清点数量或用计量仪器确定实物财产实存数的一种清查方法，适用于一般实物资产。这种方法准确可靠，运用范围广，但工作量较大。

2. 技术推算法

技术推算法是指利用技术方法推算财产物资的实存数。这种方法适用于大量成堆、难以逐一清点的财产物资，如煤矿、沙石等。

为了明确经济责任，盘点时，实物保管人员必须在场并参加盘点工作。对盘点的结果应如实地登记在"盘存单"上，并经盘点人员和实物保管人员共同签章方生效。"盘存单"是记录实物盘点结果的书面证明，也是反映实物财产实有数的原始凭证。其一般格式如表 7 – 3 所示。

表 7 – 3 盘存单

单位名称： 财产类别： 盘点时间： 存放地点： 编号：

序号	名称	规格型号	计量单位	数量	单价	金额	备注

盘点人： 保管人：

需将盘点成果与账面余额进行对照检查，以确认账面记录与实际库存是否一致。若在核对过程中发现账实不一致的情况，应依据实际盘点出现的盈余或短缺情况编制"实际库存与账面库存对比表"（亦称盘盈盘亏报告）。该"实际库存与账面库存对比表"是剖析盈亏成因、界定经济责任的关键依据，同时也是对账面记录进行修正的原始凭证。其标准格式可参照表 7 – 4 所示。

表 7 – 4 实存账存对比表

单位名称： 年 月 日 编号：

序号	名称	规格型号	计量单位	单价	实存		账存		实存与账存对比				备注
					数量	金额	数量	金额	盘盈		盘亏		
									数量	金额	数量	金额	
金额合计													

盘点人： 会计：

（三）往来款项的清查方法

往来款项主要包括应收、应付款项和预收、预付款项等。往来款项的清查一般采用发函询证的方法进行核对。

往来款项清查以后，将清查结果编制"往来款项清查报告单"，填列各项债权、债务的余额。对于有争执的款项以及无法收回的款项，应在报告单上详细列明情况，以便及时采取措施进行处理，防止或减少坏账损失。"往来款项对账单"的格式和内容如表 7 – 5 所示。

表 7 – 5

往来款项对账单

_____单位：

你单位 2024 年 5 月 6 日到我公司购买产品 1 000 件，已付货款 80 000 元，尚有 4 000 元货款未付，请核对后将回联单寄回。

清查单位：　　　（盖章）
2024 年 6 月 30 日

沿此虚线裁开，将以下回联单寄回！

往来款项对账单（回联）

_____清查单位：

你单位寄来的"往来款项对账单"已收到，经核对相符无误。

××单位（盖章）
2024 年 6 月 30 日

发出单位收到对方的回单后，对错误的账目应及时查明原因，并按规定的方法加以更正，最后根据清查结果编制"往来款项清查报告表"。

7.4 思政案例：广州浪奇虚增存货：财务造假的冰山一角与市场警示

第三节　财产清查结果的处理

一、财产清查结果处理的要求

对于财产清查中发现的问题，如财产物资的盘盈、盘亏、毁损或其他损失，应核实情况，并对产生这些问题的原因进行深入调查与分析。按照国家相关法律法规的规定进行相应的处理。

财产清查结果处理的具体要求有：

（1）分析产生差异的原因和性质，提出处理建议；

（2）积极处理积压财产，清理往来款项；

（3）总结经验教训，建立和健全各项管理制度；

（4）及时调整账簿记录，保证账实相符。

二、财产清查结果处理的步骤与方法

对于财产清查结果的处理，可分为以下两种情况：

1. 审批前的处理

根据"清查结果报告表""盘点报告表"等已经查实的数据资料，填制记账凭证，记入有关账簿，使账簿记录与实际盘存数相符，同时根据权限，将处理建议报股东大会或董事会，或经理（厂长）会议或类似机构批准。

2. 审批后的处理

企业清查的各种财产的损益，应于期末前查明原因，并根据企业的管理权限，经股东大会或董事会，或经理（厂长）会议或类似机构批准后，在期末结账前处理完毕。企业应严格按照有关部门对财产清查结果提出的处理意见进行账务处理，填制有关记账凭证，登记有关账簿，并追回由于责任者原因造成的财产损失。

企业清查的各种财产的损溢，如果在期末结账前尚未经批准，在对外提供财务报表时，先按上述规定进行处理，并在附注中作出说明，其后批准处理的金额与已处理金额不一致的，调整财务报表相关项目的年初数。

三、财产清查结果的账务处理

（一）设置"待处理财产损溢"账户

为了记录、反映企业在财产清查过程中的各种财产物资的盘盈、盘亏、毁损及其处理情况，应设置"待处理财产损溢"账户（但固定资产盘盈是通过"以前年度损益调整"账户核算），该账户属于暂记账户，也称过渡账户、调整账户，用以专门核算已发生需经批准转销的财产物资的损益。其借方登记财产物资的盘亏数、毁损数和批准转销的财产物资盘盈数；贷方登记财产物资的盘盈数和批准转销的财产物资盘亏及毁损数。

该账户属于双重性质的资产类账户，下设"待处理流动资产损溢"和"待处理非流动资产损溢"两个明细分类账户进展明细分类核算。企业清查的各种财产的盘盈、盘亏和毁损应在期末结账前处理完毕，所以"待处理财产损溢"账户在期末结账后没有余额。

（二）库存现金清查结果的账务处理

1. 库存现金盘盈的账务处理

库存现金盘盈时，应根据"现金盘点报告表"确定的现金盘盈数，及时办理库存现金的入账手续，调整库存现金账簿记录，即按盘盈的金额借记"库存现金"科目，贷记"待处理财产损溢——待处理流动资产损溢"科目。

对于盘盈的库存现金，应及时查明原因，按管理权限报经批准后，按盘盈的金额借记"待处理财产损溢——待处理流动资产损溢"科目，按需要支付或退还他人的金额贷记"其他应付款"科目，按无法查明原因的金额贷记"营业外收入"科目。

【例 7-2】甲公司在财产清查中，发现库存现金账款 350 元，其原因无法查明，按管理权限报经批准，列作营业外收入。

（1）库存现金盘盈时，会计分录如下：

借：库存现金 350
　　贷：待处理财产损溢——待处理流动资产损溢 350

（2）报经批准后，会计分录如下：

借：待处理财产损溢——待处理流动资产损溢 350
　　贷：营业外收入 350

2. 库存现金盘亏的账务处理

库存现金盘亏时，应及时办理盘亏确认手续，调整库存现金账簿记录，即按盘亏的金额借记"待处理财产损溢——待处理流动资产损溢"科目，贷记"库存现金"科目。

对于盘亏的库存现金，应及时查明原因，按管理权限报经批准后，由可收回的保险赔偿和过失人赔偿的金额借记"其他应收款"科目，由管理不善等原因造成净损失的金额借记"管理费用"科目，由自然灾害等原因造成净损失的金额借记"营业外支出"科目，按原记入"待处理财产损溢——待处理流动资产损溢"科目借方的金额贷记本科目。

【例 7-3】乙公司在财产清查中，发现库存现金短款 220 元，其原因无法查明，按管理权限报经批准，列作管理费用。

（1）库存现金盘亏时，会计分录如下：

借：待处理财产损溢——待处理流动资产损溢 220
　　贷：库存现金 220

（2）报经批准后，会计分录如下：

借：管理费用 220
　　贷：待处理财产损溢——待处理流动资产损溢 220

（三）存货清查结果的账务处理

1. 存货盘盈的账务处理

存货盘盈时，应及时办理存货入账手续，调整存货账簿的实存数。盘盈的存货应按其重置成本作为入账价值借记"原材料""库存商品"等科目，贷记"待处理财产损溢——待处理流动资产损溢"科目。

对于盘盈的存货，应及时查明原因，按管理权限报经批准后，冲减管理费用，即按其入账价值，借记"待处理财产损溢——待处理流动资产损溢"科目，贷记"管理费用"科目。

【例7-4】甲公司在财产清查中，盘盈材料一批，按同类材料估计确定其成本为1 000元，经查系平时收发计量误差所致，按管理权限报经批准，冲减管理费用。

（1）假定不考虑增值税因素，材料盘盈时，会计分录如下：

借：原材料　　　　　　　　　　　　　　　　1 000

　　贷：待处理财产损溢——待处理流动资产损溢　　1 000

（2）报经批准后，会计分录如下：

借：待处理财产损溢——待处理流动资产损溢　　1 000

　　贷：管理费用　　　　　　　　　　　　　　1 000

2. 存货盘亏的账务处理

存货盘亏时，应按盘亏的金额借记"待处理财产损溢——待处理流动资产损溢"科目，贷记"原材料""库存商品"等科目。材料、产成品、商品采用方案成本（或售价）核算的，还应同时结转成本差（或商品进销差价）。涉及增值税的，还应进行相应处理。

对于盘亏的存货，应及时查明原因，按管理权限报经批准后，由可收回的保险赔偿和过失人赔偿的金额借记"其他应收款"科目，由管理不善等原因造成净损失的金额借记"管理费用"科目，由自然灾害等原因造成净损失的金额借记"营业外支出"科目，按原记入"待处理财产损溢——待处理流动资产损溢"科目借方的金额贷记本科目。

【例7-5】乙公司在财产清查中，材料盘亏2 000元，经查系平时收发计量误差所致，按管理权限报经批准，列作管理费用。

（1）假定不考虑增值税因素，材料盘亏时，会计分录如下：

借：待处理财产损溢——待处理流动资产损溢　　2 000

　　贷：原材料　　　　　　　　　　　　　　　2 000

（2）报经批准后，会计分录如下：

借：管理费用　　　　　　　　　　　　　　　2 000

　　贷：待处理财产损溢——待处理流动资产损溢　　2 000

【例7-6】丙公司在财产清查中，发现一批库存商品毁损，其成本8 000元，经查系保管员保管不慎所致，按管理权限报经批准，由个人赔偿2 000元，净损失6 000元列作管理费用。

(1) 假定不考虑增值税因素，材料毁损时，会计分录如下：

借：待处理财产损溢——待处理流动资产损溢　　8 000
　　贷：库存商品　　　　　　　　　　　　　　　　　8 000

(2) 报经批准后，会计分录如下：

借：其他应收款　　　　　　　　　　　　　　2 000
　　管理费用　　　　　　　　　　　　　　　　6 000
　　贷：待处理财产损溢——待处理流动资产损溢　8 000

（四）固定资产清查结果的账务处理

1. 固定资产盘盈的账务处理

企业在财产清查过程中盘盈的固定资产，经查明确属企业所有，按管理权限报经批准后，应根据盘存凭证填制固定资产交接凭证，经有关人员签字后送交企业会计部门，填写固定资产交接凭证，经有关人员签字后送交企业会计部门，填写固定资产卡片账，并作为前期过失处理，通过"以前年度损益调整"科目核算。盘盈的固定资产通常按其重置成本作为入账价值借记"固定资产"科目，贷记"以前年度损益调整"科目。涉及增值税、所得税和盈余公积的，还应按相关规定处理。

【例7-7】甲公司在财产清查中，发现一台未入账的设备，其重置成本为60 000元。假定不考虑增值税和递延所得税等因素，固定资产盘盈时，会计分录如下：

借：固定资产　　　　　　　　　　　　　　60 000
　　贷：以前年度损益调整　　　　　　　　　　60 000

2. 固定资产盘亏的账务处理

固定资产盘亏时，应及时办理固定资产注销手续，按盘亏固定资产的账面价值，借记"待处理财产损溢——待处理非流动资产损溢"科目，按已提折旧额，借记"累计折旧"科目，按其原价，贷记"固定资产"科目。涉及增值税和递延所得税的，还应按相关规定处理。

对于盘亏的固定资产，应及时查明原因，按管理权限报经批准后，按过失人及保险公司应赔偿额，借记"其他应收款"科目，按盘亏固定资产的原价扣除累计折旧和过失人及保险公司赔偿后的差额，借记"营业外支出"科目，按盘亏固定资产的账面价值，贷记"待处理财产损溢——待处理非流动资产损溢"科目。

【例7-8】甲公司年终财产清查发现盘亏设备一台，账面价值为50 000元，已提折旧30 000元。

7.6 视频：固定资产的清查、往来款项的清查

（1）批准处理前，根据固定资产盘盈盘亏表，会计分录如下：

借：待处理财产损溢——待处理非流动资产损溢 20 000

　　　累计折旧　　　　　　　　　　　　　30 000

　　　贷：固定资产　　　　　　　　　　　　　　50 000

（2）经查明，盘亏是自然灾害造成的，保险公司同意赔偿 25 000 元，其余损失经批准列入营业外支出，会计分录如下：

借：其他应收款——××保险公司　　　　　25 000

　　营业外支出　　　　　　　　　　　　　5 000

　　　贷：待处理财产损溢——待处理非流动资产损溢 30 000

（五）结算往来款项盘存的账务处理

在财产清查过程中发现的长期未结算的往来款项，应及时清查。查明确实无法收回的应收款项和无法支付的应付款项，不通过"待处理财产损溢"账户进行核算。对于经查明确实无法支付的应付款项可按规定程序报经批准后，转作营业外收入。无法收回的应收款项应作为坏账损失冲减坏账准备。坏账是指企业无法收回或收回的可能性极小的应收款项。由于发生坏账而产生的损失，称为坏账损失。企业通常应将符合以下条件之一的应收款项确认为坏账：

（1）债务人死亡，以其遗产清偿后仍然无法收回；

（2）债务人破产，以其破产财产清偿后仍然无法收回；

（3）债务人较长时间内未履行其偿债义务，并有足够的证据说明无法收回或者收回的可能性极小。

企业对有确凿证据说明确实无法收回的应收款项，经批准后作为坏账损失。对于已确认为坏账的应收款项，并不意味着企业放弃了追索权。一旦重新收回，应及时入账。

我国会计准则规定，对应收款项应采用备抵法计提坏账准备。"坏账准备"属于资产类备抵账户，企业可以自行确定计提坏账准备的方法，但计提的方法一经确定，不得随意变更。期末计提坏账准备时，借记"信用减值损失"科目，贷记"坏账准备"科目。对于财产清查中确实不能收回的应收款项，应按照企业管理权限，经股东大会、董事会、经理（厂长）会议或类似机构批准作为坏账损失，冲销计提的坏账准备。经批准作为坏账损失的应收款项，应减少应收款项的账面价值，同时确认实际发生的坏账损失金额，借记"坏账准备"科目，贷记"应收账款"等科目。

【例 7-9】2023 年 12 月末，甲公司应收 B 企业货款 100 000 元，经查明该公司已经破产，属于无法收回的款项，经批准转作坏账损失。

借：坏账准备　　　　　　　　　　　　100 000

贷：应收账款   100 000

【例 7 – 10】2023 年 12 月末，甲公司在财产清查中发现，应付乙公司货款 5 000 元已无法支付，经批准应予以转销。

借：应付账款——乙公司   5 000

贷：营业外收入   5 000

【例 7 – 11】A 公司自 2022 年年末开始计提坏账准备，2022 年年末应收账款余额为 400 万元，2023 年 6 月发生坏账 2.2 万元，2023年年末应收账款余额为 440 万元，2024 年 1 月收回上年已转销的坏账 1 万元，2024 年年末应收账款余额为 500 万元。企业各年坏账准备的提取比例均为 5%。

(1) 2022 年年末提取坏账准备 200 000 元（4 000 000 × 5%）：

借：信用减值损失——计提坏账准备   200 000

贷：坏账准备   200 000

(2) 2023 年 6 月发生坏账 22 000 元：

借：坏账准备   22 000

贷：应收账款   22 000

(3) 2023 年年末补提坏账准备 42 000 元（4 400 000 × 5% – 200 000 + 22 000）：

借：信用减值损失——计提坏账准备   42 000

贷：坏账准备   42 000

(4) 2024 年 1 月收回已转销坏账 10 000 元：

借：银行存款   10 000

贷：应收账款   10 000

借：应收账款   10 000

贷：坏账准备   10 000

(5) 2024 年年末补提坏账准备 20 000 元（5 000 000 × 5% – 220 000 – 10 000）：

借：信用减值损失   20 000

贷：坏账准备   20 000

企业估计应收账款收不回来时，提取坏账准备。

借：信用减值损失

贷：坏账准备

对于确认无法收回的应收款项，那么应作为坏账损失冲减坏账准备。

【本 章 小 结】

财产清查，是指通过对货币资金、实物资产和往来款项的盘点或核对，确定其实存数，并查明账存数与实存数是否相符的一种专门方法。财产清查按照清查对象与清查范围的不同，分为全面清查与局部清查两种；按照清查时间的不同，又分为定期清查与不定期清查两种。

企业应根据清查对象的不同，采用不同的清查方法。其中，实物的清查方法主要有实地盘点法、技术推算法和抽样盘点法；库存现金的清查方法是实地盘点法；银行存款的清查，是采用与开户银行核对账目的方法进行的，如果银行存款日记账的余额和银行对账单的余额不一致，可能是记账错误引起，或者是因为存在未达账项，如果发现未达账项，应编制"银行存款余额调节表"进行调节。"银行存款余额调节表"只起着对账作用，不能根据调节表更改账簿记录，应在收到有关原始凭证之后，再登记入账；对于各种往来款项一般采取"函证核对法"进行清查。

对于财产清查的结果，只要账实不符，都要进行处理。财产清查结果的账务处理过程中，需设置"待处理财产损溢"账户，用来核算企业在清查财产过程中查明的各种财产物资的盘盈、盘亏和毁损。财产清查结果的账务处理分为两步：第一步，审批之前，根据"盘点报告表""实存账存对比表"等原始凭证调整账簿记录，使之与实际盘存数相符。第二步，审批之后，根据有关审批意见及书面文件，对待处理的盘盈或盘亏数额进行结转。

【本章主要名词概念】

财产清查　实物资产　盘点　财产损失　财产清查制度

【复习与思考】

1. 财产清查主要包括哪几种类型？各有什么特点？
2. 实物财产清查的方法有哪些？如何选择合适的盘点方法？
3. 货币资金清查的主要内容包括哪些？
4. 应收账款和应付账款清查的目的是什么？如何进行清查？
5. 财产清查结果出现盘盈、盘亏时应如何处理？
6. 财产清查中如何体现会计职业道德和法治观念？
7. 结合实际，谈谈财产清查对企业财务管理的作用。
8. 财产清查在审计中的作用是什么？审计人员如何利用财产清查结果？
9. 结合国家相关法律法规，谈谈财产清查在维护企业合法权益方面的意义。
10. 如何运用现代信息技术提高财产清查的智能化、信息化水平？

7.7　名词概念

7.8　财产清查在我们生活中的应用

7.9　中央行政事业单位固定资产清查盘点出新规

7.10　全国粮库大清查

第八章

财务会计报告

【本章知识逻辑结构图】

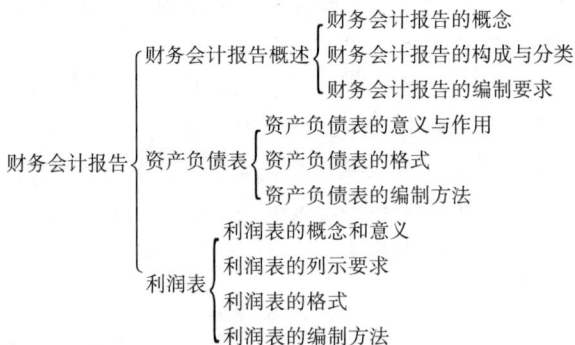

财务会计报告
- 财务会计报告概述
  - 财务会计报告的概念
  - 财务会计报告的构成与分类
  - 财务会计报告的编制要求
- 资产负债表
  - 资产负债表的意义与作用
  - 资产负债表的格式
  - 资产负债表的编制方法
- 利润表
  - 利润表的概念和意义
  - 利润表的列示要求
  - 利润表的格式
  - 利润表的编制方法

【引 导 案 例】

王建明在大学毕业后开始自主创业，向父母赞助出资200 000元，创立了一家独资公司。半年后，公司因资金周转需要，向中国银

行申请贷款 50 000 元，贷款期限为半年。中国银行出于对该公司财
务状况的考量，要求其提供最新财务报表。然而，公司当时仅能给出
一张结账后的试算平衡表，银行信贷人员对此表示不认可，并要求该
公司提供如下信息和资料：第一，公司贷款的具体用途；第二，公司
近期的经营情况；第三，公司的发展前景；第四，公司的负债能力状
况；第五，公司近期的资产负债表、利润表以及现金流量表。王建明
认为银行信贷人员的要求是为深入了解他公司的财务状况、经营成果
和现金流量等会计报表信息，以保障贷款安全。如果他公司的会计报
表信息满足贷款要求，公司便有望获得 50 000 元贷款，于是要求公
司会计人员严谨、精准地编制出最近的资产负债表、利润表和现金流
量表，并提交给银行。

第一节　财务会计报告概述

一、财务会计报告的概念

财务会计报告，是指企业对外提供的反映企业某一特定日期财务
状况和某一会计期间经营成果、现金流量等会计信息的文件。它是企
业根据日常的会计核算资料归集、加工和汇总后形成的，是企业会计
核算的最终成果。财务报告包括财务报表、财务报表附注和财务情况
说明书。

财务报表是财务报告的主体和核心。一套完整的财务报表至少应
当包括"四表一注"，即资产负债表、利润表、现金流量表、所有者
权益（或股东权益）变动表以及附注，不包括董事报告及财务情况
说明书等列入财务报告的资料。

资产负债表、利润表和现金流量表分别从不同角度反映企业的财
务状况、经营成果和现金流量。

所有者权益变动表反映构成所有者权益的各组成部分当期的增减
变动情况。企业的净利润及其分配情况是所有者权益变动表的重要组
成部分。

财务报表附注是对在资产负债表、利润表、现金流量表和所有者
权益变动表等报表中列示项目的文字描述或明细资料，以及对未能在
这些报表中列示的项目的说明等。

财务情况说明书是对企业一定会计期间内生产经营、资金周转和
利润实现及分配等情况的综合性说明。

二、财务会计报告的构成与分类

（一）财务会计报告的构成

《企业会计准则——基本准则》第四十四条规定：财务会计报告包括会计报表及其附注和其他应当在财务会计报告中披露的相关信息和资料。

1. 财务报表

财务报表是财务会计报告的主要组成部分，它们分别从不同的角度反映了企业的财务状况、经营成果和现金流量情况。从内容上看，财务报表包括资产负债表、利润表、现金流量表和所有者权益（或股东权益）变动表等主表，以及资产减值准备明细表、利润分配表等附表组成。从结构上看，财务报表由表内、附注两部分组成。其中，表内部分是主体，附注部分起到支持和补充的作用。

2. 会计报表附注

会计报表附注是对在资产负债表、利润表、现金流量表和所有者权益变动表等报表中列示项目的文字描述或明细资料，以及对未能在这些报表中列示的项目的说明等。

3. 其他需要披露的相关信息和资料

其他需要披露的相关信息和资料的编制基础与方式可以不受会计准则的约束，提供的信息十分广泛，并且提供相关信息的形式灵活多样，包括定性信息和非会计信息。其主要内容包括董事会报告、财务状况说明书、监事会报告等。

（二）财务报表的分类

财务报表是财务报告的主体和核心。一套财务报告至少包括"四表一注"即资产负债表、利润表、现金流量表、所有者权益变动表以及附注，不包括董事报告、财务情况说明书等列入财务报告的资料。

1. 按编制的主体分类

财务报表按编制的主体可分为个别财务报表和合并财务报表。

（1）个别财务报表，是由单独的企业或会计主体编制的财务报表，主要反映该企业或会计主体的财务状况、经营成果和现金流量情况。

（2）合并财务报表，是以母公司和子公司组成的企业集团为会计主体，根据母公司和所属子公司的财务报表，由母公司编制的综合反映企业集团财务状况、经营成果及现金流量的财务报表。

2. 按财务报表编制时间分类

财务报表按编制时间可分为中期财务报表和年度财务报表。

（1）中期财务报表，是以短于一个完整会计年度的报告期间（如月度、季度、半年度）为基础编制的财务报表。

（2）年度财务报表，是以整个会计年度为基础编制的财务报表，它反映了企业一整年的财务状况、经营成果和现金流量。

3. 按反映的经济内容分类

财务报表按反映的经济内容可分为反映企业财务状况及其变动情况的报表和反映企业经营成果的报表。

（1）反映企业财务状况及其变动情况的报表，包括反映企业在特定日期财务状况的资产负债表及反映企业在一定期间财务状况变动的报表，如现金流量表和所有者权益变动表。

（2）反映企业经营成果的报表，如利润表。

4. 按反映资金运动形态分类

财务报表按反映资金运动形态可分为静态报表、动态报表和静态与动态相结合的报表。

（1）静态报表，是综合反映企业在某一特定日期（如月末、年末）财务状况的报表，资金运动处于相对静止状态，如资产负债表。

（2）动态报表，是综合反映企业在一定时期内的经营成果和资金流动情况，资金运动是动态变化的，如利润表。

（3）静态与动态相结合的报表，是既反映资金运动的显著变动状态，又反映资金运动时点状况的报表，如现金流量表和所有者权益（或股东权益）变动表。

三、财务会计报告的编制要求

为了使财务会计报告能够最大限度地满足各有关方面的需要，实现编制财务会计报告的基本目的，充分发挥财务会计报告的作用，企业编制财务会计报告，应当根据真实的交易、事项以及完整、准确的账簿记录等资料，严格遵循国家会计制度规定的编制基础、编制依据、编制原则和编制方法。其编制的财务会计报告应当真实可靠、相关可比、全面完整、编报及时、便于理解，符合国家统一的会计制度和会计准则的有关规定。其基本要求如下：

（一）以持续经营为基础编制

根据《企业会计准则第 30 号——财务报表列报》第四条的要求，企业应当以持续经营为基础，根据实际发生的交易和事项，按照《企业会计准则——基本准则》和其他各项会计准则的规定进行确认和计量，在此基础上编制财务报表。以持续经营为基础编制财务报表不再合理（如企业处于破产状况），企业应当采用其他基础编制财务报表，并在附注中声明财务报表未以持续经营为基础编制的事实、披露未以持续经营为基础编制的原因和财务报表的编制基础。

（二）项目列报遵守重要性原则

根据《企业会计准则第 30 号——财务报表列报》第四条规定，重要性是指在合理预期下，财务报表某项目的省略或错报会影响使用者据此作出经济决策的，该项目具有重要性。重要性应当根据企业所处的具体环境，从项目的性质和金额两方面予以判断，且对各项目重要性的判断标准一经确定，不得随意变更。判断项目性质的重要性，应当考虑该项目在性质上是否属于企业日常活动、是否显著影响企业的财务状况、经营成果和现金流量等因素；判断项目金额大小的重要性，应当考虑该项目金额占资产总额、负债总额、所有者权益总额、营业收入总额、营业成本总额、净利润、综合收益总额等直接相关项目金额的比重或所属报表单列项目金额的比重。根据重要性原则，性质或功能不同的项目，应当在财务报表中单独列报，但是不具有重要性的项目可以合并列报。性质或功能类似的项目，一般可以合并列报。例如，原材料、低值易耗品等项目在性质上类似，均属于企业的存货，可以合并列报。

（三）列报的一致性

根据《企业会计准则第 30 号——财务报表列报》第八条，财务报表项目的列报应当在各个会计期间保持一致，不得随意变更。但下列情况除外：会计准则要求改变财务报表项目的列报；企业经营业务的性质发生重大变化或对企业经营影响较大的交易或事项发生后，变更财务报表项目的列报能够提供更可靠、更相关的会计信息。

（四）财务报表项目间的相互抵销

根据《企业会计准则第 30 号——财务报表列报》第十一条，财务报表中的资产项目和负债项目的金额、收入项目和费用项目的金额、直接计入当期利润的利得项目和损失项目的金额不能相互抵销。资产或负债项目按扣除备抵项目后的净额列示，非日常活动产生的利得和损失，以同一交易形成的收益扣减相关费用后的净额列示更能反映交易实质，不属于抵销。

（五）比较信息列报

根据《企业会计准则第 30 号——财务报表列报》第十二条，当期财务报表的列报，至少应当提供所有列报项目上一个可比会计期间的比较数据，以及与理解当期财务报表相关的说明。其目的是向报表使用者提供对比数据，提高信息在会计期间的可比性，以反映企业财务状况、经营成果和现金流量的发展趋势，帮助提高报表使用者的判断和决策能力。

（六）财务报表表首的列报要求

根据《企业会计准则第30号——财务报表列报》第十三条，企业应当在财务报表的显著位置至少披露下列各项：（1）编报企业的名称；（2）资产负债表日或财务报表涵盖的会计期间；（3）人民币金额单位；（4）财务报表是合并财务报表的，应当予以标明。

（七）至少按年编制财务报表

根据《企业会计准则第30号——财务报表列报》第十四条，企业至少应当按年编制财务报表。根据《中华人民共和国会计法》的规定，会计年度自公历1月1日起至12月31日止。因此，在编制年度财务报表时，可能存在年度财务报表涵盖的期间短于一年的情况，比如企业在年度中间（如3月1日）开始设立等，在这种情况下，企业应当披露年度财务报表的实际涵盖期间及其短于一年的原因，并应当说明由此引起财务报表项目与比较数据不具可比性这一事实。

第二节 资产负债表

一、资产负债表的意义与作用

1. 编制资产负债表的意义

资产负债表可以反映企业资产、负债和所有者权益的全貌。通过编制资产负债表，可以反映企业资产的构成及其状况，分析企业在某一日期所拥有的经济资源及其分布情况；可以反映企业某一日期的负债总额及其结构，分析企业目前与未来的需要支付的债务数额；可以反映企业所有者权益的情况，了解企业现有的投资者在企业资产总额中所占的份额。通过对资产负债表项目金额及其相关比率的分析，可以帮助报表使用者全面了解企业的资产状况和盈利能力，分析企业的债务偿还能力，从而为未来的经济决策提供信息。例如，通过资产负债表可以计算流动比率、速动比率，以了解企业的短期偿债能力；又

8.1 视频：资产负债表

如，通过资产负债表可以计算资产负债率，以了解企业偿付到期长期债务的能力。

资产负债表是指反映企业在某一特定日期的财务状况的会计报表。它是根据"资产 = 负债 + 所有者权益"这一会计恒等式，依照一定的分类标准和顺序，将企业在一定日期的全部资产、负债和所有者权益项目进行适当分类、汇总、排列后编制而成的。

2. 资产负债表的作用

其作用体现在：

（1）可以提供某一日期资产的总额及其结构，表明企业拥有或控制的资源及其分布情况。

（2）可以提供某一日期的负债总额及其结构，表明企业未来需要用多少资产或劳务清偿债务以及清偿时间。

（3）可以反映所有者所拥有的权益，据以判断资本保值、增值的情况以及对负债的保障程度。

二、资产负债表的格式

资产负债表一般由表头、表身和表尾等部分组成。表头部分应列明报表名称、编制单位、编制日期和金额计量单位；表身部分反映资产、负债和所有者权益的内容；表尾部分为补充说明。其中，表身部分是资产负债表的主体和核心。

资产负债表的格式主要有报告式和账户式两种。我国企业的资产负债表采用账户式结构。报告式资产负债表是上下结构，上半部列示资产，下半部列示负债和所有者权益。具体排列形式又有两种：一是按"资产 = 负债 + 所有者权益"的原理排列；二是按"资产 - 负债 = 所有者权益"的原理排列。账户式资产负债表是左右结构，左边列示资产项目，按资产的流动性大小排列：流动性大的资产如"货币资金""交易性金融资产""应收票据"等排在前面，流动性小的资产如"可供出售金融资产""持有至到期投资""固定资产""无形资产"等则排在后面；右边列示负债和所有者权益项目，一般按求偿权先后顺序排列；"短期借款""交易性金融负债""应付票据""应付职工薪酬"等需要在一年以内或者长于一年的一个营业周期内偿还的流动负债排在前面，"长期借款""应付债券"等在一年以上或者长于一年的一个营业周期以上才需要偿还的长期负债排在中间，在企业清算之前不需要偿还的保有者权益项目排在后面。

账户式资产负债表中的各资产项目的合计等于负债和所有者权益各项目的合计，即资产负债表左右双方平衡。因此，通过账户式资产负债表，可以反映资产、负债、所有者权益之间的内在关系，即

"资产＝负债＋所有者权益"。

资产负债表的基本格式如表 8 – 1 所示。

表 8 – 1　　　　　　　　　　　　**资产负债表**　　　　　　　　　会企 01 表

编制单位：　　　　　　　　　___年___月___日　　　　　　　　　单位：元

资产	期末余额	上年年末数	负债和所有者权益	期末余额	上年年末数
流动资产：			流动负债：		
货币资金			短期借款		
交易性金融资产			交易性金融负债 *		
衍生金融资产 *			衍生金融负债 *		
应收票据			应付票据		
应收账款			应付账款		
应收款项融资 *			预收款项		
预付款项			合同负债 *		
其他应收款			应付职工薪酬		
存货			应交税费		
合同资产			其他应付款		
持有待售资产 *			持有待售负债 *		
一年内到期的非流动资产			一年内到期的非流动负债		
其他流动资产			其他流动负债		
流动资产合计			流动负债合计		
非流动资产：			非流动负债：		
债权投资 *			长期借款		
其他债权投资 *			应付债券		
长期应收款 *			其中：优先股		
长期股权投资 *			永续股		
其他权益工具投资 *			租赁负债 *		
其他非流动金融资产			长期应付款 *		
投资性房地产 *			预计负债 *		
固定资产			递延收益 *		
在建工程			递延所得税负债 *		
生产性生物资产 *			其他非流动负债		
油气资产 *			非流动负债合计		
使用权资产 *			负债合计		
无形资产			所有者权益（或股东权益）：		

续表

资产	期末余额	上年年末数	负债和所有者权益	期末余额	上年年末数
开发支出			实收资本（或股本）		
商誉*			其他权益工具		
长期待摊费用			其中：优先股		
递延所得税资产*			永续股		
其他非流动资产			资本公积		
非流动资产合计			减：库存股		
			其他综合收益		
			专项储备		
			盈余公积		
			未分配利润		
			所有者权益（或股东权益）合计		
资产总计			负债和所有者权益（或股东权益）总计		

注：标有 * 的报表项目超出了本课程的教学范围，本课程不要求掌握。

三、资产负债表的编制方法

（一）资产负债表中的"年初余额"和"期末余额"

企业会计准则规定：会计报表至少应当反映相关两个期间的比较数据。也就是说，企业需要提供比较资产负债表，所以，资产负债表各项目需要分为"年初余额"和"期末余额"两栏分别填列。

表 8-1 中"年初余额"栏内各项目数字，应根据上年年末资产负债表"期末余额"栏内所列数字填列。如果本年度资产负债表规定的各个项目的名称和内容同上年度不相一致，应对上年年末资产负债表各项目的名称和数字按照本年度的规定进行调整，按调整后的数字填入本表"年初余额"栏内。

"期末余额"是指某一会计期末的数字，即月末、季末、半年末或年末的数字。资产负债表各项目"期末余额"栏内的数字，可通过以下几种方式取得：

（1）根据总账科目余额直接填列。如"交易性金融资产""短期借款""应付职工薪酬""实收资本""盈余公积"等项目。

（2）根据总账科目余额计算填列。如"货币资金"项目，需要根据"库存现金""银行存款""其他货币资金"三个总账户的期末余额合计填列。

（3）根据明细账科目余额计算填列。如"应付账款"项目，需要根据"应付账款""预付账款"账户所属相关明细账的期末贷方余额计算填列。

（4）根据总账科目和明细账科目余额分析计算填列。如"长期借款"项目，需要根据"长期借款"总账期末余额，扣除"长期借款"总账所属明细账中反映的、将于1年内到期的长期借款部分，分析计算填列。

（5）根据有关账户余额减去其备抵账户余额后的净额填列。如"固定资产"项目是用"固定资产"账户余额减去"累计折旧"和"固定资产减值准备"账户余额后的净额填列。

（二）资产负债表中各项目的填列方法

（1）"货币资金"项目，反映企业库存现金、银行存款、外埠存款、银行汇票存款、银行本票存款、信用证保证金存款等的合计数。本项目应根据"库存现金""银行存款""其他货币资金"科目的期末余额合计填列。

（2）"交易性金融资产"项目，反映企业购入的各种能随时变现、并准备随时变现的股票、债券和基金投资。本项目应根据"交易性金融资产"科目的期末余额填列。

（3）"应收票据"项目，反映企业收到的未到期也未向银行贴现的应收票据，包括商业承兑汇票和银行承兑汇票。本项目应根据"应收票据"科目的期末余额填列。已向银行贴现和已背书转让的应收票据不包括在本项目内。

（4）"应收账款"项目，反映企业因销售商品、产品和提供劳务等而应向购买单位收取的各种款项，减去已计提的坏账准备后的净额。本项目应根据"应收账款"科目和"预收账款"科目所属各明细账的期末借方余额合计，减去"坏账准备"科目中有关应收账款计提的坏账准备期末余额后的金额填列。如"应收账款"科目所属明细账期末有贷方余额，应在本表"预收款项"项目内填列。

（5）"预付款项"项目，反映企业按照购货合同规定预付给供应单位的款项。本项目应根据"预付账款"和"应付账款"科目所属各明细账的期末借方余额合计数，减去"坏账准备"科目中有关预付账款项目计坏账准备期末余额后的金额填列。

（6）"其他应收款"项目，根据"应收利息""应收股利"和"其他应收款"科目的期末余额合计数，减去"坏账准备"科目中有关其他应收款项目计提的坏账准备期末余额后的金额填列。其中"应收利息"仅反映相关金融工具已到期可收取但于资产负债表日尚未收到的利息。基于实际利率法计提的金融工具的利息应包含在相应金融工具的账面余额中。

（7）"存货"项目，反映企业期末库存、在途和加工中的各项存货的账面价值。包括各种材料、商品、在产品、半成品、包装物、低值易耗品等。本项目应根据"在途物资"（或"材料采购"）、"原材料""库存商品""周转材料""委托加工物资""生产成本"等账户的期末余额合计，减去"存货跌价准备"科目期末余额后的金额填列。原材料或采用计划成本核算的企业，还应按加或减材料成本差异后的金额填列。

（8）"一年内到期的非流动资产"项目，反映企业将于一年内（含一年）到期的非流动资产项目金额。本项目应根据有关科目的期末余额填列。

注意：对于按照相关会计准则采用折旧、摊销和折耗方法进行后续计量的固定资产、无形资产、油气资产等非流动资产，折旧、摊销、折耗年限（或期限）只剩一年或不足一年的，无须归类为流动资产，仍在各该非流动资产项目中列报，不转入"一年内到期的非流动资产"列报；预计在一年内（含一年）进行折旧、摊销、折耗的部分，也无须归类为流动资产，不转入"一年内到期的非流动资产"项目列报。

（9）"其他流动资产"项目，反映企业除以上流动资产项目外的其他流动资产，本项目应根据有关账户的期末余额填列。如其他流动资产价值较大，应在会计报表附注中披露其内容和金额。

（10）"长期股权投资"项目，反映企业不准备在1年内（含1年）变现的各种股权性质投资的可收回金额。本项目应根据"长期股权投资"账户的期末余额，减去"长期股权投资减值准备"账户余额后的金额填列。

（11）"固定资产"项目，反映企业的各种固定资产的净值和企业尚未清理完毕的固定资产清理净损益。融资租入的固定资产，其原价及已提折旧也包括在内。本项目应根据"固定资产"科目余额减去"累计折旧"账户和"固定资产减值准备"科目余额后的金额填列。

（12）"在建工程"项目，反映企业期末各项未完工程的实际支出，包括交付安装的设备价值，未完建筑安装工程已经耗用的材料、工资和费用支出，预付出包工程的价款，已经建筑安装完毕但尚未交付使用的工程等的可收回金额。本项目应根据"在建工程"科目的期末余额，减去"在建工程减值准备"账户期末余额后的金额填列。

（13）"无形资产"项目，反映企业各项无形资产的期末可收回金额。本项目应根据"无形资产"科目的期末余额，减去"累计摊销"和"无形资产减值准备"科目期末余额后的金额填列。

（14）"开发支出"项目，反映企业自行研究开发无形资产在期末尚未完成开发阶段的无形资产的价值。本项目应根据"研发支出"科目的期末余额填列。

（15）"长期待摊费用"项目，反映企业尚未摊销的摊销期限在1年以上（不含1年）的各种费用，如租入固定资产改良支出、摊销期限在1年以上（不含1年）的其他待摊费用。本项目应根据"长期待摊费用"科目的期末余额填列。

（16）"其他非流动资产"项目，反映企业除以上资产以外的其他长期资产。本项目应根据有关科目的期末余额填列。如其他非流动资产价值较大，应在会计报表附注中披露其内容和金额。

（17）"短期借款"项目，反映企业借入尚未归还的1年期以下（含1年）的借款。本项目应根据"短期借款"科目的期末余额填列。

（18）"交易性金融负债"项目，反映企业承担的以公允价值计量且其变动计入当期损益的为交易目的持有的金融负债。本项目应根据"交易性金融负债"科目的期末余额填列。

（19）"应付票据"项目，反映企业为了抵付货款等而开出、承兑的尚未到期付款的应付票据，包括银行承兑汇票和商业承兑汇票。本项目应根据"应付票据"科目的期末余额填列。

（20）"应付账款"项目，反映企业因购买原材料、商品和接受劳务供应等应付给供应单位的款项。本项目应根据"应付账款"和"预付账款"科目所属各有关明细账的期末贷方余额合计填列。如"应付账款"科目所属各明细账期末有借方余额，应在本表"预付款项"项目内填列。

（21）"预收款项"项目，反映企业按照销售合同规定预收购买单位的款项。本项目应根据"预收账款"和"应收账款"科目所属各有关明细账户的期末贷方余额合计填列。如"预收账款"科目所属有关明细账户有借方余额的，应在本表"应收账款"项目内填列。

（22）"应付职工薪酬"项目，反映企业根据有关规定应付给职工的工资、职工福利、社会保险、住房公积金、工会经费、职工教育经费、非货币性福利、辞退福利等各种薪酬。本项目应根据"应付职工薪酬"科目期末贷方余额填列。如"应付职工薪酬"账户期末有借方余额，以"—"号填列。

（23）"应交税费"项目，反映企业按照税法规定计算应缴纳的各种税费。本项目应根据"应交税费"科目的期末贷方余额填列。

如"应交税费"科目期末为借方余额，以"—"号填列。

（24）"其他应付款"项目，应根据"应付利息""应付股利"和"其他应付款"科目的期末余额合计数填列。其中"应付利息"仅反映相关金融工具已到期应支付但于资产负债表日尚未支付的利息。基于实际利率法计提的金融工具的利息应包含在相应金融工具的账面余额中。

（25）"一年内到期的非流动负债"项目，反映企业非流动负债中将于资产负债表日后一年内到期部分的金额，如将于一年内偿还的长期借款。本项目应根据有关科目的期末余额填列。

（26）"其他流动负债"项目，反映企业除以上流动负债以外的其他流动负债。本项目应根据有关科目的期末余额填列。如其他流动负债价值较大，应在会计报表附注中披露其内容及金额。

（27）"长期借款"项目，反映企业向银行或其他金融机构借入尚未归还的1年期以上（不含1年）的各项借款。本项目应根据"长期借款"科目所属明细科目的期末余额填列。

（28）"应付债券"项目，反映企业为筹集长期资金而发行的债券本金和利息。本项目应根据"应付债券"科目所属明细科目的期末余额填列。

（29）"长期应付款"项目，反映企业除长期借款和应付债券以外的其他各种长期应付款项。本项目应根据"长期应付款"科目的期末余额，减去相应的"未确认融资费用"科目期末余额后的金额填列。

（30）"其他非流动负债"项目，反映企业除以上非流动负债项目以外的其他非流动负债。本项目应根据有关科目的期末余额填列。如其他非流动负债价值较大的，应在会计报表附注中披露其内容和金额。

上述非流动负债各项目中将于1年内（含1年）到期的负债，应在"1年内到期的非流动负债"项目内单独反映。上述非流动负债各项目均应根据有关账户期末余额减去将于1年内（含1年）到期的非流动负债后的金额填列。

（31）"实收资本（或股本）"项目，反映企业各投资者实际投入的资本（或股本）总额。本项目应根据"实收资本（或股本）"科目的期末余额填列。

（32）"资本公积"项目，反映企业资本公积的期末余额。本项目应根据"资本公积"科目的期末余额填列。

（33）"盈余公积"项目，反映企业盈余公积的期末余额。本项目应根据"盈余公积"账户的期末余额填列。

（34）"未分配利润"项目，反映企业尚未分配的利润。本项目

应根据"本年利润"科目和"利润分配"科目的余额计算填列。未
弥补的亏损，在本项目内以"—"号填列。

（三）资产负债表编制方法举例

【例8-1】恒昌公司2024年12月31日全部总账和有关明细账
余额如表8-2所示。

表8-2　恒昌公司2024年12月31日总账和有关明细账余额表　单位：元

总账	明细账户	借方余额	贷方余额	总账	明细账户	借方余额	贷方余额
库存现金		30 000		短期借款			800 000
银行存款		1 200 000			F公司		220 000
交易性金融资产		380 000		应付账款	H公司	100 000	
	A公司	630 000			W公司		260 000
	B公司		50 000	预收账款	U公司		60 000
	C公司	655 000			V公司	40 000	
	D公司	100 000		其他应付款			50 000
	E公司		15 000	应付职工薪酬			554 000
其他应收款		160 000		应交税费			120 000
原材料		450 000		应付股利			360 000
生产成本		120 000					1 200 000
库存商品		500 000		长期借款	工行（2025年3月到期）		500 000
长期股权投资		4 540 000			中行（2027年6月到期）		700 000
固定资产		3 200 000		实收资本			7 500 000
累计折旧			110 000	盈余公积			520 000
无形资产		60 000		利润分配	未分配利润		772 000
累计摊销			9 000				
长期待摊费用		50 000					

根据上述资料，编制该公司 2024 年 12 月 31 日的资产负债表（见表 8-3）。

表 8-3   **资产负债表**   会企 01 表

编制单位：恒昌公司   2024 年 12 月 31 日   单位：元

资产	期末余额	负债及所有者权益	期末余额
流动资产：		流动负债：	
货币资金	1 230 000	短期借款	800 000
交易性金融资产	380 000	应付票据	
应收票据		应付账款	495 000
应收账款	1 625 000	预收款项	110 000
预付款项	285 000	其他应付款	410 000
其他应收款	160 000	应付职工薪酬	554 000
存货	1 070 000	应交税费	120 000
一年内到期的非流动资产		一年内到期的非流动负债	500 000
其他流动资产		其他流动负债	
流动资产合计	4 750 000	流动负债合计	2 989 000
非流动资产：		非流动负债：	
长期股权投资	4 540 000	长期借款	700 000
固定资产	3 090 000	应付债券	
在建工程		长期应付款	
无形资产	51 000	非流动负债合计	
长期待摊费用	50 000	负债合计	700 000
其他非流动资产		所有者权益（或股东权益）：	
非流动资产合计	7 731 000	实收资本（或股本）	7 500 000
		资本公积	
		盈余公积	520 000
		未分配利润	772 000
		所有者权益（或股东权益）合计	8 792 000
资产总计	12 481 000	负债及所有者权益（或股东权益）总计	12 481 000

第三节　利　润　表

一、利润表的概念和意义

（一）利润表的概念

利润表又称损益表，是反映企业在一定会计期间经营成果的报表。利润表属于动态报表，根据会计核算的配比原则，把一定时期内的收入和相对应的成本费用进行配比，从而计算出企业一定时期的各项利润指标，据以判断资本保值、增值情况。

8.2　视频：利润表

（二）利润表的意义

通过利润表可以从总体上了解企业收入、成本和费用及净利润（或亏损）的实现及构成情况；同时，通过利润表提供的不同时期的比较数字（本月数、上年数），可以分析企业的获利能力及利润的未来发展趋势，了解投资者投入资本的保值增值情况。由于利润既是企业经营业绩的综合体现，又是企业进行利润分配的主要依据。

二、利润表的列示要求

（一）反映营业利润

企业的营业利润主要源于其日常开展的商业活动，其包括直接活动和间接活动。直接活动涵盖制造业业务活动与服务业业务活动。制造业业务活动通过生产（加工）并出售产品获取收入；服务业业务活动通过提供诸如运输、物流、通信、安保等劳务来赚取收入，此类收入在利润表中以营业收入项目予以列示。

与收入相对应，为获取这些收入而发生的成本，则在利润表中以"营业成本"项目列示，以反映企业在生产或提供服务过程中的直接成本支出。

企业在运营过程中还会发生一系列为赚取收入而必需的费用，其根据功能的不同被划分为销售费用、管理费用、财务费用以及研发费用，同时还应包括由经营活动所承担的税金及附加。这些费用在利润表中均有相应的项目列示，以便清晰反映企业的费用结构。

间接活动则主要通过投资金融产品，如股权投资和债权投资等，来获取收入。间接活动所赚取的利润在利润表中以"投资收益"项目列示。值得注意的是，对于一般的制造业企业而言，间接活动对利润的贡献相对较小，因此，在编制利润表时，通常会按照重要性原则，将投资收益以净额形式列示。

此外，当经营性资产（如存货、固定资产等）的账面价值高于市价或者可收回金额时计提的资产减值损失，以及应收账款预计的信用减值损失等，均作为营业利润的减少项目进行列示。

企业所接受的政府补助单独在"其他收益"项目中列示，资产处置收益也归入营业利润。

（二）反映利润总额

企业利润总额等于营业利润加上营业外收入减去营业外支出。营业外收入和营业外支出是企业非日常活动产生的，营业外支出与营业外收入之间没有因果关系。

（三）反映净利润

净利润是企业当期利润总额减去所得税后的金额，即企业的税后利润。

为了更清晰地向报表使用者揭示潜在的风险，财务报表在展示净利润之后，进一步细分为持续经营净利润与终止经营净利润两部分。这样的划分有助于报表使用者更准确地理解企业当前的经营状况及未来发展趋势。

（四）反映其他综合收益的税后利润

其他综合收益，是指企业根据其他会计准则规定未在当期损益中确认的各项利得和损失。例如，根据《企业会计准则第22号——金融工具确认和计量》的规定，以公允价值计量且变动计入其他综合收益的金融资产，其公允价值变动带来的利得和损失，先进入资产负债表中的其他综合收益，等实现以后再转入利润表。还有一部分业务产生的利得和损失就永久留在资产负债表。

因此，其他综合收益按会计准则规定应分为两类列报：一是以后会计期间不能重分类进损益的其他综合收益项目；二是以后会计期间在满足规定条件时将重分类进损益的其他综合收益项目。

为了保持与净利润计量的统一性，其他综合收益应当按照税后影响进行列示，确保两者在口径上的一致性。

（五）反映综合收益总额

综合收益，是指企业在某一期间除与所有者以其所有者身份进行的交易之外的其他交易或事项所引起的所有者权益变动，综合收益总额项目反映净利润和其他综合收益扣除所得税影响后的净额相加后的合计金额。

综合收益体现的是收益总括观。

（六）反映每股收益

每股收益是评价企业业绩的相对指标，分基本每股收益和稀释每股收益。基本每股收益一般指的是普通股的每股收益。

稀释每股收益与普通每股收益的主要差异体现在其分母的计算上，稀释每股收益特别考虑了未来可能导致普通股数量变动的因素。例如，可转换债券行权后，会增加企业股份数量，在业绩没有同步增长的情况下，就会稀释每股收益。

列示稀释每股收益是为了协助财务报表的使用者理解未来股本变动可能对每股收益产生的潜在影响。此外，在编制合并利润表时，企业应遵循会计准则，在净利润项目下单独列示归属于母公司所有者的损益和归属于少数股东的损益，在综合收益总额项目下单独列示归属于母公司所有者的综合收益总额和归属于少数股东的综合收益总额。

三、利润表的格式

利润表由表首、表体两部分组成。表首部分包括报表名称、编表单位名称、编制期间和金额计量单位等内容，体现了会计基本准则的要求。表体反映企业的收入、费用及据此计算出的损益金额。利润表有单步式和多步式两种。

（一）单步式利润表

单步式利润表将当期所有的收入扣除所有的费用后，一次计算出当期损益。单步式利润表编制简单、容易理解，体现了收入与费用的配比原则，但不能直观地反映出企业财务成果的构成。

（二）多步式利润表

多步式利润表能反映出构成营业利润、利润总额、净利润的各项要素的情况，有助于使用者从不同利润类别中了解企业经营成果的不同来源。按照我国企业会计准则的规定，我国企业的利润表采用多步式。企业可以分如下三个步骤编制利润表。

1. 计算营业利润

营业利润的计算公式为：

营业利润＝营业收入－营业成本－税金及附加－销售费用－管理费用－财务费用－资产减值损失－信用减值损失＋其他收益＋投资收益＋以摊余成本计量的金融资产终止确认收益＋公允价值变动收益＋资产处置收益

2. 计算利润总额

利润总额的计算公式为：

利润总额＝营业利润＋营业外收入－营业外支出

3. 计算净利润

净利润的计算公式为：

净利润＝利润总额－所得税费用

我国企业利润表的基本格式如表 8 – 4 所示。

表 8 – 4　　　　　　　　　　　　利润表　　　　　　　　　　　会企 02 表

编制单位：　　　　　　　　　　　年　　月　　　　　　　　　　单位：元

项目	行次	本月金额	上期金额
一、营业收入	1		
减：营业成本	2		
税金及附加	3		
销售费用	4		
管理费用	5		
研发费用	6		
财务费用	7		
其中：利息费用	8		
利息收入	9		
加：其他收益	10		
投资收益（损失以"－"号填列）	11		
其中：对联营企业和合营企业的投资收益	12		
以摊余成本计量的金融资产终止确认收益（损失以"－"号填列）	13		
净敞口套期收益（损失以"－"号填列）*	14		
公允价值变动收益（损失以"－"号填列）*	15		
信用减值损失（损失以"－"号填列）*	16		
资产减值损失（损失以"－"号填列）*	17		
资产处置收益（损失以"－"号填列）*	18		

续表

项目	行次	本月金额	上期金额
二、营业利润（亏损以"－"号填列）	19		
加：营业外收入	20		
减：营业外支出	21		
三、利润总额（亏损总额以"－"号填列）	22		
减：所得税费用	23		
四、净利润（净亏损以"－"号填列）	24		
（一）持续经营净利润（净亏损以"－"号填列）	25		
（二）终止经营净利润（净亏损以"－"号填列）	26		
五、其他综合收益的税后净额*	27		
（一）不能重分类进损益的其他综合收益	28		
（二）将重分类进损益的其他综合收益	29		
六、综合收益总额	30		
七、每股收益	31		
（一）基本每股收益	32		
（二）稀释每股收益	33		

注：标有 * 的报表项目超出了本课程的教学范围，本课程不要求掌握。

四、利润表的编制方法

利润表的金额栏有两栏，按照编制时期的不同，分为月度利润表、中期利润表和年度利润表。月度利润表的两栏分别为"本月数"和"本年累计数"，"本月数"栏反映各项目的本月实际发生数，"本年累计数"栏反映各项目自年初起至报告期止的累计实际发生数。中期利润表和年度利润表的两栏分别为"上年数"和"本年累计数"，"上年数"栏填列上年同期累计实际发生数（中期利润表）或上年全年累计实际发生数（年度利润表）。如果上年利润表的项目名称和内容与本年利润表不一致，应对上年报表项目的名称和数字按本年度的规定进行调整，填入相应栏目。

利润表各项目的填列方法包括以下 4 种情况。

1. 根据相关账户发生额直接填列

根据相关账户发生额直接填列的项目主要有"税金及附加""销售费用""管理费用""财务费用""资产减值损失""信用减值损

失""公允价值变动收益""投资收益""资产处置收益""其他收益""营业外收入""营业外支出""所得税费用"等。它们都可以根据有关损益类账户的发生额直接填列。

2. 根据相关明细账户发生额直接填列

根据相关明细账户发生额直接填列的项目主要有"研发费用""利息费用""利息收入""对联营企业和合营企业的投资收益"等。它们都可以根据有关损益类账户的明细账发生额直接填列。

3. 根据相关账户发生额计算填列

根据相关账户发生额计算填列的项目主要有"营业收入"和"营业成本"两个项目。"营业收入"应根据"主营业务收入"和"其他业务收入"账户的发生额计算填列。"营业成本"应根据"主营业务成本"和"其他业务成本"账户的发生额计算填列。

4. 根据利润表内的相关项目进行表间运算填列

利润表中利用表间运算填列的项目主要有"营业利润""利润总额""净利润"等。这 3 个项目的填列不需再查看有关账户的发生额，而只需根据表内的其他项目金额通过计算求得。

【例 8 – 2】恒昌公司 2024 年的有关收入、费用类账户的发生额资料如表 8 – 5 和表 8 – 6 所示。

表 8 – 5 　　　　　恒昌公司 2024 年 12 月收入、费用表　　　　单位：元

项目	借方发生额	贷方发生额
主营业务收入		2 800 000
主营业务成本	1 360 000	
税金及附加	80 000	
管理费用	154 000	
财务费用	48 000	
销售费用	120 000	
投资收益		150 000
营业外收入		50 000
营业外支出	10 000	
其他业务收入		200 000
其他业务成本	100 000	
所得税费用	332 000	

表 8 - 6　　　　　　　　　　　　　**利润表**　　　　　　　　　　　　会企 02 表

编制单　恒昌公司　　　　　　　　2024 年 12 月　　　　　　　　　　　单位：元

项目	行次	本月金额	上期金额
一、营业收入	1	3 000 000	
减：营业成本	2	1 460 000	
税金及附加	3	80 000	
销售费用	4	120 000	
管理费用	5	154 000	
研发费用	6		
财务费用	7	48 000	
其中：利息费用	8	48 000	
利息收入	9		
加：其他收益	10		
投资收益（损失以"－"号填列）	11	150 000	
其中：对联营企业和合营企业的投资收益	12		
以摊余成本计量的金融资产终止确认收益（损失以"－"号填列）	13		
净敞口套期收益（损失以"－"号填列）＊	14		
公允价值变动收益（损失以"－"号填列）＊	15		
信用减值损失（损失以"－"号填列）＊	16		
资产减值损失（损失以"－"号填列）＊	17		
资产处置收益（损失以"－"号填列）＊	18		
二、营业利润（亏损以"－"号填列）	19	1 288 000	
加：营业外收入	20	50 000	
减：营业外支出	21	10 000	
三、利润总额（亏损总额以"－"号填列）	22	1 328 000	
减：所得税费用	23	332 000	
四、净利润（净亏损以"－"号填列）	24	996 000	
（一）持续经营净利润（净亏损以"－"号填列）	25		
（二）终止经营净利润（净亏损以"－"号填列）	26		
五、其他综合收益的税后净额＊	27		
（一）不能重分类进损益的其他综合收益	28		
（二）将重分类进损益的其他综合收益	29		
六、综合收益总额	30		

8.3　瑞幸咖啡财务造假事件

续表

项目	行次	本月金额	上期金额
七、每股收益	31		
（一）基本每股收益	32		
（二）稀释每股收益	33		

8.4 名词概念

8.5 延伸阅读：会计与生活，财务报表在日常生活中的应用

8.6 视频：账务处理程序简介

【本章小结】

编制财务会计报告是会计核算的一项专门方法。财务会计报告是会计核算的最终成果，编制财务报告是会计循环的最后一个步骤。编制财务报表对报表使用者进行决策有重要意义。为了充分发挥财务会计报告的作用，保证财务会计报告提供的信息能够满足有关各方的需要，企业编制的财务会计报告必须满足《企业会计准则——基本准则》的有关要求。

企业财务报告应当包括财务报表和其他应当在财务报告中披露的相关信息和资料。会计报表由会计报表主表和会计报表附表组成。会计报表主表包括资产负债表、利润表、现金流量表和所有者权益变动表。

资产负债表是静态报表，反映企业在某一特定日期财务状况的报表。其结构一般有报告式和账户式两种，主要根据反映企业财务状况的资产类、负债类和所有者权益类等账户的期末余额编制。我国企业的资产负债表采用账户式。

利润表是动态报表，反映企业在一定会计期间经营成果的报表。其格式有两种：单步式利润表和多步式利润表，主要根据反映企业收入和费用情况的收入类账户、费用类账户的本期发生额编制。我国企业的利润表采用多步式。

【本章主要名词概念】

财务会计报告 财务报表 会计要素 资产负债表 利润表

【复习与思考】

1. 什么是财务会计报告？

2. 财务报表的种类有哪些？

3. 资产负债表的编制方法有哪些？

4. 利润表由哪些内容构成？如何编制利润表？

5. 如何在财务报表的编制和分析中贯彻社会主义核心价值观，体现诚信、公正、法治等原则？

6. 如何在财务报表中体现对企业员工的关爱和对社会就业的贡献？

7. 财务报表在环境保护和可持续发展方面能发挥哪些作用？企业应如何披露相关信息？

8. 结合国家战略，探讨财务报表在推动经济高质量发展中的作用和企业的责任担当。

9. 在国际财务报告准则趋同的背景下，如何保持我国财务报表的民族特色和文化自信？

10. 如何通过财务报表的编制和分析，培养学生的国家意识、民族意识和文化意识？

8.7 财政部发布会计信息质量检查公告，着力规范财务审计秩序

8.8 会计循环的基本程序

8.9 一般企业财务报告格式

8.10 财务报告的装订

第九章
会 计 工 作 组 织

【学 习 目 标】

1. 了解会计工作组织的意义、内容及原则。

2. 熟悉会计机构的设置、岗位设置及会计人员的职责、权限、任职资格要求。

3. 掌握会计工作的交接制度。

4. 熟悉会计档案的内容、归档、保管和销毁。

5. 培养学生的法治意识，使学生理解和遵守国家财经法律法规，自觉维护国家经济安全和财经纪律。

6. 培养学生的爱国主义情怀，激发学生为国家和民族的发展贡献力量的使命感和责任感。

7. 培养学生诚实守信、客观公正的职业品质，使其能够在会计工作中坚持原则，抵制不正之风。

8. 培养学生的团队协作精神，提高学生的沟通与组织协调能力，为其将来顺利开展会计工作奠定基础。

【本章知识逻辑结构图】

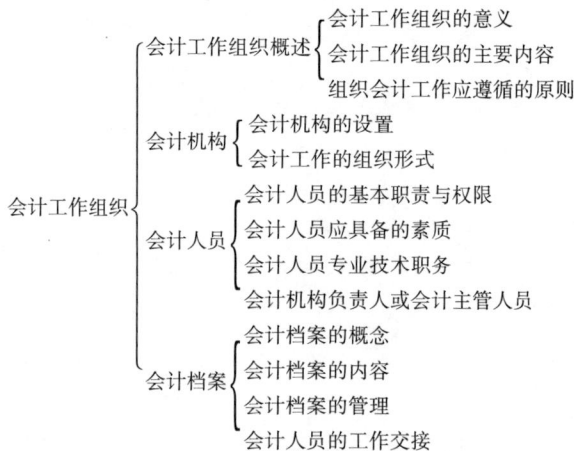

会计工作组织
- 会计工作组织概述
  - 会计工作组织的意义
  - 会计工作组织的主要内容
  - 组织会计工作应遵循的原则
- 会计机构
  - 会计机构的设置
  - 会计工作的组织形式
- 会计人员
  - 会计人员的基本职责与权限
  - 会计人员应具备的素质
  - 会计人员专业技术职务
  - 会计机构负责人或会计主管人员
- 会计档案
  - 会计档案的概念
  - 会计档案的内容
  - 会计档案的管理
  - 会计人员的工作交接

【引 导 案 例】

许世平自1999年入职河津市农村经济事务中心工作，并在2017年起任职该中心会计。初入职场，他怀揣理想，追求职业认可与社会地位。但2018年一次报销失误，意外转账2万多元至个人账户，却未上报或退还，反在赌博中挥霍一空。此后，他贪欲膨胀，多次挪用公款，手段多样，通过虚构名目、伪造凭证、骗取印鉴等，金额巨大，时间跨度长达三年多，用于赌博及填补漏洞。至2021年9月，因赌博输光公款且拖欠员工薪资，许世平在巨大压力下选择投案自首，悔恨不已。

调查中发现，河津市农村经济事务中心在财务人员设置上，没有设置出纳，由许世平一人兼任出纳和会计，保管和使用财务票据和印鉴。这跟会计法规定的钱账分管原则相背离，在实践中无法形成有效的监督制约机制。此外，河津市农村经济事务中心没有明确的财务印鉴使用审批程序、财政支付管理规定等制度，单位法人章也由许世平保管，导致许世平屡屡挪用公款如入无人之地。

由于河津市农村经济事务中心管理漏洞加上巨额闲置资金的诱惑，给许世平挪用公款提供了机会。他将闲置的农村土地确权工作经费全部挪用，造成了财政资金流失。

第一节 会计工作组织概述

一、会计工作组织的意义

会计工作组织是依据会计工作的独特性质，制定并执行会计规章制度，设置会计机构，配备会计人员，妥善保管会计档案，旨在确保会计工作能够高效、有序地进行。会计工作，作为一项集复杂性、细致性于一体的综合性经济管理活动，其科学组织对于全面达成会计任务、充分彰显会计在经济管理中的核心价值，具有不可估量的重要性。具体重要性体现在以下几个方面：

（一）强化会计工作质量，提升工作效率

在实务操作中，会计为经营管理提供的核心信息，历经凭证处理、账簿登记、报表编制等一系列精密的计算、分类、记录、汇总、分析及审核流程。这些流程与手续间紧密相连，数字间环环相扣。唯

有依托专业的会计机构与人员，配以健全的工作制度与流程，方能科学组织会计工作，高效完成任务，确保会计信息的质量与时效。

（二）有利于提高会计工作的质量和效率

会计工作既保持其独立性，又与其他经济管理工作紧密相连，如国家财政、税务、金融等领域，以及单位内部的计划、统计、内部审计等工作。科学合理的会计工作组织，能够加强这些领域的协调配合，形成合力，共同推动科学管理水平的提升与经济效益的增长。

（三）有利于确保会计工作与其他经济管理工作协调一致

经济责任制是单位内部管理的重要工具。科学组织会计工作，建立并完善内部会计管理制度，有助于单位及各部门有效管理资金，实现增收节支，同时提升管理效率与经济效益，进一步推动内部经济责任制的有效执行与持续优化。

（四）有利于正确执行党和国家方针政策，维护财经纪律

科学合理地组织会计工作，充分发挥会计的职能作用，不仅是贯彻执行国家方针政策、法律制度的关键环节，也是维护财经纪律、构建良好社会经济秩序的重要保障。通过精准的会计工作，能够有效防范经济风险，促进经济活动的规范与透明。

二、会计工作组织的主要内容

（一）设置会计机构

企事业单位一般需要设置专门的会计机构来负责会计工作的组织和管理。会计机构通常由一组专业的会计人员组成，他们负责执行企业的会计政策和程序。会计机构的设置应根据企业的规模和业务特点来确定，确保能够满足企业的会计需求。

（二）会计人员的配备

会计人员是从事会计工作，处理会计业务，完成会计任务的人员。任何单位都应该根据实际需要配备一定数量具有专业技术水平的人员，这是做好会计工作的关键。

（三）制定会计规章制度

会计规章制度是指导会计工作的"行动指南"，它确保了会计工作的有序进行，并作为会计核算质量的坚实后盾，为会计工作的准确

性和规范性提供了有力保障。

（四）妥善保管会计档案

会计档案是单位经济活动的重要记录和反映，具有保存价值高、内容详尽等特点。其分类主要包括会计凭证、会计账簿、财务报告及其他相关的会计核算资料。在保管和利用过程中，应严格遵守国家有关规定，确保档案的完整性和安全性。

三、组织会计工作应遵循的原则

会计工作组织一般要求遵循以下几个方面的原则。

（一）必须符合国家对会计工作的统一要求

会计工作组织务必依照《中华人民共和国会计法》和《企业会计准则》以及其他相关会计法规制度对于会计工作的统一要求，贯彻并执行国家所规定的法令与制度，开展会计核算，落实会计监督。唯有依据统一要求来组织会计工作，方可发挥出会计工作在维护国家经济秩序、强化经济管理、提升经济效益方面的作用。

会计工作组织还必须结合本单位的特性。各单位在设置会计机构、配备会计人员、制定会计规章制度时，一定要适应本单位的规模大小、自身特点、业务繁简程度以及管理需求，以利于加强经济管理。

（二）必须结合本单位生产经营管理的特点来组织会计工作

国家对会计工作的宏观管理最终需渗透并落实到各个单位的会计工作组织实践中。国家对会计工作组织的统一要求往往侧重于一般性原则的设定。鉴于不同微观会计主体在经营规模、经济活动范畴及业务内容上的差异性，会计工作组织务必紧密结合本单位的具体业务经营实际与特点，制定出既符合实际又具操作性的实施方案。这些方案需与企业规模、管理水平相匹配，充分反映管理需求，避免生搬硬套。

对于规模较大、管理水平较高的企业，其会计工作组织结构与内部职责划分可适当细化，以确保高效运作与精细管理；相反，对于规模较小或管理水平相对有限的企业，则应在保证基本职能履行的基础上，对组织机构与工作流程进行适度精简与整合，避免机构臃肿或业务手续过于烦琐，同时也要防止因简化过度而导致的管理流于形式。总之，会计工作组织的设置应灵活多变，旨在实现最佳的管理效能与经济效益。

（三）必须符合精简节约原则

会计工作组织应在确保会计工作质量为核心的前提下，力求实现人力、物力及财力的最大化节约，并同步追求工作效率的提升，以节省时间与费用开支。因此，在设计、使用会计凭证、会计账簿及编制会计报表时，以及制定各种会计处理手续、程序和规定时，都应秉持简化而不失严谨的原则。鉴于当前会计电算化的普及与发展，会计工作组织更应与时俱进，适应技术变革的需求，不断提升工作效率，以更好地服务于企业经营管理。

（四）必须有利于提高会计工作质量和效率

会计工作以精准提供经济信息与深度参与经济管理为双重目标。为确保会计信息的真实、完整等质量要求，企业应当精心规划并科学安排会计工作，以此保证会计工作的质量。会计工作组织不仅是会计工作开展的基石，更是提升工作效率、优化资源利用的关键所在。

会计工作组织既是开展会计工作的必要条件，也是提升会计工作效率的关键要素。正因如此，会计工作组织还需注重提高会计工作效率，努力节约会计工作的时间和费用。因此，会计机构的繁简程度、内部分工的精细状况等，都必须以提高工作效率作为出发点。应当对内部组合加以优化，减少多余的流转环节，避免出现机构重叠、手续繁杂、重复劳动等不合理的现象。

第二节　会计机构

一、会计机构的设置

《会计法》第三十六条规定："各单位应当根据会计业务的需要，设置会计机构，或者在有关机构中设置会计人员并指定会计主管人员；不具备设置条件的，应当委托经批准设立从事会计代理记账业务的中介机构代理记账。"

（一）根据业务需要设置会计机构

根据业务需要设置会计机构，是指各单位可以根据本单位的会计业务繁简情况和会计管理工作的需要决定是否设置会计机构。为了科学、合理地组织开展会计工作，保证本单位正常的经济核算，各单位原则上应当设置会计机构。一个单位是否单独设置会计机构，主要取决于以下几个因素：

1. 单位规模大小

一般来说，实行企业化管理的事业单位或集团公司、股份有限公司、有限责任公司等，应当单独设置会计机构，从而能够及时组织对本单位各类经济活动和财务收支的核算工作，并实行有效的会计监督。

2. 经济业务和财务收支的简繁

具有一定规模的行政、事业单位，以及财务收支数额较大、会计业务较多的社会团体和其他经济组织，也应单独设置会计机构，以保证会计工作的效率和会计信息的

具备一定规模的行政、事业单位，还有财务收支数额较大、会计业务较多的社会团体及其他经济组织，也应当单独设置会计机构，以此保障会计工作的效率以及会计信息的质量。

3. 经营管理的要求

一个单位在经营管理方面的要求越高，其对会计信息的需求就会随之增加，对会计信息系统的要求也会相应提高，这就决定了该单位设置会计机构的必要性。一个单位是设置会计机构，还是在有关机构中安排专职的会计人员，完全由各单位依据会计业务的繁简程度和实际状况来决定，但必须遵循既要满足管理需求，又要讲求实际效果，避免人员冗余的原则。是否设置会计机构，可由各单位根据自身情况决定，但这并不意味着会计工作可以停止开展。会计工作必须依法进行，不能因为没有设置会计机构就对会计工作置之不理，这是法律所禁止的。

（二）不设置会计机构的单位应配备会计人员并指定会计主管人员

根据《会计法》的规定，规模很小、经济业务简单、业务量相对较少的单位，可以不单独设置会计机构，应当在有关机构中配备会计人员，并指定会计主管人员。这是会计机构的另一种表现形式，是提高工作效率、明确岗位责任的内在要求，同时也是由会计工作专业性、政策性强等特点所决定的。会计主管人员是指定负责组织管理会计事务、行使会计机构负责人职权的负责人。对于未设会计机构的单位，应在其他部门中指定会计主管，强化责任归属，确保会计工作有人负责。会计主管作为中层管理人员，行使会计负责人职权，任免需遵循规范程序。

（三）可以实行代理记账

《会计法》第三十六条规定："不具备设置会计机构和会计人员条件的单位，可以委托经批准设立的从事代理记账业务的中介机构代理记账。"代理记账是指从事代理记账业务的社会中介机构接受委托人的委托办理会计业务。委托人是指委托代理记账机构办理会计业务的单位。代理记账机构是指从事代理记账业务的中介机构。

二、会计工作的组织形式

独立核算单位的会计组织形式，一般分为集中核算和非集中核算两种。

集中核算组织形式是通过集中设置会计机构，将企业的经济业务核算工作集中于公司级会计部门，各部门只负责对所发生的经济业务的原始凭证进行初步审核，并向会计机构集中提供核算的原始资料，以支持后续的核算工作。其优点是可以减少核算环节，简化核算手续，有利于及时掌握全面的经营情况和精简人员。然而，它也面临着一定的挑战，即可能不利于企业内部各部门及时获取并利用核算资料进行深入考核与分析，从而影响管理决策的及时性与准确性。因此，在实施集中核算时，需权衡其利弊，结合企业实际情况灵活调整，以确保会计工作的整体效能。集中核算组织形式一般适用于规模较小的企业和行政事业单位。

非集中核算组织形式，指的是将与企业内部各部门、车间、仓库业务相关的明细分类核算分散在其各自处进行的核算方式。采用这种方式，企业某些业务的凭证整理、明细核算以及适应内部单位日常管理需求的内部报表编制和分析，会分散到直接从事该项业务的车间、仓库、部门，不过全公司级会计部门仍要对企业内部各单位的会计工作进行业务指导和监督。实行分散核算，利于企业内部有关部门及时利用核算资料进行考核与分析，但会增加会计人员数量，也对公司级会计部门集中掌握和监督各单位经济业务情况有一定影响。集中核算和分散核算并非绝对的，而是相对的。实际工作中，有的企业对部分会计业务采用集中核算，对另一些业务采用分散核算。但不论哪种形式，企业对外的库存现金、银行存款往来、物资购销、债权债务结算都应由公司级会计部门集中办理。

三、会计工作岗位责任制

1. 会计机构负责人或会计主管人员岗位责任制

会计机构负责人或会计主管人员的岗位责任制是指由具备专业资

9.1　中华人民共和国会计法

格和丰富经验的人员担任会计机构的管理和领导角色，确保会计工作的合规性、准确性和有效性。具体职责包括：

（1）坚持原则，保持廉洁，确保会计信息的真实性和公正性。

（2）拥有会计专业技术资格，并具备至少两年主管一个单位或单位内部重要财务会计工作的经验。

（3）熟悉国家财经法律、法规及相关政策，掌握本行业的业务管理知识。

（4）具备较强的组织能力和适应本职工作的健康状况。

（5）对于国有或国有资产占控股地位的大、中型企业，必须设置总会计师职位，该职位是单位的行政领导成员之一，直接对单位主要负责人负责，并协助其开展工作。

（6）总会计师负责本单位财务管理、成本控制、预算编制、会计核算和监督等方面的工作，同时参与重大经济决策的分析与制定。

（7）总会计师还需组织实施国家财经政策，保护国家财产安全。

2. 会计机构内部稽核制度

会计机构内部稽核制度是一套自我检查和审核机制，用于确保会计核算的准确性和规范性。其主要内容包括：

（1）确定稽核工作的组织结构和具体任务分配。

（2）明确稽核人员的职责和权限，确保其能够独立、客观地执行任务。

（3）规定审核会计凭证和复核账簿、财务报告的方法，确保数据的准确性和完整性。

（4）通过建立有效的稽核制度，可以及时发现并纠正会计核算中的错误或舞弊行为，从而提高会计工作的整体质量。加强稽核工作不仅是提升会计核算质量的重要保障，也是维护企业财务健康的必要措施。

3. 会计机构内部分工

会计机构内部的工作分配应依据企业的业务量和复杂程度进行，确保每个岗位都根据会计工作的实际需要进行设置。具体岗位可能包括：会计机构负责人或主管、出纳、资产管理、薪资核算、成本与费用核算、财务成果分析、资金管理、往来账务处理、总账与报表编制、审计稽核及档案管理等。岗位配置可采取一人一岗、一人多岗或多人一岗的模式，但出纳员不得兼任审计、档案管理或记录收入、支出、费用及债权债务的账目。各岗位均需明确职责要求，确保每项任务都有专人负责，让每位会计人员都能清晰了解自己的职责范围。这样的岗位责任制要求每位员工严格遵守职责，正确行使权限，从而保障会计工作的质量和效率。

第三节　会　计　人　员

一、会计人员的基本职责与权限

（一）会计人员的职责

《中华人民共和国会计法》第五条规定："会计机构、会计人员依照本法规定进行会计核算，实行会计监督。"这是对会计机构、会计人员基本职责的规定。

1. 会计核算

会计人员要按企业会计准则的规定，认真进行会计核算工作。要认真填制、审核会计凭证，登记各种账簿，记录各种财产、物资的增减变动及使用情况，正确地计算各种收入、支出、成本和费用，正确地计算财务成果；按期核对账目，进行账实比较，确实做到账证相符、账账相符、账实相符和账表相符，保证会计数字真实、准确、完整；对外对内如实反映经济活动情况。

2. 会计监督

通过会计核算工作，对本单位经济业务、财务收支的合法性和合理性进行监督。会计监督的主要内容包括：对于不真实、不合法的原始凭证有权不予受理，并向单位负责人报告，请求查明原因，追究有关当事人的责任；对记载不正确、不完整的原始凭证予以退回，并要求经办人员按企业会计准则规定进行。

（二）会计人员的权限

根据《会计法》规定，会计人员在履行其职责时，享有一系列明确的权限，以确保财务活动的合规性和单位的经济效益。会计人员的权限主要包括：

（1）会计人员有权要求本单位严格遵守国家批准的计划和预算，并遵守国家的财经纪律和财务制度。会计人员若发现任何违规情况，如不符合财经纪律的支出或操作，有权拒绝付款、报销或执行相关操作，并及时向单位领导报告，以维护国家财经秩序。

（2）参与单位经济管理。会计人员有权参与本单位编制计划、制定定额、签订经济合同，以及参加有关的生产经营管理相关的会议。单位领导和有关部门对会计人员提出的有关财务开支和经济效益方面的问题和意见，应认真考虑并采纳合理意见，认真考虑，并采纳其中合理的部分，以促进单位的经济健康发展。

（3）监督检查财务收支和资金使用情况。会计人员有权监督检查本单位有关部门的财务收支、资金使用和财产保管、收发、计量、检验等情况，确保这些活动的规范性，保障单位财务安全。

（4）拒绝违法乱纪行为。对于弄虚作假、营私舞弊、欺骗上级等违法乱纪行为，会计人员必须坚守职业道德底线，坚决拒绝执行此类行为，并向本单位领导或上级机关、财政部门报告，以维护国家法律法规的严肃性。

（5）保管会计档案。会计人员负责妥善保管会计档案，确保会计信息的完整性和可追溯性，为单位的财务管理提供有力支持。

通过这些权限的行使，会计人员不仅保障了单位财务活动的正常进行，也为国家的经济秩序和社会主义市场经济的发展作出了贡献。总之，会计人员的这些权限是其履行职责、维护财经纪律、促进单位健康发展的重要保障。

二、会计人员应具备的素质

会计人员作为企业财务信息的记录者和管理者，其素质直接影响到企业财务数据的准确性和可靠性，进而影响到企业的决策和运营效率。因此，会计人员应具备以下三个方面的素质：

（一）政治素质

（1）坚持党的基本路线，维护国家的利益，遵循国家的法律法规，保持高度的政治敏锐性和鉴别力。

（2）加强法治观念，严格遵守国家的财经政策、法律法规，确保所有的会计记录和财务报告都符合法律要求。

（3）具备强烈的社会责任感，以国家和社会的整体利益为重，积极参与社会公益活动，为经济发展和社会进步贡献力量。

（二）业务素质

（1）掌握会计理论基础，包括会计、财务、税法等相关专业知识，能够独立完成会计核算和财务分析工作。同时掌握识别和评估财务风险的方法，帮助企业规避风险。

（2）熟练运用会计软件和信息技术，具备良好的数据分析、财务规划和管理能力，不断提高工作效率。

（3）积极参加继续教育和专业培训，更新知识体系，适应经济发展的新要求，提升自身的业务水平。

（三）职业道德

（1）会计人员应坚持真实、准确、完整地记录和报告财务信息。

（2）会计人员应诚实守信，公正无私，不做假账，不隐瞒真相，保持职业诚信。

（3）会计人员需严于律己，廉洁奉公，抵制各种诱惑，维护职业形象。

（4）会计人员应热爱本职工作，尽职尽责，勤奋敬业，不断提高服务质量。

（5）会计人员需严格遵守保密制度，不泄露国家和企业的财务信息，保护商业秘密和个人隐私。

（6）会计人员在职业活动中应遵循公平竞争原则，不进行不正当竞争，维护行业秩序。

三、会计人员专业技术职务

会计专业技术资格分为初级、中级和高级三个级别。获得初级和中级会计资格需要通过全国统一的考试制度，而高级会计师资格则需结合考试与评审进行认证。这种会计专业技术资格考试是用来确认个人是否有资格担任会计专业职务的制度。在1992年之前，我国采用评审制度对会计专业技术职务进行认证。1992年3月，财政部和人事部联合发布了《会计专业技术资格考试暂行规定》及其实施办法，明确规定会计专业技术资格必须通过全国统一考试获取，不再采用评审方式，同时详细规定了考试种类、科目设置及报考要求等。2004年8月，财政部和人事部再次调整了相关考试政策，将考试级别分为初级和中级两个档次，并规定中级资格考试科目包括中级会计实务、财务管理和经济法。实行会计专业技术资格考试制度，对于建立科学、合理、公正的会计人才评价和选拔机制，激励会计人员积极学习专业知识，提高会计人员整体素质，加强会计工作等方面具有重要意义。

1. 初、中、高级会计专业技术资格考试级别、科目

初级、中级、高级会计资格考试实行全国统一组织、统一考试时间、统一考试大纲、统一考试命题、统一合格标准的考试制度。高级会计师资格考试科目为高级会计实务，考试成绩达到国家合格标准，该成绩在全国范围内的高级会计师资格评审中三年有效。中级会计资格考试分《中级会计实务》《财务管理》《经济法》三个科目，考试成绩以两年为一个周期，单科成绩采取滚动计算的方法，即参加考试的人员必须在连续两个考试年度内通过全部科目的考试。初级会计资

格考试分《初级会计实务》《经济法基础》两个科目，参加初级会计资格考试的人员必须在一个考试年度内通过全部科目的考试。

2. 初、中、高级会计专业技术资格考试报名条件

参加会计专业技术资格考试的人员，应具备下列基本条件：

（1）坚持原则，具备良好的职业道德品质。

（2）认真执行《中华人民共和国会计法》和国家统一的会计制度，以及有关财经法律、法规、规章制度，无严重违反财经纪律的行为。

（3）履行岗位职责，热爱本职工作。

（4）具备会计从业资格，持有会计从业资格证书。

在具备上述基本条件的基础上，报考不同档次会计专业技术资格的人员，还应具备报考相应档次资格的具体条件。

报名参加会计专业技术初级资格考试的人员，还必须具备教育部门认可的高中毕业以上学历。

报名参加会计专业技术中级资格考试的人员，还必须具备下列条件之一：

（1）取得大学专科学历，从事会计工作满五年。

（2）取得大学本科学历，从事会计工作满四年。

（3）取得双学士学位或研究生班毕业，从事会计工作满两年。

（4）取得硕士学位，从事会计工作满一年。

（5）取得博士学位。

报名参加会计专业技术高级资格考试的人员，还必须具有会计师、审计师、财税经济师等中级专业技术资格或注册税务师、注册资产评估师资格之一，并从事会计、财税和相应管理工作的在职专业人员。

上述考试报名条件中所说的学历，是指国家教育部门承认的学历；会计工作年限是指取得相应学历前、后从事会计工作时间的总和。

凡通过全国统一考试，取得经济、统计、审计专业技术初、中级资格，并具备上述基本条件的人员，均可报名参加相应级别的会计专业技术资格考试。

四、会计机构负责人或会计主管人员

一般来说，每一个会计机构内部都要有会计机构负责人（也称会计主管人员），在单位负责人的领导下开展会计工作。会计机构负责人（会计主管人员）是各单位会计工作的组织者和领导者，《会计法》第三十六条规定："任单位会计机构负责人（会计主管人员）的，

应当具备会计师以上专业技术职务资格或者从事会计工作三年以上经历。"会计机构负责人（会计主管人员）应按照国家统一的会计法规和制度，结合本单位的具体情况主持制定本单位企业会计准则的实施办法，科学地组织会计工作，并领导、督促会计人员贯彻执行；参与经营决策，主持制定和考核财务计划或预算；经常研究工作，总结经验，不断改进或完善会计工作；组织会计工作学习，不断提高会计人员素质；考核会计人员工作、合理调配会计人员。

9.2 思政案例：
游戏账号上榜
之梦

第四节　会　计　档　案

一、会计档案的概念

会计档案是指单位在进行会计核算等过程中接收或形成的，记录和反映单位经济业务事项的，具有保存价值的文字、图表等各种形式的会计资料（如会计凭证、会计账簿和财务报告），包括通过计算机等电子设备形成、传输和存储的电子会计档案。这些档案是进行审计、税务检查和财务分析的重要依据。

为了加强会计档案管理，统一会计档案管理制度，根据《中华人民共和国会计法》和《中华人民共和国档案法》的规定，财政部、国家档案局联合发布了《会计档案管理办法》，并于 1999 年 1 月 1 日正式实施，在 2015 年进行修订，并于 2016 年 1 月 1 日起实施。

各单位（包括国家机关、社会团体、企业、事业单位、按规定应当建账的个体工商户和其他组织）必须加强对会计档案管理工作的领导，建立会计档案的立卷、归档、保管、查阅和销毁等管理制度，保证会计档案妥善保管、有序存放、方便查阅，严防毁损、散失和泄密。各级人民政府财政部门和档案行政管理部门共同负责会计档案工作的指导、监督和检查。

二、会计档案的内容

会计档案的具体内容包括：

（1）会计凭证类：包括原始凭证、记账凭证。

（2）会计账簿类：包括总账、明细账、日记账、固定资产卡片，辅助账簿、其他会计账簿。

（3）财务会计报告类：包括月度、季度、年度的财务报告，如资产负债表、利润表、现金流量表等，以及报表附注和财务情况说明书。

（4）其他会计资料类：包括银行存款余额调节表、银行对账单、纳税申报表、会计档案移交清册、会计档案保管清册、会计档案销毁清册、会计档案鉴定意见书及其他具有保存价值的会计资料。

在会计电子凭证和会计电算化环境下，会计档案还包括存储在磁性介质上的会计数据和程序文件。根据《档案管理办法》第八条规定：同时满足下列条件的，单位内部形成的属于归档范围的电子会计资料可仅以电子形式保存，形成电子会计档案：

（1）形成的电子会计资料来源真实有效，由计算机等电子设备形成和传输；

（2）使用的会计核算系统能够准确、完整、有效接收和读取电子会计资料，能够输出符合国家标准归档格式的会计凭证、会计账簿、财务会计报表等会计资料，设定了经办、审核、审批等必要的审签程序；

（3）使用的电子档案管理系统能够有效接收、管理、利用电子会计档案，符合电子档案的长期保管要求，并建立了电子会计档案与相关联的其他纸质会计档案的检索关系；

（4）采取有效措施，防止电子会计档案被篡改；

（5）建立电子会计档案备份制度，能够有效防范自然灾害、意外事故和人为破坏的影响；

（6）形成的电子会计资料不属于具有永久保存价值或者其他重要保存价值的会计档案。

单位从外部接收的电子会计资料，如果满足上述条件，并且附有符合《中华人民共和国电子签名法》规定的电子签名的，可仅以电子形式归档保存，形成电子会计档案。

这些电子形式的会计档案同样需要按照相关法规和标准进行妥善管理和保管，以确保其安全性和可追溯性。会计档案的管理应遵循合法、真实、准确、完整、保密和有效利用的原则。

三、会计档案的管理

（一）会计档案的归档

依据《会计档案管理办法》，各单位每年形成的会计档案需遵循以下归档流程：会计机构负责对档案进行整理、立卷，并确保文件装订成册，同时编制会计档案保管清单。对于当年形成的会计档案，在会计年度终了，可暂由本单位财务会计部门保管一年。期满之后，财务会计部门应编制清册（见表9-1），并将档案移交给单位的档案管理部门进行长期保管。若单位未设立档案管理部门，则应在财务会计部门内指定专责人员负责档案的保管工作。

表9-1 　　　　　　　　　年会计档案移交清册

编号	文件名称	起止卷号	册数	应保管期限	已保管期限	保管地点及其他

移交单位：　　　　　　移交人：　　　　　　接收单位：　　　　　　接收人：

移交至档案管理部门的会计档案，原则上应当保持原卷册的封装。若遇特殊情况需拆封重新整理，档案机构应当会同会计部门内部指定人保管。会计机构保管会计档案的专职人员，不得由单位出纳担任。

各级单位对会计档案应当科学管理，确保档案得到妥善保管，存放有序，便于检索。同时，严格执行安全与保密制度，避免随意堆放，确保档案不受损坏、丢失或泄露。

（二）会计档案保管期限

会计档案因其重要程度不同，保管期限也有所不同。会计档案的保管期限分为永久和定期两类。永久，是指会计档案须永久保存；定期，是指会计档案应达到的法定时间。会计档案的定期保管期限分为10年和30年等两档。会计档案的保管期限从会计年度终了后的第一天算起。各类会计档案的具体保管期限按照《会计档案管理办法》的规定执行，如表9-2所示。

表9-2 　　　　　　　　企业会计档案保管期限

序号	档案名称	保管期限	备注
一、	会计凭证类		
1.	原始凭证	30年	
2.	记账凭证	30年	

续表

序号	档案名称	保管期限	备注
二、	会计账簿类		
3.	总账	30 年	
4.	明细账	30 年	
5.	日记账	30 年	
6.	固定资产卡片		固定资产报废清理后保管 5 年
7.	其他辅助性账簿	30 年	
三、	财务会计报告		
8.	月、季度、半年度财务会计报告	10 年	
9.	年度财务会计报告	永久	
四、	其他会计资料类		
10.	银行存款余额调节表	10 年	
11.	银行对账单	10 年	
12.	纳税早报表	10 年	
13.	会计移交清册	30 年	
14.	会计档案保管清册	永久	
15.	会计档案销毁清册	永久	
16.	会计档案鉴定意见书	永久	

四、会计人员的工作交接

(一) 会计人员工作交接的概念

会计人员工作交接，也称会计工作交接，是指会计人员工作调动或者因故离职时，与接替人员办理交接手续的一种工作程序。《会计法》第四十一条规定："会计人员工作调动或者离职，必须与接管人员办清交接手续。一般会计人员办理交接手续，由会计机构负责人（会计主管人员）监交，会计机构负责人（会计主管人员）办理交接手续，由单位负责人监交，必要时主管单位可以派人会同监交。"这是对会计人员工作交接问题作出的法律规定。

(二) 会计人员工作交接的意义

会计人员工作交接是会计工作的一项重要内容。会计人员调动工作或者离职时，与接管人员办清交接手续，是会计人员应尽的职责，也是做好会计工作的要求，具有十分重要的意义。

225

（1）做好会计交接工作，有助于实现会计工作的无缝对接，确保会计工作连续进行。在企业的持续经营的会计期间，会计工作需要持续不断地进行。会计人员调动工作或者离职时，与接管人员办清交接手续，是保证会计工作连续进行的必要措施。

（2）做好会计交接工作，可以防止因会计人员的更换而出现的账目不清、财务混乱的现象。在会计人员更换时，如果不办理会计工作交接，或交接不清，不仅会造成账目不清、财务混乱、财产丢失等，也会给不法分子在经济上有机可乘。

（3）做好会计交接工作，也是分清移交人员和接管人员工作责任的一项有效措施。在会计工作交接过程中，按规定要进行认真的账目核对、财产清点等工作。因此做好会计交接工作，不仅有利于加强财务会计管理，同时也便于分清移交人员和接管人员的责任。

（三）需要办理会计工作交接的情形

《会计法》规定："会计人员调动工作或者离职，必须与接管人员办清交接手续。"除此之外，会计人员在临时离职或其他原因暂时不能工作时，也应办理会计工作交接。《会计基础工作规范》对此作了进一步的规定：

（1）临时离职或因病不能工作、需要接替或代理的，会计机构负责人（会计主管人员）或单位负责人必须指定专人接替或者代理，并办理会计工作交接手续。

（2）临时离职或因病不能工作的会计人员恢复工作时，应当与接替或代理人员办理交接手续。

（3）移交人员因病或其他特殊原因不能亲自办理移交手续的，经单位负责人批准，可由移交人委托他人代办交接，但委托人应当对所移交的会计凭证、会计账簿、财务会计报告和其他有关资料的真实性、完整性承担法律责任。

（四）办理会计工作交接的基本程序

1. 做好办理移交手续前的准备工作

根据规定，会计人员在办理移交手续前，必须及时办理完毕未了的会计事项，具体包括：

（1）对已经受理的经济业务尚未填制会计凭证的，应当填制完毕。

（2）尚未登记的账目应当登记完毕，结出余额，并在最后一笔余额后加盖经办人员印章。

（3）整理好应该移交的各项资料，对未了事项和遗留问题要写出书面说明材料。

（4）编制移交清册，列明应当移交的会计凭证、会计账簿、财务会计报告、公章、现金、有价证券、支票簿、发票、文件以及其他会计资料和物品等内容；实行会计电算化的单位，移交人员应在移交清册上列明会计软件及密码、会计软件数据盘、磁带等内容。

（5）会计机构负责人（会计主管人员）移交时，应将全部财务会计工作、重大财务收支问题和会计人员的情况等，向接替人员介绍清楚。

2. 按照移交清册逐项移交

移交人员在离职前，必须将本人经管的会计工作，在规定的期限内，全部向接替人员移交清楚。接替人员应认真按照移交清册列明的内容，进行逐项交接。具体要求是：

（1）现金要根据会计账簿记录余额进行当面点交，不得短缺。如有不一致或“白条抵库”现象，移交人员应在规定期限内负责查清处理。

（2）有价证券的数量要与会计账簿记录一致。由于一些有价证券如债券、国库券等面额与发行价格可能会不一致，因此，在对这些有价证券的实际发行价格、利（股）息等可按照会计账簿余额进行交接的同时，对上述有价证券的数量（如张数等）也应当按照有关会计账簿记录点交接清楚。

（3）所有会计资料必须完整无缺。如有短缺，必须查明原因，并在移交清册中加以说明，由移交人负责。

（4）银行存款账户余额要与银行对账单核对相符。如有未达账项，应编制银行存款余额调节表调节相符；各种财产物资和债权债务的明细账户余额，要与总账有关账户的余额核对相符；对重要实物要实地盘点，事业对余额较大的往来账户要与往来单位，个人核对。

（5）移交人员经管的票据、印章及其他会计用品等，也必须交接清楚。

（6）实行会计电算化的单位，交接双方应将有关电子数据在计算机上进行实际操作。确认有关数据正确无误后，方可交接。

3. 专人负责监交

为了明确责任，会计人员在办理工作交接手续时，必须有专人负责监交。通过监交，保证双方都按照国家有关规定认真办理交接手续，防止流于形式，保证会计工作不因人员变动而受影响，保证交接双方处在平等的法律地位上享有权利和承担义务，不允许任何一方以大压小，以强凌弱，或采取非法手段进行威胁。对监交的具体要求是：

（1）一般会计人员办理交接手续，由单位的会计机构负责人（会计主管人员）负责监交。

（2）会计机构负责人（会计主管人员）办理交接手续，由单位负责人负责监交，必要时上级主管部门可以派人会同监交。所谓必要时上级主管部门可以派人会同监交，是指有些交接工作需要主管部门监交或者主管部门认为需要参与监交。通常有三种情况：

第一，所属单位负责人不能监交，需要由主管部门派人代表主管部门监交，如因单位撤并而办理交接手续等。

第二，所属单位负责人不能及时监交的，需要由主管部门派人督促监交。如主管部门责成所属单位撤换不合格的会计机构负责人（会计主管人员），所属单位负责人却以种种借口拖延不办理交接手续时，主管部门就应派人督促会同监交等。

第三，不宜由所属单位负责人单独监交，而需要主管部门会同监交。如所属单位负责人与办理交接手续的会计机构负责人（会计主管人员）有矛盾的，为防止可能发生的单位负责人借机刁难等情况，主管部门应当派人会同监交。

此外，主管部门认为交接中存在某种问题需要派人监交时，也可派人会同监交。

4. 交接后的有关事项

（1）会计工作交接完毕后，交接双方和监交人在移交清册上签名或盖章，并应在移交清册上注明：单位名称，交接日期，交接双方和监交人的职务、姓名，移交清册页数以及需要说明的问题和意见等。

（2）接替人员应继续使用移交前的账簿签，不得擅自另立账簿，以保证会计记录前后衔接，内容完整。

（3）移交清册一般应填制一式三份，交接双方各执一份，存档一份。

9.3 思政案例："万福生科"财务造假案

【本 章 小 结】

会计工作组织是确保会计信息准确、完整、及时的基础，它涵盖了会计工作组织的概念、机构设置、人员配置以及档案管理等方面。它要求遵循法律法规，确保会计信息的真实性和合规性。会计机构负责会计工作的执行和监督，会计人员需具备的专业能力和职业道德，会计档案则需妥善保管以备查考。

会计工作组织的概念指的是企业或单位内部对会计工作的系统安排，包括会计制度的建立、会计流程的设计、会计信息的收集、处理和报告等。它要求会计工作必须遵循法律法规，保证会计信息的真实性、准确性和完整性。

会计机构是企业或单位内部专门负责会计工作的部门，它负责制定和执行会计政策，监督和管理会计活动。会计机构的设置应根据单

位的规模和业务需求来确定，以确保会计工作的顺利进行。

　　会计人员是执行会计工作的专业人员，他们需要具备相应的专业知识和技能，以确保会计信息的准确性和合规性。会计人员应遵守职业道德，保持独立性和客观性。

　　会计档案是记录和保存会计信息的重要资料，包括会计凭证、账簿、报表等。会计档案的管理应确保资料的完整性、安全性和可追溯性，以便于审计和监管。

【本章主要名词概念】

　　会计机构　会计人员　会计人员的权限　会计职业道德　会计档案管理

【复习与思考】

　　1. 什么是会计工作组织？它具有什么意义？

　　2. 会计工作组织的基本原则有哪些？

　　3. 企业应如何设置会计机构？

　　4. 不同会计人员的任职要求分别是什么？

　　5. 会计档案管理的具体规定是什么？

　　6. 如何在会计工作组织中贯彻和体现诚信、公正、法治等社会主义核心价值观？

　　7. 在会计工作组织中，如何培养会计人员的爱国主义情怀和社会责任感？

　　8. 请阐述在会计工作组织中，如何贯彻以人为本的原则，关注和维护会计人员的合法权益。

　　9. 在会计工作组织中，如何通过制度建设来预防和抵制腐败现象，保障企业的经济安全？

9.4　重要术语

9.5　倡导"三坚三守"推进诚信建设——我国首次制定会计人员职业道德规范

9.6　为遏制会计违法行为提供更有力法治保障——解读新修改的会计法

9.7　财政部会计司有关负责人就修订印发《会计信息化工作规范》和《会计软件基本功能和服务规范》答记者问

9.8　江西吉安吉州区：群众身边的"晏会计"

主要参考书目

1. 朱小平，秦玉熙，袁蓉丽. 基础会计（原初级会计学）第 11 版. 立体化数字教材版 ［M］. 北京：中国人民大学出版社，2021.

2. 李秀莲，贾兴飞. 基础会计（第 3 版）［M］. 北京：北京大学出版社，2020.

3. 隋敏，王爱国. 基础会计（第 2 版）［M］. 北京：经济科学出版社，2020.

4. 吕玉芹，李晋. 基础会计（第 2 版）［M］. 北京：经济科学出版社，2020.

5. 朱小云，唐浩. 初级财务会计（第 2 版）［M］. 成都：西南财经大学出版社，2023.